SERIES OF STUDIES
ON
CHINESE
CONFUCIUS
TEMPLES

中国文庙研究丛书

总　主　编　　周洪宇

副总主编　　赵国权

国家出版基金项目
NATIONAL PUBLICATION FOUNDATION

A
STUDY
ON
DINGZHOU
CONFUCIUS
TEMPLE

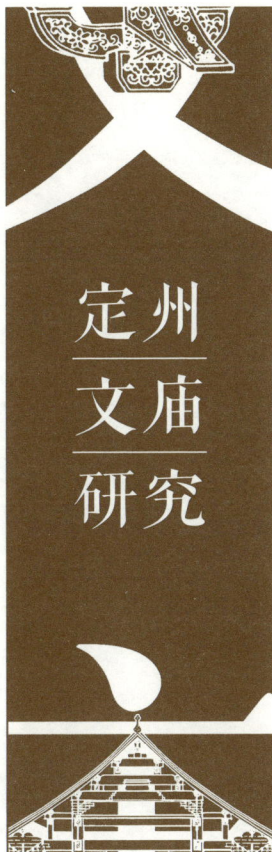

定州文庙研究

申国昌　王　坦　著

山东教育出版社
·济南·

总序

德国哲学家雅斯贝尔斯在其所著《历史的起源与目标》一书中，曾提出人类文明的"轴心时代"这一命题，即在公元前500年左右，古希腊、以色列、中国和印度，都处在人类文明的重大突破期，都出现了伟大的精神导师，诸如古希腊的苏格拉底、柏拉图、亚里士多德，以色列的犹太教先知们，古印度的释迦牟尼，中国的孔子、老子等，他们的思想一直影响至今。但相比较而言，孔子更具有代表性，其所创立的儒家思想不仅影响中国社会两千多年而从未中断过，且被后世创造性地转化为物质载体即文庙。如同"四书五经"一样，文庙在儒学传承中扮演着不可或缺的角色。尤其是文庙与官学或书院融合后，形成了中国历史及儒学文化史上特有的"庙学合一"或"庙学""学庙"现象，也使得文庙作为儒家文化的标志性符号，以其独特的精神特质深刻影响着中国的政治生态、社会生态、文化生态和教育生态，还辐射到周边及欧美不少国家和地区，至今仍彰显其强大的生命力，成为国内外学术界热议不休的历史"活化石"。

壹

据史料记载，主祀孔子的庙宇有文庙、孔庙、学庙、庙学、学宫以及宣圣庙、至圣庙、夫子庙、先师庙、先师殿、大成殿、礼殿、燕居堂、中和堂等不同的称呼，然最流行、最常用的就是文庙和孔庙，因而一些权威的大型工具书在对文庙、孔庙加以解读时，不同程度地认同文庙即孔庙、孔庙即文庙。如商务印书馆修订本《辞源》解释说，孔庙在"明清时也叫文庙"，文庙即孔子庙，"元明以后通称文庙"。①顾明远主编的《教育大辞典》认为，孔庙"亦称文庙"，文庙"即孔庙……元以后多称文庙"。②近人的学术论著中也多持此意见，这主要是基于对主祀孔子这一历史存在的认同。

"文庙"一词，较早见于《南齐书》。齐高帝时的尚书右仆射王俭，针对明堂与郊祀之礼，曾引用《郑志》中赵商与郑玄的一番对话，赵商问曰："说者谓天子庙制如明堂，是为明堂即文庙邪？"③《新唐书》中又有"汉孝惠、孝景、孝宣令郡国诸侯立高祖、文、武庙"④的记载。汉惠帝刘盈乃刘邦之子，西汉第二位帝王。可见，在西汉初年就有文庙的称呼，只是此时的文庙与孔子及其被封为"文宣王"没有必然联系。

在古汉语中，"文"与"武"是相对的一组概念。按古制，凡有功于社稷的文臣武官，均可设庙祠以祀。如主祀姜子牙的武成庙、主祀岳飞的岳飞庙、主祀关羽的关帝庙等，都属于"武庙"。而主祀姬旦的周公庙、主祀孔子的孔庙、主祀孟子的孟庙、主祀颜回的颜庙、主祀子思的子思庙、主祀曾参的曾子庙，以及孟子游梁祠、子贡祠、武侯祠、包公

① 商务印书馆编辑部编：《辞源》，商务印书馆1979年版，第778、1362页。
② 顾明远主编：《教育大辞典》第8卷，上海教育出版社1991年版，第152页。
③《南齐书·礼上》。
④《新唐书·高郢传》。

祠、范公祠等，都属于文庙。且武庙与文庙各有其配享及乐舞礼制，如《宋书》所载，曹魏时期"制《武始》舞武庙，制《咸熙》舞文庙"[1]。尤其是自唐宋以后，各地既建文庙又建武庙。因此，广义上的文庙，是一种与武庙相对的、主祀有功文臣或先儒先贤的礼制性建筑，体现出历朝历代"文治"的政治意图，负载有"价值判断和意识形态韵味"[2]，属于文化史学研究的范畴。而狭义上的文庙，则单指主祀孔子的礼制性建筑，亦即孔庙，也就是本丛书所论及的文庙。

就狭义上的文庙来说，史料及后世文献多以孔庙相称，明清尤甚。这是因为孔子乃"文道"之奠基者。自汉初始统治者就开始推崇孔子及其创立的儒学，汉高祖刘邦路过曲阜时还"以太牢祠焉"[3]。汉武帝"独尊儒术"后，儒学便一跃成为官方哲学，在其后上千年的发展历程中，孔子犹如道教尊老子、佛教尊释迦牟尼一样被推上神坛，或被追封为"文宣王"，或被奉为"万世师表"，主祀孔子的礼制性建筑文庙也逐步遍设于京师及全国各地。

按所承载的功能，文庙可以分为四类：

一是国庙。这是由帝王代表国家祭拜孔子的礼制性建筑，主要是设于京师的皇家孔庙。曲阜孔庙在京师未设孔庙之前曾一度扮演国庙的角色。

二是家庙。家庙是孔子家族的宗庙，如曲阜孔庙、浙江衢州孔庙以及河南郏县文庙（既是家庙又是学庙）等。

三是学庙。因庙设学、因学设庙或庙学同建，形成"庙学合一"的格局，具体是指与各级官学及书院直接相关的主祀孔子的庙宇，因而也多被称为"庙学"。明清时期多被称为文庙，如上海文庙、苏州文庙、郑州文庙等。还有被称为学宫的，如广东的番禺学宫、海南的文昌学宫等。此类文庙数量庞

---

[1]《宋书·乐一》。
[2]〔英〕海伍德：《政治学核心概念》，吴勇译，天津人民出版社2008年版，第4页。
[3]《史记·孔子世家》。

大，除少量的国庙、家庙、村庙外，其余的全部是学庙。

四是村庙。凡是学庙普及不到的边远地区，地方官员为推崇弘扬儒学、满足民众对圣人孔子的崇拜和对儒家文化信仰的需求，便在人口聚集区的村镇设孔庙奉祀孔子及有功于儒学的先儒先贤，可称之为"村庙"。如福建连城县培田村有一处清乾隆四十四年（1779年）所建的"文武庙"，文庙和武庙建在一栋两层阁楼内，下层武庙祀关羽，上层文庙祀孔子。在中原一带，多有因孔子圣迹所到之处而建的纪念性孔庙，如河南永城的芒砀山夫子庙是为纪念孔子在此避雨晒书而建的，河南淮阳的弦歌台为纪念孔子在此绝粮依然"弦歌不衰"而建（附有书院，亦为学庙）等。村庙数量不多、规模不大、建制不一，但与其他文庙一样承载着传承儒学与社会教化的功能。

贰

文庙起始于何时，学术界众说纷纭，或言早至春秋，或曰晚至唐朝。但无论始于何时，它总有一个产生、发展及演变的过程，其历史积淀也足以占据儒学发展的半壁江山。

文庙的雏形当从曲阜因宅设庙始，即孔子去世后，其居室由后人奉为庙，"故所居堂、弟子内，后世因庙，藏孔子平生衣、冠、琴、车、书"，且在孔子冢祭奉孔子，"鲁世世相传，以岁时奉祠孔子冢，而诸儒亦讲礼、乡饮、大射于孔子冢"。[1]此时的曲阜孔庙虽属家庙性质，并非严格意义上的礼制性庙宇，孔子冢之学亦属私学，且孔庙与孔子冢不在一处，但毕竟是主祀孔子，又兼有私学活动，可称之为文庙雏形，实开文庙建制之先河。

[1]《史记·孔子世家》。

文庙与政治结缘、与官学融合，可追溯到东汉时期蜀郡重修的文翁石室（即蜀郡郡学）中的"周公礼殿"。据史载："蜀儒文章冠天下，其学校之盛，汉称石室、礼殿，近世则石九经，今皆存焉。"①可以说，蜀郡郡学中的周公礼殿实乃"中国古代庙学合一的最早范本"，"曲阜之外中国所建最早祭祀周公、孔子的机构"②。但这只是地方政府行为，尚未在全国实施，更是主祀周公，并非孔子。自汉武帝"独尊儒术"后，统治者把尊孔崇儒提到国家治理的高度，开始加封孔子及其后裔。永平二年（59年），汉明帝更是诏令郡县学校皆祀周公、孔子。这是首次以中央诏令的形式祭祀周公、孔子。

魏晋南北朝虽王朝更替频繁，加之佛道及玄学的冲击，但统治者的尊孔崇儒政策没有弱化，文庙礼制建设多有成就。如曹丕于黄初二年（221年）下令，"鲁郡修起旧庙，置百户吏卒以守卫之，又于其外广为室屋以居学者"③，还要求各地修葺孔庙，重开祀孔之制。东晋时在国子学"增造庙屋一百五十五间"④。北魏太武帝时"起太学于城东，祀孔子，以颜渊配"⑤，开创中央国学祭孔之制；孝文帝不仅在国都平城（今山西大同）创建孔子庙，开国都孔庙之先河，还下诏规范祭孔礼制，要求"自今已后，有祭孔子庙，制用酒脯而已"⑥等。

隋唐时期重新确立儒学及孔子的政治地位，文庙进一步规范化和制度化。唐高祖李渊于武德二年（619年）下诏在国子学中立周公、孔子庙，四时致祭。唐太宗李世民下令停祭周公，开国学文庙主祀孔子之先例；贞观二十一年（647年）开始确立追祀先贤先儒的制度，是年唐太宗下诏，以左丘明等二十二人配享文庙。开元八年（720年）唐玄宗下诏，以颜回等十哲从祀孔子，并塑为坐像；开元二十七年（739

①［宋］席益：《府学石经堂图籍记》，见［宋］程遇孙等编《成都文类》卷30，文渊阁四库全书本。
② 舒大刚、任利荣：《"庙学合一"：成都汉文翁石室"周公礼殿"考》，载《四川大学学报（哲学社会科学版）》2014年第5期。
③《三国志·魏书二·文帝纪第二》。
④《宋书·礼一》。
⑤《魏书·高祖纪上》。

年）追谥孔子为文宣王，追赠颜回为兖国公，其余九哲弟子皆为侯，另追赠曾参以下七十三人为伯，孔子自此开始被称"王"。自唐以来，庙学合一进程逐步推进，庙学之制更加完备，史载"唐开元间，定孔子为先圣庙，而衮冕南面，每岁春秋祀焉，由是庙学之礼益备，凡有学者必有庙，示其尊也"①。

宋元时期，文庙设置更为普遍，"宋兴，崇尚文治，吾夫子之祀遍天下"②。不仅是官学，还有自宋朝日益兴起的书院内也必崇祀孔子，"每个书院必塑有孔子及十哲的肖像，甚至图画七十二贤一同配飨"③。尤其是北宋至和二年（1055年），宋仁宗开加封孔子嫡长子孙"衍圣公"的先例；南宋绍兴十年（1140年），宋高宗诏令"以释奠文宣王为大祀"④，即规定祭祀孔子的礼仪与祭祀社稷的大礼相同，均为国家级的重大祀典。至元朝，元武宗加封孔子为"大成至圣文宣王"⑤；至明朝嘉靖年间，历经数百年的"孟子升格运动"，儒学的重要传承人孟子被正式封为"亚圣"。在此情况下，文庙遍及全国各地，"郡县有学，学必有庙"⑥。

明清时期，"文庙"这一称呼开始被广泛使用。朱元璋即位后，改称孔子为"先师"，洪武元年便"以太牢祀先师孔子于国学"⑦，还"诏天下通祀孔子"⑧。明永乐八年（1410年），不仅"令天下文庙圣贤衣冠绘塑不合古制者悉改正"⑨，且改学校先师庙为"文庙"，自此"文庙"之名盛行天下。至明末，全国各地所建文庙多达1560所。⑩清初，康熙帝亲笔御书"万世师表"匾额悬于文庙大成殿，这是历史上首次称颂孔子为"万世师表"，表达出统治者对孔子及儒学的敬仰之情，也昭示出儒学的文化力量。至清末，文庙增至1740多所。⑪

① 吴澄：《崇仁县孔子庙碑》，见《吴文正公集》卷15，台北新文丰出版公司1985年版。
② [南宋]陈宜中：《学道书院记》，见《苏州府志》卷26，清光绪九年刊本。
③ 陈青之：《中国教育史》，商务印书馆1936年版，第195页。
④《宋史·高宗六》。
⑤《元史·武宗一》。
⑥ [清]阮元：《两浙金石志·杭州路重建庙学之碑》。
⑦《明史·太祖二》。
⑧《明史·太祖三》。
⑨《明会典·卷八十四》。
⑩ 王贵祥：《明代不同等级儒学孔庙建筑制度探》，载《中国建筑史论汇刊》2012年第2期。
⑪ 刘新：《儒家建筑文庙》，中国建筑工业出版社2013年版，第18页。

清末开办新式学堂后，庙学开始分离，文庙由以往的祭祀与教学两大主要功能蜕变为单一的祭祀功能，没有了"官学"这一光环，其维修和保护自然会受到一些影响；但不能否认其大教育功能的存在，那就是继续承担着社会教化的重任，且依然是广大士子心仪向往的神圣殿堂。虽经风风雨雨，仍有不少的文庙得以较好或部分地保存下来。改革开放后，文庙作为优秀传统文化的重要组成部分而受到普遍关注，其资源的开发和利用也被提到日程上来，文庙发展又迎来了一个新的春天。据国家文物局《文庙、书院等儒家遗产保护利用现状调研报告》（内部资料）统计，截至2016年底，除内蒙古、西藏、宁夏及台湾、香港、澳门外，共有327处文庙列入省级重点文物保护单位和全国重点文物保护单位名录，其中国保级文庙为108处。此外，日本、韩国、越南等周边国家也有近100处文庙。可以说，文庙立足本土，辐射周边，形成足以和佛寺、道观相媲美的"儒庙景观"。

叁

自文庙登上中国历史的舞台，便开始发挥其独特的多元功能，影响到中国的政治生态、文化生态及教育生态。

毫无疑问，文庙的强势缘于与政治生活的结合。自西汉确立以儒治国后，魏晋至明清皆秉承儒治政统，不断提高孔子及儒学的地位，称孔子为"人伦之表"，称儒学为"帝道之纲"，为此不断地完善庙祀孔子的礼仪制度。期间，儒学确实遭受过不同学术流派的冲击，但因儒学自身的包容性与再生力，以及与政治生活的紧密联系，它在博弈中始终占据着权力的中心位置。历代各地文庙正是在这一儒化的背景下得以建造的，反过来又对政治生态起到一种固化作用。诸如每当因社会剧烈震荡带来道德秩序的破坏、所谓"不孝不悌之事，频见词诉"①之时，统治者都毅然决然地动用儒学来拯救社会道德的缺失。每当基业稳定之际，统治者又会诏令修建文庙以传承儒学，并利用文庙祭孔活动来"宣德化""正人心"。总之，要让"君君、臣臣、父父、子子"等伦理观念根植于官员及民众心中，杜绝一切"僭越"行为，借以维系和谐的政治生态。

基于与政治生活的结缘，文庙在一定程度上成为以儒学为主体的中国传统文化反映在现实中的物化形式。这一被物化的建筑群，与"四书五经"一样，具有同等重要的文化传承价值。如果说"四书五经"借助文本来传承儒家文化的话，那么文庙则是借助建筑、礼仪等起到文化传承的作用。诸如按照礼制，文庙建筑分别有九进、七进、五进、三进院落等，常与官学毗邻，庙中有学、学中有庙等，将古代的庙宇性建筑文化传承至今。又如文庙的祭祀活动，从供奉人物的选择、座序排列到祭祀时的祭器、祭品、礼服、礼仪、音乐、舞蹈等，无不在制造一定的场境和氛围，引发民众对儒学文化的认同，从而形成特有的文化基因和精神特质，以至祭祀文化代代相传，生生不息。

基于文庙与官学或书院的结缘，文庙的设施及祭祀活动又有"风励士子"的强大教化功能，足以使在读学子形成对师道和学业的敬畏感。这是因为文庙中的受祀对象，已成为道德、道统、学统的象征，是言谈举止、待人接物的标杆，更是一种精神文化的符号。那么在文庙内祭拜这些先圣先贤，足以"使天下之士观感奋兴，肃然生其敬畏之心，油然动其效法之念"②，亦即通过"营造出一种庄严肃穆的场景，

① [南宋] 徐元杰:《延平郡学及书院诸学榜》，见《梅野集》卷11，文渊阁四库全书本。
② [清] 庞钟璐:《缮写成帙恭呈御览仰祈》，见《文庙祀典考》卷50，清光绪戊寅家藏本。

使人们对先圣先师先贤等供祀对象的崇敬之情升华为一种神圣的体验"[1]。正是这种庄严肃穆的文化场景，使得诸生在先圣先贤像前"穆然而志专，徘徊乐之，不忍去也"[2]。从"穆然"到"乐之"再到"不忍去"，足见谒祠之举对在院生徒的感染力之大。更使得"自为童子时"的文天祥，看到文庙中还奉祀乡贤先儒欧阳修、杨邦义、胡铨等塑像，且"皆谥忠"，欣然慕之曰："没不俎豆其间，非夫也。"[3]如此，一代代学子带着对师道和学业的敬畏，去追逐"希圣希贤"的人生理想，最终实现"传道济民"的处世目标，这也是"庙学合一"价值的最好体现。

肆

正因为有如此多元的价值及功能，文庙才能在庙学分离后艰难地生存下来，后来者才能继续守望着中华优秀传统文化这块沃土而不至于断裂或丢失。改革开放以来，国家更加重视保护和弘扬中华优秀传统文化，文庙作为儒家文化的载体自然迎来了难得的发展机遇。曲阜孔庙的祭孔活动以往由民间团体主持，从2004年起转而由地方政府主办，2007年又上升到由山东省政府与教育部、文化部等联合主办，由此带动了各地文庙的官方"祭孔"活动；越来越多的文庙遗存被列为全国重点文物保护单位，同时带动了全国各地对文庙遗存的修复和保护工作。党的十八大报告明确指出"文化是民族的血脉，是人民的精神家园"，并基于对优秀传统文化营养的汲取，提出了"二十四字"的社会主义核心价值观。2014年五四青年节当日，习近平总书记在与北京大学师生座谈时指出，中华优秀传统文化已经成为中华民族的基因，植

---

① 肖永明、唐亚阳：《书院祭祀的教育及社会教化功能》，载《湖南大学学报（社会科学版）》2005年第3期。
② [南宋]陈傅良：《潭州重修岳麓书院记》，见《止斋集》卷39，文渊阁四库全书本。
③《宋史·文天祥传》。

根在中国人内心，影响着中国人的思维方式和行为方式，今天，我们提倡和弘扬社会主义核心价值观，必须从中汲取丰富营养，否则就不会有生命力和影响力。2017年1月，中共中央办公厅、国务院办公厅印发《关于实施中华优秀传统文化传承发展工程的意见》。该意见指出，在五千多年文明发展史中孕育的中华优秀传统文化，积淀着中华民族最深沉的精神追求，代表着中华民族独特的精神标识，是中华民族生生不息、发展壮大的丰厚滋养，是中国特色社会主义植根的文化沃土，是当代中国发展的突出优势，对延续和发展中华文明、促进人类文明进步，发挥着重要作用。同时，该意见从重要意义、总体要求、主要内容、重点任务、组织实施和保障措施等方面予以战略性、全局性部署。党的十九大报告中，同样强调"文化是一个国家、一个民族的灵魂。文化兴国运兴，文化强民族强。没有高度的文化自信，没有文化的繁荣兴盛，就没有中华民族伟大复兴"，"中国特色社会主义文化，源自于中华民族五千多年文明历史所孕育的中华优秀传统文化"，在新时代传承与弘扬优秀传统文化，必须"创造性转化、创新性发展"。那么，文庙作为传播儒学的主阵地，理应成为培育和践行社会主义核心价值观的重要文化阵地。事实上，已有部分文庙积极开展国学教育普及活动，如举办成人礼、开笔礼、拜师礼等，取得明显效果。

但在现实中，文庙的发展还面临诸多问题或难题。有些地方政府文物保护意识淡薄，有部分文庙遗存得不到正常的维修和保护；部分得到保护的文庙，其蕴藏的多元功能尚未得到有效发挥，甚至存在过于功利化的倾向；部分文庙设施及祭祀活动不合礼制，存在一系列具体问题，比如祭祀日应是生日还是卒日、受祀对象只是孔子还是分层次进行、每年各地文庙是同时祭祀还是"各自为政"、祭文是年年都写还是规范统一，以及在东西两庑及乡贤祠、名宦祠中是否可以续增一些新儒学代表人物等问题。要根本解决文庙发展中的问题，有待于对文庙的深入系统研究。

伍

自从文庙问世后，就有不少学者从不同的角度、用不同的方式，对文庙的建制、布局、祭祀、教化等问题做过不同程度的思考和论述。自明清以来，在举国编著大型丛书、类书的驱动下，大批学者开始对文庙的各种资料进行梳理、研究和汇编。如《明史·艺文志》就载有潘峦的《文庙乐编》、何栋如的《文庙雅乐考》、黄居中的《文庙礼乐志》、瞿九思的《孔庙礼乐考》；《清史稿·艺文志》载有阎若璩的《孔庙从祀末议》、庞钟璐的《文庙祀典考》、蓝锡瑞的《醴陵县文庙丁祭谱》、郎廷极的《文庙从祀先贤先儒考》等。此外，还有陈锦的《文庙从祀位次考》、张供的《文庙贤儒功德录》、金之植的《文庙礼乐考》、牛树梅的《文庙通考》以及民国时期孙树义的《文庙续通考》等。这些成果对文庙的发展流变、建筑形制、祭祀礼仪及从祀制度等都做了系统考辨。改革开放以来，随着国家对优秀传统文化传承的重视及文化遗存保护力度的加强，文庙研究呈现出良好的发展态势，先后出版多部有代表性的学术著作，诸如范小平的《中国孔庙》（2004）、陈传平主编的《世界孔庙》（2004）、刘亚伟的《远去的历史场景：祀孔大典与孔庙》（2009）、孔祥林等的《世界孔子庙研究》（2011）、彭蓉的《中国孔庙建筑与环境》（2011）、董喜宁的《孔庙祭祀研究》（2014）、朱鸿林的

《孔庙从祀与乡约》（2014）等。这些学术成果从历史学、建筑学、考古学、美学等多学科多维度对文庙进行了系统性、综合性思考与研究。但在文庙理论的提升、文庙精神的挖掘、文庙文化的传播、新时代文庙如何保护利用等问题上，还需要我们进一步去思考、去探索。

本套"中国文庙研究丛书"以马克思主义唯物史观和方法论为指导，以全球视野、中国立场、问题意识、实践导向为基本价值取向，坚持历史与逻辑相一致、宏观与微观相统一、本土与域外相参照、理论与实际相结合的基本原则，充分运用历史法、文献法、比较法以及田野调查、计量分析、文本叙事、图像佐证等研究方法，从选址布局、建筑特色、祭祀礼制、教化活动、文化传承等多个维度，对各地有代表性的文庙逐一进行微观分析和深度描述，使其成为介于学术性和普及性之间的一套文庙研究丛书。纳入丛书第一辑的有十二部研究专著，分别是《曲阜孔庙研究》《西安文庙研究》《上海文庙研究》《郑州文庙研究》《太原文庙研究》《苏州文庙研究》《南宁文庙研究》《济南府学文庙研究》《宁远文庙研究》《定州文庙研究》《建水文庙研究》《正定文庙研究》，其他有代表性的文庙也正在研究之中。在此基础上，我们后续会进行历代文庙史料搜集与整理以及文庙专题研究、文庙通史研究等，努力使"文庙学"成为一门专门学问。同时，也期待有更多的文庙爱好者加入文庙研究队伍，通过深入系统的研究以及多种形式的学术交流活动，让中国的文庙文化走向世界，让世界了解中国的文庙文化。

周洪宇

2020年12月

目录

引　言　　　　　　　　　　　　　　　　　　　　　　001

01 > 定州文庙的沿革与现状

先庙后学：大唐之际领燕赵祭孔之先　　　　　　　014

庙学合一：从前庙后学到左庙右学　　　　　　　　017

北宋"中山郡庙学甲天下"　　　　　　　　　　　017

金代为"士人群聚之河朔冠"　　　　　　　　　　020

元代文人的"藏修游息之所"　　　　　　　　　　021

明代"长廊如画，士业得专"　　　　　　　　　　024

清代"足以壮观瞻而焕文物"　　　　　　　　　　030

学退庙存：从艰难求生到辟为博物馆　　　　　　　037

文庙重生：曲折中渐成国家文物保护单位　　　　　041

02 > 定州文庙的选址、布局与装饰

文庙的选址：山环水汇，藏风聚气   049

文庙的布局：左右对称，以中为尊   055

中轴对称：克己复"礼"   056

局部与整体相协调：以"和"为贵   057

三进院落："中正"之序   057

文庙的装饰：情景交融，意境合一   059

文庙的自然装饰   059

文庙的人文装饰   062

03 > 定州文庙的建筑及特点

门围类建筑：威严与壮观，简单与朴素   071

棂星门   071

戟门   074

仪门   077

祠祀类建筑：祭祀先圣先贤，感化后世之人   080

大成殿   080

崇圣祠   085

韩公祠与苏公祠   088

名宦祠与乡贤祠   089

节孝祠   092

教育类建筑：感受儒家教化，沐浴伦理道德   094

明伦堂   094

尊经阁 097

射圃 098

办公与生活类建筑：有效支持，无微不至 101

东西廨舍 101

学正宅和训导宅 103

庖 103

井 104

湢 104

其他类建筑：祝福学子，保佑文庙 105

魁星楼 105

泮池 108

04 > 定州文庙的祀制与礼仪

享祀的人物 116

大成殿的享祀 116

东西两庑的享祀 124

名宦祠与乡贤祠的享祀 126

崇圣祠的享祀 129

魁星楼的享祀 130

祭祀的类别与陈设 132

祭祀类别与祀期 132

祭祀陈设 137

祭祀的乐舞 144

祭祀乐章 144

祭祀舞蹈 147

祭祀的程序 151

祭前准备 151

祭祀过程 153

祭祀的费用 160

学田收入 161

捐金纳银 162

免除徭役 162

店课收入 163

05 > 定州文庙的学校教育

文庙建筑与装饰蕴含的教化元素 169

文庙明伦堂的教化传统 173

文庙祭祀的教化功能 177

文庙内的礼仪教化实践 181

乡饮酒礼 181

宾兴礼 183

06 > 定州文庙的社会教化

营造兴学重教的风气 187

维持稳定的社会秩序 191

延续儒学道统之传承 199

加强传统文化的认同与自信 202

07 > 定州文庙的文化传承

文庙藏书	209
文庙碑刻	211
北宋碑刻	211
元朝碑刻	214
清朝碑刻	215
民国碑刻	216
其他碑刻	220
文庙楹联	221
大成殿楹联	221
明伦堂楹联	223
文庙匾额	224
"万世师表"	224
"圣集大成"	225
"德齐帱载"	226
"德配天地"与"删述六经"	226
"道冠古今"与"乘意万世"	227

08 > 定州文庙的"人"与"物"

定州文庙的相关"人"	231
郝浴	231
谷钟秀	234
韩琦	235

苏轼   237

定州文庙的相关"物"   240

09 > 定州文庙的复兴之思

硬件方面：加大投资，优化环境 247

加大对文庙保护、利用的支持力度 247

注重构建文庙内外环境   249

整合周边景区，开发旅游资源   250

软件方面：传承文化，延伸教化 251

恢复传统释奠礼仪   251

延伸社会教育功能   253

附录：历代定州文庙碑刻记文 259

主要参考文献   269

后　记   275

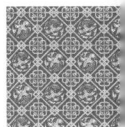

河北，古称冀州，明清时期属直隶（明清时指隶属于京师的地区），因位居黄河以北而得名，是中华民族优秀传统文化的发祥地之一。在漫漫历史长河中，河北孕育了辉煌灿烂的燕赵文化，也培育了一大批杰出的历史人物，如"风萧萧兮易水寒，壮士一去兮不复还"的燕国荆轲，"先国家之急后私仇"的赵国名相蔺相如，提出"罢黜百家，独尊儒术"的汉代经学家董仲舒，与孟郊共称"郊寒岛瘦"的唐代诗人贾岛，撰写《水经注》的北魏地理学家郦道元，撰写《授时历》的元代科学家郭守敬，清代名相、《四库全书》总编纪昀，晚清封疆大吏、著名思想家和教育家张之洞，我国第一个宣传马克思主义理论的共产党先驱李大钊等。这些历史文化名人的成长成才，与河北丰厚的历史文化沃土息息相关，与河北历来重视教育的优良传统密切相关。

尤其是地处河北腹地的定州，其地势平坦，交通便利，经济富庶，文化发达，堪称河北文化教育的杰出代表。战国时期，这里就建立了与燕、赵两国并存的中山国。《民国定县

定县文庙

志》对中山国重要的区位优势做了详细记载："西临云代，东
接沧瀛，管镇冀之肩背，控幽燕之肘腋。是以中山虽小，尤
能倔强九国之间。"[1] 在这块地理位置优越、历史底蕴深厚的
土地上，历经几千年的文明洗礼，逐步形成了与燕赵文化、
齐鲁文化、三晋文化、巴蜀文化、吴越文化、荆楚文化、三
秦文化相媲美且独具特色的地域传统文化——中山文化。
拥有2600多年建城史的定州作为中山文化的主要发祥地，
是地域文明的承载摇篮，见证了薪火相传、绵延不绝的中
山精神。

定州是河北省历史文化名城，联合国地名组织命名的"千
年古县"，有着悠久的历史，产生过灿烂的文化。1985年在定州
王村的古河道发现有厚0.3米—1.5米的文化层，表明早在原始社
会后期，已有人类在定州进行农业生产活动。公元前2361年，
尧受封为唐侯，从土夯城墙和遗留下的陶器来看，今新乐市以
北和定州北面的唐河两岸为昔日唐侯的封地。

中山国始建于春秋时期，前身为北方少数民族狄族的鲜
虞部落，史称"鲜虞中山"。公元前506年，鲜虞人在有险可守

① [民国] 何其章:《定县志》卷
1《舆地志·幅员篇》，成文出版
社1934年版，第57页。

的中山城（今河北唐县西南）建国。因城中有山，故名"中山"。周威烈王十二年（公元前414年），中山武公在晋国打击下被迫南迁，定都于顾（今定州），沿用中山国号。周威烈王二十年（公元前406年），魏国灭中山国。顽强的中山国又一次复国后，在公元前323年，与赵、燕、韩、魏四国会盟，彼此承认对方称号，史称"五国相与王"，其后国势日衰，在公元前296年被赵国所灭。强盛时期的中山国大致范围：北到安新、徐水一带，南部边界大体在高邑南部，西部到太行山脚下，东部应该在蠡县、安平、深泽、巨鹿一线。从中山国号首次见于史籍的鲁定公四年（公元前506年）到最后被灭绵延200余年。

秦统一后，中山先后归巨鹿郡、恒山郡管辖。汉朝是中山第一个兴盛繁荣时期。汉景帝前元三年（公元前154年），置卢奴（今定州，中山国首府），领十四县，疆域包括现在的徐水、满城、顺平、唐县、正定、无极等，为如今保定大部分和石家庄北部所辖区域。汉中山从西汉刘胜为中山靖王，到

定州贡院

东汉中山节王刘稚无子国除，两汉中山王历17代，世袭达300余年。

魏晋南北朝虽为乱世，却是中山第二个文化兴盛时期。后燕建兴元年（386年），慕容垂称帝于中山，从此结束了中山为诸侯国的历史。北魏天兴三年（400年），拓跋珪取"平定天下之意"名定州。至此，以定州命名的区域建制首次出现在历史长河中。唐代定州创立州学，并建立文庙。宋代经三次兴学运动，定州官学及文庙进一步得到发展。

明清时期定州文庙不断得以修缮与扩充，规模日益扩大。明太祖洪武二年（1369年），中山降为州。从此，中山地名从区域建制中消失。清雍正二年（1724年），定州由隶属于真定府改升为直隶州，领新乐、曲阳二县。政治地位的提升，带来了定州的第三次繁荣，文庙也迎来属于自己的辉煌。

民国三年（1914年）降直隶州为定县，在县长孙发绪任下成为名噪一时的"模范县"，"定县经验"传遍大江南北，风靡全国。1947年1月28日，千年古县得以解放，从此定县进入伟大的社会主义革命和建设时期。

改革开放后，定州进入发展的快车道。1986年，撤销定县成立定州市（县级），由保定市代为管辖。2013年6月，定州市改由河北省直管，赋予其省辖市级社会经济管理权限。

从此，定州社会经济发展迎来了重大历史机遇。

这座钟灵毓秀又生机勃勃的城市，孕育有"中华第一塔"之称的世界上现存最高砖木结构古塔——开元寺塔；有我国北方唯一保存完好的州属贡院——定州贡院；有世界平民教育家生活过的地方——晏阳初故居……

一处处古遗址，一座座古建筑，一件件古器物，再现了定州昔日的辉煌与灿烂的文化。

晏阳初旧居

定州文庙作为儒家精神的文化符号与传统教育机构的历史遗存，共同构成了中山文化的内在精髓与外在表征。作为河北省始建时间较早、现存规模最大、保存最为完好的文庙古建筑群，定州文庙在河北省文庙中占有举足轻重的地位。在各级党委、政府的领导和关怀下，相关部门科学、有序、妥善地负责文庙管理、保护、传承、利用工作，让这一绵延千年的古遗迹依旧以巍峨壮观的形象展现于世人面前。但是，我们也看到，文庙建立、发展、完善的历史脉络有待进一步理清，深藏于文庙中的多元功能有待进一步激发，文庙的社会价值也有待进一步彰显。然而，目前尚未有专门深入研究定州文庙历史概况、演变趋势、发展愿景的相关著作，因此，笔者把撰写本书作为立足文庙、服务文庙、发展文庙的一次艰难尝试，以求抛砖引玉，共商文庙发展大计。

笔者深知自身学识浅薄，不当之处，恳请相关专家、读者不吝赐教。

定州文庙的沿革与现状

01>

先庙后学：大唐之际领燕赵祭孔之先

庙学合一：从前庙后学到左庙右学

学退庙存：从艰难求生到辟为博物馆

文庙重生：曲折中渐成国家文物保护单位

鲁哀公十六年（公元前479年），孔子殁，其弟子将其安葬于鲁城北泗，这标志着文庙正式建立于山东曲阜阙里。随着历朝历代的不断推崇，文庙逐渐遍布寰宇。唐大中二年（848年），定州帅卢公简求，以庙本会昌所废天佑佛寺，其制犹若浮屠氏所居，乃更而大之，开启了定州文庙千年沧桑历程。随后，定州文庙历经先庙后学、庙学合一、学退庙存、文庙重生四个阶段，现为河北省始建时间较早、现存规模最大、保存最为完好的文庙古建筑群，在河北省文庙群中占有举足轻重的地位，已被列为第七批全国重点文物保护单位。

说起定州文庙，就要先谈一下庙的定义及文庙的起源与类型。

庙，作为一种具有东西厢房的建筑物，是先祖神威之所在。古人对庙有许多解释，《说文解字注》解释为："尊其先祖而以是仪貌之，故曰庙，诸书皆曰尊貌也。[①]"郑玄则认为，"庙之言，貌也。死者精神不得而见，但以生时之居立宫室，象貌之耳"[②]。这表达了庙是祭祀祖先、眷恋亲人、寄托哀思的重要场所。

文庙又称孔庙，顾名思义就是祭祀中国伟大的思想家、教育家和儒家学派创始人孔子的庙宇。因孔门弟子尊称孔子为"夫子"，故孔庙又称"夫子庙"。又因唐高祖封其为"先师"，唐武后封其为"文宣王"，故亦称为"先师庙""文宣王庙"。宋真宗封孔子为"至圣文宣王"，孔庙也被称为"宣圣庙"。元明之后，多称之为"文庙"。

孔庙起源于山东曲阜阙里。鲁哀公十六年（公元前479年），孔子殁，弟子将其安葬于鲁城北泗。翌年（公元前478年），鲁哀公不顾当时封建等级礼制，"立庙于旧宅，守陵庙百户，即阙里先圣故宅，而先圣立庙，自此始也"[③]。当时保存的孔子的衣、冠、琴、车、书，祭祀孔子的"庙屋三间"成为中国古代文庙的雏形。自此，作为传播儒家文化重要载体的孔庙，历经千年，饱受荣辱，不仅深刻地影响着中国的政治、社会与教育，而且作为中华文明的代表泽被东亚、东南亚甚至欧美等国家和地区。

孔庙从广义上可以分为家庙、国庙、学庙和村庙四类。家庙指山东曲阜阙里的孔庙，其设立于孔子故里，具有祖庙和学庙合一的特征，是孔氏家族、孔门弟子共同奉祀孔子的场所。曲阜孔庙建立时间最早、建制最为完善，堪称中国古

① [汉]许慎撰，[清]段玉裁注：《说文解字注》，上海古籍出版社1981年版，第446页。
② [汉]毛亨传，郑玄笺，[唐]孔颖达疏：《毛诗注疏》卷19《周颂·清庙》，上海古籍出版社2013年版，第583页。
③ [宋]孔传：《东家杂记》，山东友谊出版社1990年版，第40页。

代大型祠庙建筑的典范。除此之外，具有此类性质的孔庙还有孔子后裔为躲避北方战乱于南宋建立的衢州孔庙。国庙指在国都太学或者国子监设立的孔庙，其规模宏大，设施完备，多由皇亲国戚、高级官吏以及太学或国子监主管官员及师生奉祀。学庙指各地府、州、县学以及书院设立的孔庙。村庙指在学庙普及不到的边远地区、人口聚集的村镇设立的祭祀孔子及有功之先贤先儒的孔庙。这些孔庙规模各异，形制相似，颇具地方特色。

以"庙学合一"为特征、视传播儒家学说为己任的定州文庙始终与儒家学说的命运紧密相连。

孔子之后，孔氏儒学一分为八，即"子张之儒、子思之儒、颜氏之儒、孟氏之儒、漆雕氏之儒、仲良氏之儒、孙氏之儒、东正氏之儒"。各诸侯国为了争夺霸权，纷纷重用儒学人员，儒家学说以更广泛的形式存在于各诸侯国内。

秦灭六国，一统天下。秦始皇为了进行思想控制，加强中央集权，将法家思想作为治国理论，采取丞相李斯建议，"今诸生不师今而学古，以非当世，惑乱黔首"[1]，将儒家学说视为异端，实行"焚书坑儒"政策。据记载当时的场景：

> 史官非秦记皆烧之。非博士官所职，天下敢有藏《诗》、《书》、百家语者悉旨守，尉杂烧之，有敢偶语《诗》、《书》者弃市……所不去者，医药、卜巫、种树之书。以古非今者族。吏见知不居者与同罪。[2]

由此，儒家经典书籍受到前所未有的毁坏，儒家学说自然成为边缘学说。

西汉始，统治者吸取秦二世而亡的教训，采取"无为而

① [汉] 司马迁：《史记》卷6《秦始皇本经》，中华书局1959年版，第109页。
② [汉] 司马迁：《史记》卷6《秦始皇本经》，中华书局1959年版，第109页。

"治"的政策。随着经济上的好转，各学派争鸣的现象得以再现，其中最受官方器重的依旧是儒家学派。汉高帝十二年（公元前195年），刘邦从淮南还于帝都时，恰逢路过鲁国，以"太牢"之礼祀孔子。"太牢"又名"大牢"，一般贵为天子之人方可用之祭祀。由于汉初凋敝，高祖皇帝不得不用牛车代步，却以牛、羊、猪天子祭祀社稷之盛礼尊孔子，足以显示高祖皇帝对儒学的推崇，这也开启了帝王祀孔之先河。文景之治，儒学得到迅速发展，"汉文帝时立'一经'博士七十余人，申公、韩婴为《诗》博士，汉景帝时又立董仲舒、胡母生为《春秋》博士，立张生、晁错为《书》博士"①。雄才大略的汉武帝要加强中央集权，董仲舒适时提出封建大一统社会要有统一的思想。他上书言道：

> 今师异道，人异论，百家殊方，指意不同，是以上亡以持一统；法制数变，下不知所守。臣愚以为诸不在《六艺》之科、孔子之术者，皆绝其道，勿使并进，邪辟之说灭息，然后统纪可一而法度可明，民知所从矣。②

汉武帝"罢黜百家，独尊儒术"，结束了"人异论，百家殊方"的局面，儒家学说被视为封建官方的正统思想。孔子作为儒家学派的鼻祖，自然万人敬仰，由其删述的"六经"也日益流传开来。汉武帝建元五年（公元前136年），在政府兴办的最高学府太学中，设置"五经"博士，以尊孔通经作为选拔人才的重要标准，儒家思想开始引领士人的脚步。汉平帝元始元年（公元1年），王莽摄政，封孔子后裔孔均为褒成侯，追谥孔子"褒成宣尼公"，帝王赐孔子谥号由此开始。

东汉初，光武帝途经鲁地，派大司空祭祀孔子，此为皇

① 阎国华、安效珍：《河北教育史》卷1，河北教育出版社2003年版，第98页。
② ［汉］班固：《汉书》卷6《董仲舒传》，中华书局1962年版，第2523页。

帝遣使祀孔于阙里之肇端。汉明帝时，皇帝在阙里亲立讲堂，命太子与诸王说经，并盛祀孔子及其七十二弟子。这里需要提及的是，"明帝永平二年三月，上始帅群臣躬养三老五更于辟雍，行大射之礼仪。郡、县、道行乡饮酒于学校，皆祀周公、孔子，牲以犬"①。虽然这不是帝王制度性祀孔，但却开启了阙里之外上至国学、下到地方学校祭祀孔子之先例。东汉元嘉二年（152年），汉桓帝听从鲁相乙瑛建议，"置孔子庙百石卒史一人，典主守庙，春秋享礼，出王家钱，给犬酒"②。守庙官的确立，标志着孔庙的管理由孔子后裔的个人行为转为国家行为。汉末战乱频繁导致阙里孔庙"百祀堕坏，毁而不修"。曹魏黄初元年（220年），魏文帝曹丕诏令，"鲁郡修起旧庙，置百户吏卒以守卫之，又于其外广为室屋以居学者"③。这一举措使阙里孔庙具备了庙学合一的雏形。

两晋南北朝时，政权更替频繁，社会动荡不安，学术思想自由，玄学大行其道，佛、道广泛传播，但统治者依旧"沿袭汉风，尊孔崇儒"。晋元帝和孝武帝继位后曾先后下诏修建孔庙。北魏虽为少数民族政权，但采取崇儒政策，大力兴学，培养儒士。北魏孝文帝太和元年（477年），下诏郡县立学祀孔子与周公并享，并定孔子谥号为"文圣尼父"。由于南北政权对峙、战乱频繁，且阙里孔庙处于南北双方边境线，常遇兵燹，出现了"庭宇倾顿，轨式颓废"的状况。鉴于孔庙如此颓败，偏安一隅的诸皇帝根本无法亲临阙里祭祀，北魏孝文帝太和十三年（489年），孝文帝诏令，"立孔子庙于京师"④。在京师首次设立孔庙，既便于帝王祭祀孔子，又凸显统治者对儒家学说的重视，由此孔庙建设得以飞速发展。或许受此启发，南梁武帝天监四年（505年），"六月庚

① 耿素丽、陈其泰：《历代文庙研究资料汇编》第8册，国家图书馆出版社2012年版，第213页。
② 耿素丽、陈其泰：《历代文庙研究资料汇编》第3册，国家图书馆出版社2012年版，第265页。
③ ［北齐］魏收：《魏书》卷2《文帝纪》，中华书局1974年版，第78页。
④ 耿素丽、陈其泰：《历代文庙研究资料汇编》第8册，国家图书馆出版社2012年版，第221页。

戌，诏建孔子庙"[1]。从此，南北政权皆于京师立孔子庙。除京师外，各地方也兴修孔庙。北齐文宣帝天保元年（550年），规定郡学于坊内立孔庙，颜回配享，博士以下，每月朝祀。这是首次于地方学校日常教学活动区域外划定固定场所设立孔庙，并按固定时间祭祀，估计此类孔庙规模不会太大，但这已成为地方学校建立孔庙的先声，强化了儒家学说在地方的影响，故意义深远。

① 耿素丽、陈其泰:《历代文庙研究资料汇编》第3册，国家图书馆出版社2012年版，第271页。

先庙后学：
大唐之际领
燕赵祭孔之先

隋朝国祚虽短，但文、炀二帝皆下令礼遇孔子。唐朝统治者"弘扬王道，全依儒术"，树立儒学在封建思想中的正统地位。唐高祖李渊诏令国子学立周公、孔子庙各一所，四时致祭。唐武德七年（624年），唐高祖亲释奠于国子学，以孔子为先师，西坐配。贞观二年（628年），左仆射房玄龄和博士朱子奢上书唐太宗，建议停祭周公，以孔子为先圣，颜回配享。

　　臣以周公、尼父俱是圣人，庠序置奠，本缘夫子。晋、宋、梁、陈及隋大业故事，皆以孔子为先圣，颜回为先师，历代所行，古人通允。伏请停祭周公，升夫子为先圣，以颜回配。[1]

贞观四年（630年），唐太宗下诏，"天下州、县学校皆立孔子庙"[2]，形成了"自唐以来，州县莫不有学，则凡学莫不有先圣之庙矣"[3]的盛景，这样一来，上及京师、下至乡野甚

[1] 耿素丽、陈其泰：《历代文庙研究资料汇编》第8册，国家图书馆出版社2012年版，第226页。
[2] ［宋］欧阳修、宋祁：《新唐书》卷15《礼乐志》，中华书局1975年版，第381页。
[3] ［宋］马端临：《文献通考》卷46《学校考》7，中华书局1986年版，第433页。

至荒原之地都建有孔子庙。景仰孔子之人，皆可就近去州、县学祭拜。孔庙乘帝王之诏，借学校之地，遍布九州，这也成为庙学合一制度的肇端。庙学制度由以大成殿为代表的祭祀区和以明伦堂为核心的教学区组成，庙以崇先圣，学以明人伦，然而庙学一词的出现却晚于庙学制度。现有资料表明，庙学是韩愈首次提出，系韩愈为赞颂处州刺史李繁建立孔庙时所说。贞观十一年（637年），唐太宗"尊孔子为宣父，作庙于兖州，给户二十以奉之"①。贞观十六年（642年），唐太宗命人撰写《五经正义》并交付国子监，中央官学以此作为官方指定教材，科举考试也以此作为选拔人才的依据，这标志着儒家经典教材的统一和以儒学作为官方取士标准的确立。"自《正义》定本颁之国胄，用以取士，天下奉为圭臬"②，足见其影响之深远。唐开元元年（713年），唐玄宗亲临阙里孔庙，以"太牢"之礼祭孔，并指派专人看守孔子墓室，同时下诏塑孔子像，"画七十弟子及二十二贤像于庙壁上"③。开元二十七年（739年），唐玄宗遂追谥孔子为"文宣王"。由此开启孔子"王"爵之始，服王者章服，祀"八佾舞"。

正是在这种"尊孔重儒"的热潮中，定州文庙顺应时代潮流，孕育而生。据记载，"先师庙在州治西北，唐大中二年，定州帅卢公简求，以庙本会昌所废天佑佛寺，其制犹若浮屠氏所居，乃更而大之"④。"浮屠"乃佛教术语，指原来居住于此的僧侣。唐武宗会昌年间实行"灭佛"政策，州帅卢简求并未改变天佑佛寺的建筑结构与空间布局，只是扩大规模后建立定州文庙。定州文庙饱经沧桑，历经千年，一直为定州士人的拜谒圣地与精神家园。

随着唐朝晚期国力衰微、时局动荡，定州文庙日趋破败。"儒宫又兹积刺焉且以先师庙催朽攸深，所余者，惟列序旧

① 耿素丽、陈其泰：《历代文庙研究资料汇编》第8册，国家图书馆出版社2012年版，第227页。
② [清] 皮锡瑞：《经学历史》，中华书局1959年版，第103页。
③ 耿素丽、陈其泰：《历代文庙研究资料汇编》第8册，国家图书馆出版社2012年版，第232页。
④ 定州市档案局：《直隶定州志》卷21《宋韩魏公定州儒学记》，九州出版社2016年版，第20页。

基，修廊遗堵矣。"①时任北平王兼定州刺史王处直认为："昔夫子救乱世，拯颓纲，垂五典，礼七教，为人灵之大训，于今治国之道，昭昭乎为化之本，怎可使夫子之寝庙，不能庇于躁没，即何以行其道？"②于是，王处直命令步军都虞候王超，安排人员，准备材料，于天祐十三年（916年）七月十九日，首先依照阙里孔庙形制修建文庙正殿。之后修建三礼堂。"三礼"是儒家经典《周礼》《仪礼》《礼记》的合称。三礼堂的修建，既体现了儒家封建礼制对定州士民的教化，也表明了文庙具有储藏礼器、舆服、祭品的功能，即所谓"览之见历代礼备矣"③。再次修建三献斋。唐高祖武德七年（624年），李渊"诣国子学释奠于先圣先师"④，这一示范性举措颇具导向作用，各地方纷纷行"释奠"之礼。释奠礼主要由"三献"构成，即"初献""亚献""终献"。三献斋院的修建，表明定州文庙祭孔的肇始。最后修建学院和讲书堂，始传播经学知识。至天祐十五年（918年）全部工程竣工时，人们对其赞赏有加，曰："校斯盛美，复冠前史，顾惟鸿懿，允昭永代。"⑤经过王处直的维修与扩建，尤其是大成殿和讲书堂的建立，定州文庙庙学合一制度初步成型，开始履行"启迪文教而行夫子之化人"的使命。

① 定州市档案局编：《直隶定州志》卷21《中书令北平王王处直文庙记》，九州出版社2016年版，第8页。
② 定州市档案局编：《直隶定州志》卷21《中书令北平王王处直文庙记》，九州出版社2016年版，第8页。
③ 定州市档案局编：《直隶定州志》卷21《中书令北平王王处直文庙记》，九州出版社2016年版，第7页。
④ 耿素丽、陈其泰：《历代文庙研究资料汇编》第3册，国家图书馆出版社2012年版，第278页。
⑤ 定州市档案局编：《直隶定州志》卷21《中书令北平王王处直文庙记》，九州出版社2016年版，第9页。

庙学合一：
从前庙后学
到左庙右学

　　从北宋庙学合一制度正式建立到清末"新政"时庙学制度解体的上千年历程中，定州文庙在历代尊孔崇儒的背景下，分别于北宋、明朝和清朝出现过三次辉煌，也曾因战乱毁于兵燹。其布局形式由前庙后学转为左庙右学，虽然屡经变动，但定州文庙一直是"构建一座城市教育文化的精神标志，折射着中央政权的控制力与儒家文化的渗透力"[1]。

北宋"中山郡庙学甲天下"

　　北宋结束了五代的割据纷争与频繁战乱。宋初，宋太祖为了抑制藩镇割据势力，实行"兴文教，抑武事"政策，重视发展礼乐教育，推崇儒学。北宋大中祥符元年（1008年），宋真宗亲临阙里孔林，拜谒文宣王庙，"诏追谥曰元圣文宣王，祝文进署，祀以太牢，修饰祠宇，给便近十户，奉营庙"[2]。大中祥符五年（1012年），改谥孔子为"至圣文宣

① 彭蓉：《中国孔庙建筑与环境》，中州古籍出版社2011年版，第1页。
② 耿素丽、陈其泰：《历代文庙研究资料汇编》第8册，国家图书馆出版社2012年版，第251页。

王"，以帝王制度，敕孔子冕十二旒，服十二章，执镇圭。宋朝孔庙随着三次兴学运动得到迅速发展，兴办学校的过程也是建立孔庙的过程，孔庙与学校互为依托，即所谓"由学尊庙，因庙表学"。三次兴学运动后出现了"今天下郡邑必有学，学必有庙"①的盛况。

辽宋对峙时期，定州为国之门户、军事重镇，扼守北部边境，关系宋朝北部大局的稳定，正如知州宋祁上疏所言："天下根本在河北，河北根本在镇定②，以其扼贼卫，为国之门户也。"③庆历四年（1044年），皇帝下诏州郡皆立学。然而，绝大部分守官认为地处边境，作为军事重镇的定州不应崇尚文教，因此，定州文庙只在开宝年间和大中祥符年间分别得到祁廷议、李允正的修葺，之后便无人问津，日渐倾圮。庆历八年（1048年），资政殿学士韩琦奉命知定州，刚一上任就亲自前往文庙行释奠礼，当时文庙正殿"上覆穿敝，泄落风雨，升降为献，几无所荣"④。文庙内的其他建筑也毁坏殆尽，院内杂草丛生。皇祐元年（1049年），随着边陲再无战事，社会经济持续好转，知州韩琦命礼宾驻泊都监张君挑选工匠，将原有破旧文庙修葺一新后依庙建学。"市垣之北地，通而广之，以规以度，不陋不侈，讲授有堂，肄习有斋，庖厨井涸，日用之具，无不备足；大新殿宇，市地拓学，创建明伦堂于文庙后。"⑤又建"射圃、昔亭于庙之北"⑥。韩琦还"割邑闲田亩一千计"⑦作为学田，为师生提供物质保障。皇祐二年（1050年）工程竣工后，韩琦在七月十九日甲辰时分带领属下和诸生，以"少牢"之礼祭告先圣孔子。时人对定州文庙评价甚高，认为"庠序之盛，为当时河北最"⑧。

韩琦此次修建具有重大历史意义。首先，定州官学宣告成立。所谓"定学之建，始于魏公，定之诸生稍克就学"⑨。从

① ［金］孔元措：《孔氏祖庭广记》，山东友谊出版社1989年版，第346页。
② 镇定即真定，汉设真定县，宋设真定府路，今为定州、正定一带。
③ 定州市档案局编：《直隶定州志》卷21《论镇定形势疏》，九州出版社2016年版，第14页。
④ 定州市档案局编：《直隶定州志》卷21《宋韩魏公定州儒学记》，九州出版社2016年版，第20页。
⑤ 定州市档案局编：《直隶定州志》卷21《宋韩魏公定州儒学记》，九州出版社2016年版，第21页。
⑥ ［清］黄开运：《直隶定州志》卷10《左春坊谕德傅瀚重建定州儒学记》，康熙十一年刊本，第52页。
⑦ 定州市档案局编：《直隶定州志》卷21《中山府学田记》，九州出版社2016年版，第71页。
⑧ 定州市档案局编：《直隶定州志》卷21《中山府学田记》，九州出版社2016年版，第72页。
⑨ ［清］黄开运：《直隶定州志》卷10《左春坊谕德傅瀚重建定州儒学记》，康熙十一年刊本，第53页。

此之后，"庙学合一"制度正式确立。其次，在文庙后建立明伦堂，作为宣化圣教之地，明伦堂与前面大成殿形成前庙后学的格局。再次，在文庙北面建立日常生活区域，进一步完善了文庙功能，为定州师生在文庙内切磋学问提供方便。最后，射圃的建立既体现了传统儒家礼仪培养士人的目标，又能为武举培养能征善战之人，改变了定州"为儒而不知兵，为将而不知书"[1]的文武对立观念，彰显了德治的重要性。正所谓"养育天下士人秀者……海内大治而上得以高拱而无为"[2]。自此，定州崇文之风日渐浓厚，得以垂范后世，定州文庙走向了第一次辉煌，时人称之为"中山郡庙学甲天下"。

鉴于韩琦在营建定州文庙上取得重大功绩，"建立学校，诱诲其为士者自彼时至今，民得安堵而蒙被朝廷之惠泽，又得教其子弟而学先王之道"[3]，元丰三年（1080年）正月十九日，于文庙西始立韩忠献祠。时任定州知州韩绛与韩琦同姓，民众遂请命于绛，立庙图像，春秋祀之。元祐五年（1090年），奉敕载入祀典。由王严叟撰写的《韩魏公祠绘画遗事碑》记载了韩魏公祠的建立事宜与众人祭祀情况：

> 元丰之际，盖三十年矣，思之不已，相兴立祠于郡庠之西塾。公遗像而神事之皆曰幸见公像如公存焉；不获其所者往而祷曰公幸佑我；得其欲者往而谢曰公佑我之赐也；每公生及讳之日则又往各致祠事，罔不瞻仰咨嗟怆恻久之。韩康公、吕申公继帅每释奠孔子，必率僚属及诸生，以一献之礼，奠诸祠，下邦人。感悦后，遂为故事。愿摘其可绘者，绘祠之两庑，使后世览余烈而想清风。[4]

① 定州市档案局编：《直隶定州志》卷21《宋韩魏公定州儒学记》，九州出版社2016年版，第21页。
② 定州市档案局编：《直隶定州志》卷21《宋韩魏公定州儒学记》，九州出版社2016年版，第16页。
③ [民国] 何其章：《定县志》卷19《魏国韩忠献公祠堂记》，成文出版社1934年版，第1067页。
④ [民国] 何其章：《定县志》卷19《韩魏公祠绘画遗事碑》，成文出版社1934年版，第1081—1082页。

元祐八年（1093年），大文豪苏轼①知定州。他潜心兴教，"君而无为，躬之遗教，身不宠利于当时而有不朽之余荣"②。鉴于对苏轼的怀念，民众也于文庙西建苏公祠堂，但"因其早建而遗其年"③。韩苏二公祠，可视为名宦祠与乡贤祠的雏形，彰显定州士人对治士贤能的尊敬与崇拜。

此外，苏轼于中山府后圃偶得黑白相间的雪浪石，"一黑石，白豚中涵水纹，有如蜀孙位、孙知微所书石，间奔流尽水之变。又得白石，为大盆盛之，琢盆为芙蓉激水"④。苏东坡甚爱此石，在文庙讲堂前"构小堂置之，旁曰雪浪斋，两庑下一碑圆石之形"⑤。随着苏轼被贬谪英州，盆石俱湮。直到明万历八年（1580年），真定令郭衢阶才偶然在地下见到盆棱，遂将其挖出。万历十五年（1587年），知州唐祥兴重得雪浪石，在雪浪斋斋壁有此次记载。清康熙四十一年（1702年），知州韩逢庥把石和盆一起移置于众春园。雪浪斋被视为康熙年间"定州八景之一"。雪浪石位置虽有所变动，但一直被保留至今，体现了后人对苏东坡的敬仰与思念之情。

金代为"士人群聚之河朔冠"

靖康之变后，北宋灭亡，北方大部分领土被金朝占领。金朝虽为女真人建立的少数民族政权，但政治上仿照中原王朝制度，文化上推行儒家治国理念。金太宗天会七年（1129年），完颜宗辅进兵山东，命令知县引谒宣圣庙。大定二十三年（1183年），"国学成，祀先师于国子监之庙"⑥。天眷三年（1140年），孔子四十九代孙孔璠袭封衍圣公奉祀阙里。金朝在统治区域内建立了很多学校，诸如：大定六年（1166年）建立的国子太学，大定十三年（1173年）在京都建立

① 苏轼（1037—1101），字子瞻，号东坡居士，世称苏东坡、苏仙，眉州眉山（今属四川省眉山市）人。北宋著名文学家、政治家，与欧阳修并称"欧苏"，为"唐宋八大家"之一。元丰三年（1080年），因"乌台诗案"被贬为黄州团练副使。元祐八年（1093年），知定州。在定州政绩颇多，于文庙栽种"东坡双槐"，作"定州秧歌"曲，得"雪浪石"，建"雪浪斋"，著《中山松醪赋》，病逝后宋高宗追赠太师，谥号"文忠"。
② [民国] 何其章：《定县志》卷19《苏公拜谒圣庙文石刻》，成文出版社1934年版，第1084页。
③ [民国] 何其章：《定县志》卷2《韩苏公祠》，成文出版社1934年版，第159页。
④ [清] 王大年、魏权：《直隶定州志》卷1《雪浪斋》，雍正十一年刊本，第58页。
⑤ 定州市档案局编：《直隶定州志》卷20《古迹》，九州出版社2016年版，第38页。
⑥ [金] 孔元措：《孔氏祖庭广记》，山东友谊出版社1989年版，第128页。

的女真国子学，此外，诸路还设女真府学、州学和汉儿府学等。这些学校都以儒家经诗典籍作为基本教材，为满足科举考试的词赋、经义而设。孔子其人、其思想也因此日益深入人心。

定州文庙在金朝尊崇儒学的氛围下得以兴盛。据记载，"定之学校为河朔冠，士子聚居者常以百数，砺督教不倦，经指授者悉为场屋上游"[1]。由此可见，定州文庙学生之众多，教师之优良，教育之发达。定州文庙在此氛围下应该也得到了修葺，但具体维修情况无法考证。据正隆五年（1160年）定州文庙碑文记载，"金李之翰碑文皆记载兴修之事……今翰字及翰事俱剥落矣"[2]。

元代文人的"藏修游息之所"

元朝是由蒙古族建立的少数民族政权，但统治者认识到要统治人数众多、文化发达的中原地区，必须"沿袭汉法，尊孔重教"，就连当时的国号"大元"都取自《易经》"大哉乾元"之意。诚如定州府教授朱德润所云："孰若我朝用其言而为万世不刊之成宪，非信其道之笃，安能至是哉。"[3]元太祖十年（1215年），铁木真在攻占金都（燕京）后，于枢密院旧址建立庙学，春秋率诸生行释奠礼。当时名儒刘秉忠上疏忽必烈，直陈尊孔重教的重要意义。

> 典章、礼乐、法度、三纲五常之教，备于尧、舜，三王因之，五霸败之……孔子为百王师，立万世法，今庙堂虽废，存者尚多，宜令州郡祭祀，释奠如旧仪，礼乐器具散失，应下令寻回。征兆太常寺懂礼

① 阎国华、安效珍：《河北教育史》卷1，河北教育出版社2003年版，第288页。
② [民国] 何其章：《定县志》卷21《重修文庙碑》，成文出版社1934年版，第159页。
③ [民国] 何其章：《定县志》卷22《有元中山增修加号碑楼之记》，成文出版社1934年版，第1127页。

仪者，教引后学，使器备入存，渐以修之，实为太平之基，王道之本。①

忽必烈对此十分重视，接受了他的建议。元朝后世诸帝也尊儒重教，诸如：元武宗加封孔子为"大成至圣文宣王"；元仁宗将宋儒周敦颐、程颐、张载、吕祖谦等从祀孔庙。元大德十年（1306年），元成宗下诏于大都建立孔庙，与国子监并列形成右庙左学的格局，此外，元朝四级地方行政路、府、州、县均设置相应级别的地方官学，教授"四书五经"等儒家经典。据记载，"大司、农司所上诸路学校之数，至元二十三年，二万一百六十六所；二十五年，二万四千四百余所；二十八年，二万一千三百余所，可谓盛矣"②。可以看出，当时元朝统治者重视地方儒学发展，地方学校设置日益广泛。

定州文庙在元朝"尊孔重教"氛围下有五次修葺记录。

大德五年（1301年）至大德六年（1302年）间，增扩学田、学舍与斋房。由于元朝初年战乱频繁导致文庙"焚毁殆尽，荒基零础，仅存故物"③，监府总督秃鲁迷失、同知僧奴等众人协力"以租直易瓦甓，新其门垣，众谋筑室，以处鼓箧之徒"④。由于文庙没有固定经费来源，春秋祭祀供品都需取之于民，于是，知府齐询征城内及隍池空闲之地，共计三百五十七亩闲田作学田，每年以田租为收入，之后"庙祀始有供，学宫弟子有给焉"⑤，此外，曲阳县教谕王远等人捐钱五百缗，廉副杜侯和总吏官豪右也出资两千缗作为维持文庙日常运行的费用。刘清（刘得一）又纳安喜大成村二百亩作为学校永久土地资产，此时文庙"水路之田七百五十八亩"⑥。大德六年夏（1302年），教授朱翼在明伦堂前增设学舍

① 曲英杰：《孔庙史话》，社会科学文献出版社2011年版，第84页。
② [宋]马端临：《文献通考》，中华书局1986年版，第235页。
③ 定州市档案局编：《直隶定州志》卷21《增修府学记略》，九州出版社2016年版，第71页。
④ 定州市档案局编：《直隶定州志》卷21《增修府学记略》，九州出版社2016年版，第71页。
⑤ 定州市档案局编：《直隶定州志》卷21《中山府学田记》，九州出版社2016年版，第72页。
⑥ 定州市档案局编：《直隶定州志》卷21《中山府学田记》，九州出版社2016年版，第73页。

十余间，在文庙东西两侧立斋房十余间。自此，定州文庙出现了"士子之气禀治，藏修游息之所粗备"①的良好局面。

大德十一年（1307年），元成宗加封孔子"大成至圣文宣王"之碑至今保存于定州文庙大成殿东侧。除定州外，完县（今顺平县）、灵寿、藁城、新乐、易县、曲阳等都在文庙中立此碑，可见元成宗推崇孔子力度之大，范围之广。为使元成宗颁发的圣旨碑文免于风雨侵蚀，延祐六年（1319年），中山府守臣监府别理燮劢等一起商议，捐献俸禄，率领民众，在圣旨碑上加盖一座碑楼，数月即落成。对加封孔子谥号的碑文爱护有加，表现出统治者对儒学的重视程度史无前例，对后世产生了深远影响。诚如定州府教授朱德润所言："仰视诚欲励风化于一方，传盛美于无穷也。"③

延祐五年（1318年），知府增扩学田二百六十五亩。随后，安喜主簿封从植扩学田一顷八十八余，学田总数达到五百五十八亩。学田的增加有力地保障了文庙教学与祭祀活动的顺利进行。

元统元年（1333年），教授张从先修二配享位，并在义士周源资助下大修圣殿。元统元年（1333年）七月，高阳人张从先来定州任师儒。他甫一上任便拜谒圣庙，见其破败，便利用学田收入和剩余俸禄建郕国公和沂国公④二配享位，"东西列序，冕服南向"⑤。从此，二公配享文庙，然而，当时大成殿"阅岁悠久残弊，弗堪祀弗构事"⑥，教授张从先无力独自修葺圣殿，便向义士周源求助。周源出数千石米颇有难处，但考虑到圣殿事关重大，"遂前后出输钱五千余缗，庀工次第"⑦，大修圣殿。圣殿竣工后，本州官僚士绅包括安喜县教谕陶善道，乡贡进士刘克诚，都备厚礼前来拜谒。

① 定州市档案局编：《直隶定州志》卷21《增修府学记略》，九州出版社2016年版，第71页。
② [民国]何其章：《定县志》卷20《有元加号大成之碑》，成文出版社1934年版，第1125页。
③ [民国]何其章：《定县志》卷20《有元中山增修加号碑楼之记》，成文出版社1934年版，第1126页。
④ 元文宗至顺元年（1330年），加封曾子为郕国宗圣公，子思为沂国述圣公。
⑤ 定州市档案局编：《直隶定州志》卷21《增修府学记略》，九州出版社2016年版，第22页。
⑥ 定州市档案局编：《直隶定州志》卷21《增修府学记略》，九州出版社2016年版，第22页。
⑦ [民国]何其章：《定县志》卷20《中山周氏义行铭》，成文出版社1934年版，第1134页。

至正八年（1348年），石郁倡修文庙。宣政院判官石郁甫一调任中山府知府，便亲自瞻仰文庙曰："此实本院风化之地，而废弛忍若是耶？"[①]他认为："盖治郡县必本于学校，以正人心，以明人伦，以成人材。其公卿大夫，皆由是途出。嗟夫！人伦之在，天下不可一日废，废则国随之。"[②]于是联合儒生贾寿、陶善道、田克庸、王彬、刘士贞、王游、刘元英等一起修复文庙。虽然具体维修内容后人无法考察，但工程结束时出现"门庑、堂斋、垣墉，翠飞相望"[③]的盛况。

至正十二年春（1352年），中山府监府太某（佚名）充实文庙东西两庑礼器，扩充文庙生源。监府太某刚上任便恭拜文庙，问左右："春秋释奠礼器是否完备？"旁人道："只有圣殿孔子与四配十哲祀设齐备，两庑还未完备。"公知后慨然曰："庙貌既完，礼器未备，可谓敬乎？"[④]即日命令工匠，依据典制制备礼器，不出数月而完工。充实两庑的礼器后监府太某又扩充生源，严订学规，"朔望严立课簿，讲诵之音，遐迩俱闻"[⑤]。从此之后，文庙两庑礼器必须完备，永垂后世。

明代"长廊如画，士业得专"

1368年以朱元璋为首的起义军推翻了元朝统治，于南京建立朱明王朝。新王朝甫一初定，便把"尊经崇儒"作为基本国策。明洪武元年（1368年），上谕克坚曰："先师孔子，扶持世教，功德广大，万世帝王之师也。朕今命尔往祭，尔宜致诚洁，以副朕怀。"[⑥]于是遣前国子祭酒孔克坚祀先师孔子于阙里，出内府香币并白金百两，俾举祭物。洪武元年（1368年）十月，诏以太牢祀先师孔子于国学，且遣使曲阜

① 定州市档案局编：《直隶定州志》卷21《增修府学记略》，九州出版社2016年版，第21页。
② 定州市档案局编：《直隶定州志》卷21《中山府庙学记略》，九州出版社2016年版，第22—23页。
③ 定州市档案局编：《直隶定州志》卷21《中山府庙学记略》，九州出版社2016年版，第23页。
④ [民国]何其章：《定县志》卷20《大元圣庙礼器记》，成文出版社1934年版，第1140页。
⑤ [民国]何其章：《定县志》卷20《大元圣庙礼器记》，成文出版社1934年版，第1141页。
⑥ 顾明远总主编：《中国教育大系》卷2《历年教育制度考》，湖北教育出版社2015年版，第1284页。

致祭。及行，上谓之曰："仲尼之道，广大悠久；天地相伴，故后世有天下者，莫不致敬尽礼，修其祀事。"[1]洪武三年（1370年），诏儒士前往直午门，为武臣讲经史籍。从此之后，明朝历代皇帝经常下诏向全国招纳明经儒士，给予高官厚禄。明太祖还亲自制定《御制大诰》，重申"父子有亲，君臣有义，夫妇有别，长幼有序，朋友有信"的儒家伦理道德。洪武五年（1372年），太祖在奉天殿与诸博士曰："尔等一以孔子所定经书诲诸生，若苏秦、张仪由战国尚诈，故得行其术，宜戒勿读……令有司察举贤才，必以德行为本，文艺次之。"[2]因此，当时国子监的教育内容以孝悌、礼义、忠信、廉耻为本，以"六经"为业。《易》《诗》《书》《春秋》《礼记》，每人需专一经。明成祖朱棣命令儒臣辑"四书""五经"及《性理之书》并颁行天下，于是，孔子的思想深入民众内心，可谓"龆龀之童咸知执经问道"[3]。嘉靖九年（1530年），明世宗认为孔子为人臣非君王，遂改称其为"至圣先师"。

元末明初的战火使定州城化为灰烬而文庙却岿然独存，这真是一个奇迹！明朝历代统治者对"尊经崇儒"政策的延续，为定州文庙的发展提供了重要机遇。据记载，定州文庙先后有二十四次修建记录，建筑格局日益规整，功能日渐完善，迎来了第二次辉煌。

洪武十三年（1380年），定州知州项昌铭扩建明伦堂与斋院，给韩、苏二祠配像题词，并对文庙内部环境进行美化。由利津令调任定州知州的项昌铭一到官邸就拜谒孔庙，然当时文庙已"讲堂卑隘，上漏旁穿，师生不能以庇寒暑，且榱无不剥，几坠教基，罔获承事"[4]。洪武十三年（1380年），项昌铭发布告令，安排人员，准备材料，从二月二日开工到

① 顾明远总主编：《中国教育大系》卷2《历年教育制度考》，湖北教育出版社2015年版，第1285页。
② 毛礼锐、沈灌群：《中国教育通史》第2卷，山东教育出版社1988年版，第403—404页。
③ 定州市档案局编：《直隶定州志》卷21《知州项昌铭建学记》，九州出版社2016年版，第73页。
④ 定州市档案局编：《直隶定州志》卷21《知州项昌铭建学记》，九州出版社2016年版，第74页。

次年二月二十三日竣工，历时一年有余。"建正堂，其楹六；辟肄习之地，其斋四。爨有厨，膳有室……缭以垣墉，布以阶庑，树表列署，廓然大辟。"①之后对文庙西面的韩、苏二公祠"宜像以配"并题曰"二忠之祠"。是年十一月，项昌铭"用牲祭"以示告慰，表达对定州名宦的敬仰与思念之情。

宣德十年（1435年），州学训导黄宪建文昌宫于崇圣宫前。

正统六年（1441年），州牧许让重修韩公祠。具体内容不详。

正统九年（1444年），州牧许让增修文庙。具体内容不详。

天顺七年（1463年），州牧邱俊增修文庙。据《道光直隶定州志·人物篇》记载，州牧邱俊建庙学后堂，但具体增修过程不详。

成化七年（1471年），知州韩文重新修建圣殿、两庑、讲堂以及日常生活建筑，重塑孔子画像并准备祭品。知州李谔重视文教，定州文风日甚，民习趋正，士心向学，然而，当时的文庙已破败不堪，众人无法瞻仰。成化六年（1470年），知州李谔正欲重修文庙时，被调任他职。从成化七年（1471年）韩文继任定州知州开始修建文庙到成化十三年（1477年）完工，历时六年之久。由明朝大学士刘吉撰写的《知州韩文重修庙学记》记载了当时大修文庙的场景："即坞工度材，首建大成殿五楹，斗拱井藻，丹碧辉炫；次建两庑，曲廊四十有二间，内外宏敞，阶庑端邃；又次，筑墉以缭之，中塑圣贤像并祭品供具；又以其余力修饰讲堂、斋庐、庖湢、廪饩之处。"②州学正张顺辈记载了此次兴修始末。知州韩文的此次修建，可谓力度空前，工程耗时长久，维修力度颇大，既包含新修扩建项目，又囊括准备祭祀供品等事宜。

成化二十年（1484年），定州州牧裴泰改韩公祠于文庙东，邀大学士李东阳为之记碑，并重修文昌宫。

① 定州市档案局编：《直隶定州志》卷21《知州项昌铭建学记》，九州出版社2016年版，第74页。
② 定州市档案局编：《直隶定州志》卷21《知州韩文重修庙学记》，九州出版社2016年版，第74页。

成化二十一年（1485年），定州州牧裴泰移建明伦堂于庙之西北，修饬诸廨舍。左春坊傅瀚路过定州，拜谒文庙，环顾四周后告诫州牧裴泰曰："惟学居庙后，地隘而狭，弗足以称伟观，岁久而坏。"① 州牧裴泰也认为："学宫居庙后非制。"② 于是，增扩学地，改建明伦堂于庙之西北，而后修整诸廨舍。工程从七月开始，到当年九月完工，耗费的石灰、铁、麻、钱、粟、夫、工匠不可数计，文庙东西增加一丈，南北加长三十九丈五尺。虽然左庙右学并非明朝文庙格局定制，但或许是出于"左祖右社"的礼制考虑，再加上明朝国子监布局形式的示范作用，州牧裴泰遵从礼制，顺应上风，将定州文庙从北宋韩琦时的前庙后学之制变为左庙右学的布局。③

弘治十一年（1498年），定州州牧官贤在文庙内建玩玉亭以阅先贤墨迹，与雪浪斋相对。

正德二年（1507年），定州府推官署州事邵廷瑗辟庙后路。

正德十年（1515年），御史卢君撤文昌祠像改祀苏公。监察御史卢君奉命巡视定州，问诸生苏公祠位于何处，众人皆茫然。看文昌祠后，规制位次与魏公祠大体相同，卢君认为这就是苏公祠，"遂命撤文昌像、虎门垣，因旧饰新，择日奠文忠神位"④。

正德十四年（1519年），定州州牧王瑗移苏公祠于众春园内，于旧祠原址建名宦祠。

正德十五年（1520年），定州州牧倪玑令市地扩令方正，改变文庙以往南北过于狭长的格局。他还建讲堂于明伦堂前后，葺诸号舍，这样就进一步完善了文庙的教育功能。

嘉靖十三年（1534年），王诏复修明伦堂。

嘉靖四十四年（1565年），定州府判署州事邢化辟庙前神道（生员董文捐地）。至此，文庙的前路和后路连成一体，

① [清] 黄开运：《直隶定州志》卷10《左春坊谕德傅瀚重建定州儒学记》，康熙十一年刊本，第53页。
② 定州市档案局编：《直隶定州志》卷5《地理 城池》，九州出版社，2016年版第12页。
③ 文庙布局大体有三种形式：左庙右学、右庙左学、前庙后学，其中以左庙右学布局方式居多。然而，文庙布局受何影响，史料并无明文规定，或参照都城模式，或因地制宜，或基于对尊卑表达方式理解不同。参见：沈旸：《东方儒光——中国古代城市孔庙研究》，东南大学出版社2015年版，第188—193页。
④ [民国] 何其章：《定县志》卷3《政典志 壝庙表》，成文出版社1934年版，第177页。

交通更为便捷。

嘉靖四十五年（1566年），定州署州事林德复建照墙。

万历七年（1579年），州牧王禄增修圣殿及明伦堂，做泮池、砌石桥、修甬道、植槐柏。进士出身的州牧王禄重视文庙建设，与副手俞镒商议曰："庙学渐不能支，神明不妥，非虔也；泮池未凿，丹墀大洼，非制也；师不得所，士不获业，非处也。吾辈将何辞焉？"①于是安排专人负责文庙修建事宜。针对凹陷褪色的地面，"辇土墁基，筑高尺许，周围凡三十余丈"②。而后修凿泮池，"浚深一尺，甃石一十五丈，环以雕栏，跨以玉梁"③。在甬道两侧种植槐柏，森蔚成深，神路而通。其次，对大成殿、东西两庑、名宦祠、乡贤祠进行整修。再次，对棂星门、戟门、明伦堂等重门进行修理。而后，对敬一亭、雪浪亭进行翻新。最后，"三斋馔堂，翼翼翚飞，分教会谶，各有所依，不逊经义，治事之备焉"④。州牧王禄此次大修从万历六年（1578年）二月开始到万历七年（1579年）二月竣工，历时整整一年，累计修复房屋百余间，耗资数百金，粟二百石。文庙竣工后出现了"诸号舍鳞次鬓聊，长廊如画，藏修游息，士业得专。燕间四宅，厅寝厨厩，居处笑语，乐育之心自油然以生"⑤的盛景。州牧王禄增修文庙为明朝最大一次，突出的亮点是首次开凿泮池，并于其上架石桥。这既为封建入学礼仪提供必要场所，即"凡考中秀才以上功名者都要绕池三周，以纪念先师孔子。一般人进文庙须绕池而行，唯有状元才可从桥上走过"⑥，又美化了文庙内部环境，增添了防洪蓄水功能。

万历十四年（1586年），州牧唐祥兴于众春园新址移建韩魏公祠并祀之，在原祠旧址上建乡贤祠。至此，文庙名宦、乡贤祠完整。分别于苏公祠和韩公祠旧址立名宦、乡贤祠，表现

① 定州市档案局编：《直隶定州志》卷21《定州修学记略》，九州出版社2016年版，第75页。
② 定州市档案局编：《直隶定州志》卷21《定州修学记略》，九州出版社2016年版，第75页。
③ 定州市档案局编：《直隶定州志》卷21《定州修学记略》，九州出版社2016年版，第75页。
④ 定州市档案局编：《直隶定州志》卷21《定州修学记略》，九州出版社2016年版，第76页。
⑤ 定州市档案局编：《直隶定州志》卷21《定州修学记略》，九州出版社2016年版，第76页。
⑥ 李鸿渊：《孔庙泮池之文化寓意探析》，载《学术探索》2010年第2期。

了韩苏二公在定期间功德甚伟，也希冀后人能追慕前贤。

万历二十年（1592年），定州州牧杨现重修文庙。具体内容无法考证。

万历二十六年（1598年），定州州牧张镕在仪门外敬一亭旧址建禹门、夺锦坊。

万历三十一年（1603年），定州州牧张邦贵改讲堂为尊经阁。自从孔庙肇建以来，郡邑多建有尊经阁，用来体现"尊尚圣经"之意。州牧张邦贵认为："经阁之弗建，郡国之缺也，有司之责也。"[①] 于是，张邦贵于明伦堂后建尊经阁。尊经阁落成之际，张邦贵带领庠生韩聚魁、许天佑、李九鼎、郝维翰等前去祭拜。作为藏书之所的尊经阁不仅是儒学文化在地方赖以生存的物质依托，更是宣扬儒家文化的重要基地。"朝廷力图通过构建遍布整个帝国的经籍供奉场所，来振兴儒学、扶植斯文、强化儒家纲常伦理的抽象化文教殿堂。"[②]

万历三十三年（1605年），定州州牧张邦贵重建文昌阁并建三座牌坊。因本地无文昌祠，当时定州儒生在科举考试前要去周边郡县祭拜文昌神。张邦贵任州牧后，"乃于文庙东始建文昌阁三楹，高数十仞"[③]，又建三座牌坊，东曰泮宫坊，西曰育贤坊，前曰声教上达坊。民间认为文昌乃主爵禄之神灵，主管士子的题名与升迁。文昌祠的修建标志着文庙祭祀区域建筑得以完备。

万历四十四年（1616年），正定太守周士昌改文庙内玩玉亭为仰苏亭，命学政韩上桂赋诗，然当日亭圮。

万历四十五年（1617年），定州州牧宋子质增修殿庑，重建仰苏亭，之后太守郑之文改回玩玉亭。

明末清初的战乱令定州文庙化为灰烬，着实令人惋惜！

① 定州市档案局编：《直隶定州志》卷21《尊经阁记》，九州出版社2016年版，第76页。
② 赵永翔：《尊经以明伦：明代儒学尊经阁的隐喻》，载《孔子研究》2015年第3期。
③ ［清］王大年、魏权：《直隶定州志》卷9《文昌祠记》，雍正十一年刊本，第44页。

明朝流传下来的《定州志》只有嘉靖年间刊本，但早已文字漫漶。虽然我们现在无法从图上看到明朝定州文庙的壮丽辉煌，但无碍从上述文字记载中探究彼时文庙的宏伟广大与精彩绝伦。此时，文庙可分为东、南、西、北、中五个院落。中院分布着大成殿、东西两庑、名宦祠、乡贤祠、戟门、官厅等建筑；南院为泮池、神道以及照壁、三座牌坊；西院有明伦堂、敬一亭、雪浪亭、尊经阁、讲堂；北院有日常生活建筑、禹门、夺锦坊、玩玉亭、雪浪斋等；东院则有文昌阁、崇圣祠。建筑物高低搭配、错落有致、布局合理、功能完善，形成了蔚为大观的古建筑群。

清代"足以壮观瞻而焕文物"

清朝虽是中国最后的封建王朝，但确是文庙发展的顶峰。目前国内现存的大多数文庙经历了清朝的维修、扩建与重建，这必然与清朝统治者"尊孔崇儒"政策有关。清朝作为少数民族建立的政权，在推崇"崇宋学之性道，而以汉儒经义实之"[1]的文教政策上不遗余力。据有关统计，截至清末，"全国孔庙竟达1560处之多"[2]。顺治元年（1644年），世祖章皇帝派遣官吏祭祀阙里孔庙。顺治二年（1645年），皇帝亲临太学行释奠礼，加封孔子为"大成至圣文宣先师"。自此之后，文庙又称"文宣先师庙"。顺治六年（1649年），加封孔子第六十六代孙为衍圣公。顺治十二年（1655年），皇帝下诏朱熹十五世孙承袭"五经"博士。康熙元年（1662年），圣祖仁皇帝亲临太学行释奠礼。康熙十四年（1675年），改封孔子为"至圣先师"。康熙十八年（1679年），"修先圣庙西庑及启圣祠"[3]。康熙二十三年（1684年），皇帝幸阙里，御书"万世师

① [民国]赵尔巽等：《清史稿》卷480《列传》276，大众文艺出版社1999年版，第3914页。
② 干树德：《古代各地孔庙发展概要》，载《四川文物》1990年第5期。
③ 耿素丽、陈其泰：《历代文庙研究资料汇编》第8册，国家图书馆出版社2012年版，第147页。

表"匾额悬于孔庙大成殿。康熙五十一年（1712年），下诏列朱熹为十哲之一，于大成殿配享孔子。雍正三年（1725年），皇帝御书"生民未有"匾额，下诏于阙里及天下孔庙大成殿悬挂。雍正五年（1727年），钦定农历八月二十七日为孔子诞辰纪念日，各省督、抚、学政上丁日率属致祭。乾隆三年（1738年），皇帝幸阙里，题"与天地参"匾额悬挂于阙里大成殿，又书"制气备四时与天地鬼神日月合，德教垂万世继尧舜禹汤文武作"。乾隆帝在位期间，八次拜谒阙里孔庙，次数之多，雄踞历代帝王之首。

由于统治者对儒学的大力推崇，作为宣传儒家思想载体的文庙必然受到追捧，全国掀起大兴文庙浪潮。正是在这种氛围下，定州文庙从明末废墟中浴火重生，凤凰涅槃。

顺治二年（1645年），定州州牧邱万化开始修复正殿。

顺治十年（1653年），署州事陈本厚修复东西两庑及戟门。

康熙七年（1668年），定州州牧董大信修复棂星门。

康熙十一年（1672年），定州州牧黄开运重新修复东西两坊。

康熙十二年（1673年），定州州牧黄开运捐金重修文昌祠。黄开运将文教政策作为治定之先。他甫一上任便首谒文庙，对文庙破败之处进行修葺。鉴于文庙尚无供奉主管文昌神的祠堂，他便捐献俸禄，鸠工庀材，"定之观盛幕议者，亦捐输乐助，厥成"[1]。工程开始于康熙十一年（1672年）冬天，竣工于康熙十二年（1673年）春天。落成竣工之日，定州绅士为文昌阁请文。新修建的文昌阁，"宏壮备出，望之巍然，中山之秀麓而高崎矣。浣水之奇，鸿然而远映矣……东南辉壁绕之华，西北耀奎聊之彩"[2]。由于文昌阁的修建，定州"甲第连绵所必至也"。

康熙四十一年（1702年），定州州牧韩逢庥督修明伦堂，

---

[1] ［清］黄开运：《直隶定州志》卷10《重建文昌阁碑记》，康熙十一年刊本，第68页。
[2] ［清］黄开运：《直隶定州志》卷10《重建文昌阁碑记》，康熙十一年刊本，第68—69页。

刊刻卧碑，砌于堂壁，捐俸重修韩苏二公祠。明伦堂作为讲习儒家经典之地，以"明人伦"为要旨，"故文庙明伦堂的斋院均冠以与人伦有关的儒雅之名"[①]。此时明伦堂又分志道、据德、依仁、游艺四斋，东西共四楹。

康熙四十三年（1704年），州牧韩逢㡖率僚属修大成殿。据大成殿正大光明匾上的悬梁铭文记载："时大清康熙四十三年，岁次甲申仲秋吉旦，奉直大夫知定州事济南韩逢㡖，同知金陵江珍，儒学学政□□张选，训导虞丘□，吏目济南陈世彦……□建。"

康熙四十九年（1710年），州牧韩逢㡖将规范生员行为的八条教规刻于明伦堂北壁。

雍正元年（1723年），在乡贤祠右建忠烈祠。

雍正二年（1724年），奉谕旨于学宫内建忠义孝悌之祠一所，祠门外设立石碑。

雍正三年（1725年），建名宦祠于文庙戟门外东。

雍正八年（1730年），定州州牧王大年在泮池以南建坊，大修殿庑、门墙、斋舍。雍正五年（1727年），王大年任定州州牧。在社会稳定、经济好转后于雍正七年（1729年）开始修建文庙。他认为，"旧坊之址，于庙廖远，气脉不属"[②]。在修建文庙时，"先以建坊为颜，其外曰'仰之弥高'，内向曰'宫墙万仞'"[③]。旨在弘扬朝廷的教化理念和儒学的博大精深，又勉励定州儒生刻苦攻读，博取功名。

雍正十年（1732年），王大年修葺崇圣祠，"冀仰惬先师妥侑前人之意"[④]。

雍正十一年（1733年），王大年大修大成殿、棂星门。当时大成殿殿角被风雨侵蚀，院内杂草丛生，积土漫漫，棂星门也倾斜塌陷。于是，王大年安排人员对大成殿和棂星门

① 胡务：《元代庙学——无法割舍的儒学教育链》，四川出版集团巴蜀书社2005年版，第11页。
② 定州市档案局编：《直隶定州志》卷22《重修定州文庙记》，九州出版社2016年版，第9页。
③ 定州市档案局编：《直隶定州志》卷22《重修定州文庙记》，九州出版社2016年版，第8页。
④ 定州市档案局编：《直隶定州志》卷22《重修定州文庙记》，九州出版社2016年版，第9页。

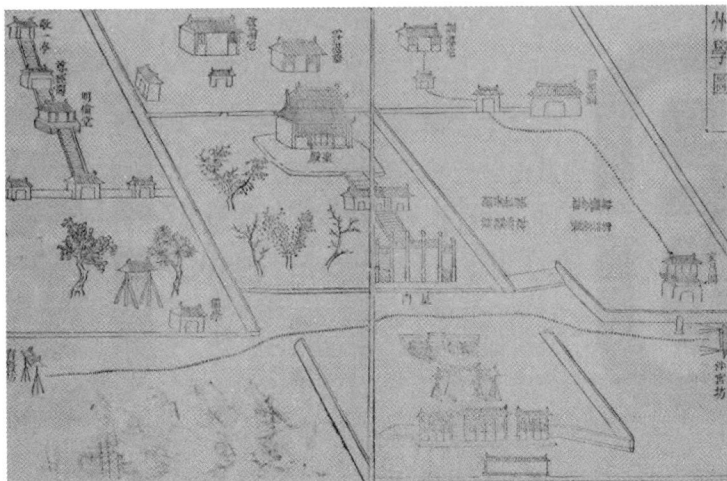

《雍正定州志》文庙图

（图片来源：王大年、魏权《直隶定州志》，雍正十一年刊本，第4—5页）

进行修复。经过此次大修，文庙建筑重新焕发活力，"自门墉达堂庑，皆傅以物采，自是殿庭阶陛门阈墙庑之间，中通外朗，焕乎蔚然，用克与坊相称焉"[1]。学正崔启、训导陈芝兰在文庙修复后刻石为记。

除下图标注的建筑外，文庙还有馔堂三楹，号房三十楹，射圃一所，观德亭三楹于文庙东偏。这里号房的存在说明定州文庙兼为科举考试提供考场。

乾隆三十年（1765年）春，定州州牧沈鸣皋大修文庙。当时文庙"自雍正庚戌修葺以后，数十年来，风雨之所摧残，埃霾之所污秽，入而敬者不免过而悯焉"[2]。庚戌为天干地支纪年法，即雍正八年（1730年）。王大年大修文庙距此已三十五年有余。沈鸣皋看到破败不堪的文庙，十分痛心，是年秋，聚众人，捐俸禄，重修文庙。经过几个月的大力修葺，工程告竣。此次大修共计以下六项：第一是，增修圣殿为面阔五间，变为悬山顶。第二是，东西扩建两庑两间，增高五尺。

---

[1] 定州市档案局编：《直隶定州志》卷22《重修定州文庙记》，九州出版社2016年版，第10页。

[2] 定州市档案局编：《直隶定州志》卷22《重修文庙记》，九州出版社2016年版，第14页。

第三是，因大成门外三座碑“矗枨阂间”，于是全部“置阶陛之外”，这样便内外通透，无所阻碍了。第四是，加固泮池周围围墙，“左右垣墉计长二百余丈”[①]。第五是，重修明伦堂。第六是，对文庙其他破败建筑进行维修。所谓“其他若祠、若坊、若池、坊池、若桥，靡不依次修举，内外如一”[②]。此次维修规模颇大，主要建筑大成殿、明伦堂以及两庑、泮池等建筑都修葺一新，文庙得以换羽新生。

乾隆三十五年（1770年），定州州牧秦学溥倡众重修。具体内容无法考证。

乾隆五十九年（1794年），定州州牧郭守璞重修殿庑、照墙、泮池和诸祠并栽大道柳。由于年久失修，文庙“上雨旁风，无以全其美好。迄于今，围墙颓矣，泮池坠矣，诸祠之蘑瓦隳漏矣，照墙之根蚀矣”[③]。于是郭守璞大修文庙内诸建筑。之后在崇圣宫后开辟一径，西通明伦堂，南达于街；还在棂星门外对设门栏，令宫墙坊池一气相通。经过整修后，文庙“巍然焕然，以肃以整，庶几有以媲美前贤之缔造矣”[④]。

嘉庆十七年（1812年），定州州牧张孔源移文昌祠于州治之西南。原文昌阁改奉主管学子应举的魁星。文昌阁改称魁星楼。

道光十六年（1836年），定州州牧王仲槐捐廉五百缗倡议众人修复文庙，工程没有完工即中止。

道光二十七年（1847年），定州州牧宝琳倡率本郡士民大力修整文庙。宝琳拜谒文庙后看到“坊表之摧落，门垣之朽坏，而崇圣宫、魁星阁更穿泄欹斜，有颓圮虑”[⑤]，便倡议重修文庙。于是，他安排人员，度量尺寸，准备材料，于农历二月二十一日举行开工典礼，历时一年零一个月竣工，共

① 定州市档案局编：《直隶定州志》卷22《重修文庙记》，九州出版社2016年版，第14页。

② 定州市档案局编：《直隶定州志》卷22《重修文庙记》，九州出版社2016年版，第14页。

③ 定州市档案局编：《直隶定州志》卷22《重修定州文庙碑记》，九州出版社2016年版，第15页。

④ 定州市档案局编：《直隶定州志》卷22《重修定州文庙碑记》，九州出版社2016年版，第16页。

⑤ 定州市档案局编：《直隶定州志》卷22《重修定州文庙碑记》，九州出版社2016年版，第38页。

耗费八千八百贯之多。首先，于泮池上立石桥，周围环以石栏；其次，加固照壁地基；再次，增修扩建明伦堂；最后，因儒生认为泮池以南的"仰之弥高"旧坊不宜过高，否则有碍科甲，故没有修葺。此次维修范围甚广，对崇圣宫、魁星阁以及殿庑、门墙、名宦乡贤诸祠破败之处都进行了修葺，还新建了义路和礼门，即所谓"自殿而庑而桥而门垣而坊表，权其等也"①。维修力度甚大，"敝者，葺之；仆者，植之；阙且穿者，实之；黝者，白之；暗者，朱之碧之；深者，浚而加之；崇者，翼之；宽广者，辟之"②。除此之外，宝琳还在文庙内植柏数百余株，旨在通过美化文庙内部环境，烘托出庄严、肃穆、寂静的氛围。通过此次大修，文庙出现了"奕奕焉，煌煌焉，未识唐宋以来为奚若，亦足以壮观瞻而焕文物矣"③的盛况，为定州文庙达到鼎盛奠定了重要基础。

道光二十九年（1849年），定州州牧宝琳认为原节孝祠过于狭小，无法满足祭祀者需要，遂将节孝祠从州治东移建至文庙棂星门左，附属于文庙。其规制为，"门向北，石为之框，期坚也。入门西折而北为重门。门内正楹三，南向。旁楹各三，东西向"④。又将二百余贞洁妇女匾额立于此。此外，宝琳还在学宫前建东西二坊，左坊东向曰"德配天地"，西向曰"删述六经"；右坊西向曰"道冠古今"，东向曰"乘意万世"。节孝祠的设立，增添了文庙祭祀对象，南院建制得以完善，整体布局更加合理。东西二坊的建立，凸显孔子品德之高远，儒家文化之博大，昭示后人对其敬仰与崇敬。

与《雍正定州志》文庙图对比得知，文庙前东西两个下马碑何人何时建立尚无法考证，其碑刻"文武官员至此下马"表现了对孔子的崇高敬意，营造出文庙的神圣性与严肃性。

至此，文庙东、南、西、北、中五个院落全部成型。中

① 定州市档案局编：《直隶定州志》卷22《重修定州文庙碑记》，九州出版社2016年版，第38页。
② 定州市档案局编：《直隶定州志》卷22《重修定州文庙碑记》，九州出版社2016年版，第39页。
③ 定州市档案局编：《直隶定州志》卷22《重修定州文庙碑记》，九州出版社2016年版，第39页。
④定州市档案局编：《直隶定州志》卷22《移建节孝祠记》，九州出版社2016年版，第51页。

院为主体部分，东院为祭祀部分，西院是教学区域，北面为师生日常生活区域，南面则为前导部分。庙学合一体制完备，遵从左庙右学布局，文庙达到鼎盛时期，奠定了如今定州文庙的基本格局。

我们可以从劳沅恩代州牧宝琳所撰写的《重修文庙工竣祭告文》重见当时辉煌的历史场景：

> 洪维庙学，薄海文明；矧滋定武，甸服于京。往岁春仲，用渫牧牲。言告修葺，言始经营。懿我士庶，罔不输诚。购材程工，取给有盈。亦越执事，淳敏而贞。慎终如始，可考厥成。煌煌殿庑，奕奕门楹。垣宇峻固，池圃宽平。丹雘追琢，辉光益呈。以章文物，以肃舆情。中山故国，蠡吾旧城。彝伦斯叙，典礼斯行。成事载告，奏假靡争。庶机降鉴，于墙于羹。①

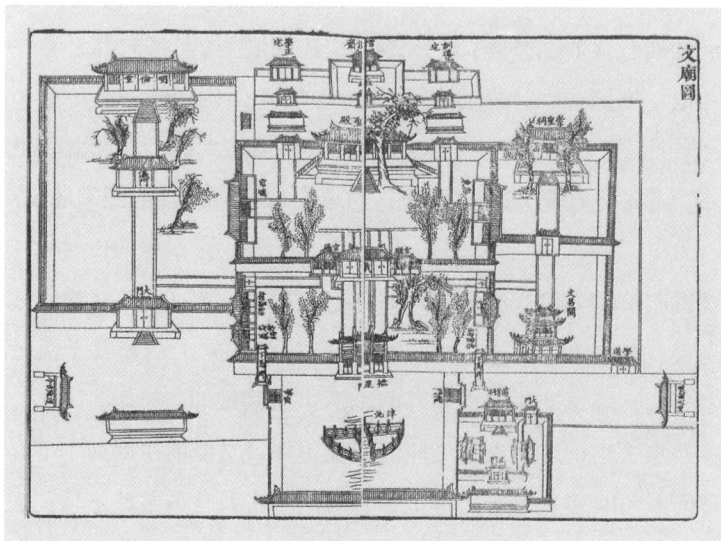

《道光定州志》文庙图

（图片来源：定州市档案局编《直隶定州志》，九州出版社2016年版，第28—29页）

① 定州市档案局编：《直隶定州志》卷22《重修文庙工竣祭告文》，九州出版社2016年版，第42—43页。

学退庙存：
从艰难求生
到辟为博物馆

　　随着数次战争的失败，清朝处于山河破碎、民不聊生、朝不保夕的危险境地。面对"数千年来未有之变局"和"数千年来未有之强敌"，有识之士把失败的原因归咎于科举制度无法培养具有真才实学的人。他们主张设立新式学堂以"开通民智为主，使人人获有普及之教育，且有普通之知能，上知效忠于国，下得自谋其生。兵农工商，各完其义务而分任其事业"①。光绪二十七年（1901年），清政府颁布《兴学诏书》："除京师大学堂应切实整顿外，着各省所有书院，于省城均改设大学堂，各府厅直隶州均设中学堂，各州县均设小学堂。"②光绪三十年（1904年），定县知县吴国栋积极响应号召，首开定县兴学之风，提倡借用庙址兴办学堂，但因当时民众顽固不化，借庙办学未能推行。随着科举制度弊端日显，袁世凯等人认为，科举一日不停，士人皆有侥幸得第之心，以分其砥砺实修之志。光绪三十一年（1905年），皇帝下诏："着即自丙午科为始，所有乡会试一律停止，各省岁科考试，亦即停止。"③宣统初年，清政府被迫实行"新政"，颁

① 舒新城：《中国近代教育史资料》（上册），人民教育出版社1981年版，第63页。
② 舒新城：《中国近代教育史资料》（上册），人民教育出版社1981年版，第65页。
③ 舒新城：《中国近代教育史资料》（上册），人民教育出版社1981年版，第66页。

布新学制和教育宗旨，全国范围内掀起了培养新式人才、兴办新式学堂的热潮。在这场兴学运动中，定州文庙的庙学合一制度解体，传统旧式官学被改造，退出了历史舞台，但这只是传统官学教育的湮没，文庙的社会教化功能得以保留。

1912年南京国民政府成立，停止了长期以来的祭孔活动，"各省毁孔庙、撤孔像、去孔位之事，日有所闻"①。之后，李大钊、陈独秀、胡适掀起抵制"尊孔读经"，以反对旧礼教、旧道德为旗帜的新文化运动。作为"尊孔崇儒"象征的文庙，在这场运动中成为被攻击的对象，再加上国家内忧外患，文庙发展由此陷入低谷。然而，定州文庙没有在这场运动中完全被改以他用，既在情理之中更为后人之大幸！

民国元年（1912年），被称为"郡学神"的翟城村米春明先生，在翟城创办初等小学堂一处，为全县首倡，教化甚广。翌年，又在村东面的大寺原址建立学舍，后又在村西关帝庙成立农暇识字会，首开定县"毁庙兴学"之风。自此以后，各乡镇无不争相效仿。

民国三年（1914年），时任定县县长孙发绪主张"毁庙兴学"，经常骑着小毛驴亲赴各村讲演"毁庙兴学"、发展教育对百姓的益处，因而，当时有很多村民，将村内的庙宇、神像拆毁，改为学校，之后"毁庙兴学"之风愈加浓厚。据调查统计，民国三年（1914年），"定县毁庙有二百多处之多"②。在此氛围感召下，定州文庙西面与北面的旧学舍被辟为女子小学教室，供初等二年级使用，定名为"县立女子高等小学"。

民国十二年（1923年），定县县长何其章率领本县士绅重修文庙。由于时局动荡，整修文庙的资金被搜攫而去，学田仅存西街关帝庙两段，"一段长三十五丈七尺，南横三丈四

① [民国] 张智睿：《新注四书白话解说》，六艺书林1923年版，卷首。
② [民国] 李景汉：《定县社会概况调查》，大学出版社1932年版，第173页。

尺，北横二丈五尺；一段长十一丈九尺，横七丈五尺五寸。两地段共三亩三分余"①。据现存文庙大成殿顶文字记载，"定县知事四等嘉禾章何其章，财政所长廪贡生刘锡璋，劝学所长甲午科举人马锡蕃，模范事务所长戊子科副榜张兆淇……时在中华民国十二年岁次癸亥重修"。此次维修内容涉及殿庑、桥门、厅壁、祠宇，花费四千圆有奇，耗费金钱全部取自县财政，"不累一民，不劳烦大众，凡六月而告成"②。虽然祭祀礼乐器、歌乐舞等尚未恢复，但定县儒士对政府兴修文庙感到颇为振奋。同年，定县撤销劝学所，在文庙崇圣祠内成立县教育局。

文庙西院、北院被县立女子高等小学使用，东院被县教育局使用，文庙土地被"蚕食"，新修的现代化建筑也与遗留下来的文庙古建筑格格不入，但正是由于学校和教育局的使用，文庙西院、北院及东院古建筑在历次城市改造和政治运动中并未受到冲击，客观上起到了保护文庙古建筑的作用。

民国二十四年（1935年），中国营造学社刘敦桢在河北省调查古建筑时记录，"文庙大成殿、棂星门保存完好，周围环以雕栏"③。

1949年中华人民共和国成立之后，党和政府高度重视文物保护工作。1950年中央人民政府政务院发布的《中央人民政府政务院关于保护古文物建筑的指示》中规定："凡全国各地具有历史价值及有关革命史实的文物建筑……以及上述建筑物内原有附属物，均应加意保护，严禁毁坏。"④定县人民政府积极响应党和政府的号召，为了加强对文庙的保护与管理，1959年辟文庙中院为定县博物馆，大成殿、东西庑、名宦祠、乡贤祠为文物展览室，东院为博物馆办公地址。

从庙学分离到艰难求生再到被辟为定县博物馆，定州文

① [民国] 王思棠：《重修文庙碑后记》，碑刻现存于定州文庙大成殿西侧。
② [民国] 胡振春：《重修文庙碑记》，碑刻现存于定州文庙大成殿西侧。
③ [民国] 刘敦桢：《河北省西部古建筑调查记略》，京城印书局1936年版，第75页。
④ 国家文物事业管理局编：《新中国文物法规选编》，文物出版社1987年版，第10页。

庙的生命历程非但从未中断，反而薪火相传，历久弥新。这是因为作为中华民族的核心符号与精神图腾，儒家文化坚实地根植于人们的内心深处，长久地贮存于人们的灵魂世界，始终受到全社会的推崇。从某种意义上讲，作为儒家文化重要载体的文庙是"中华民族的精神殿堂与文化符号，它集中体现和反映出炎黄子孙对先贤的崇拜和文化信仰"[1]。

① 周洪宇、赵国权：《文庙学：一门值得深入探究的新兴"学问"》，载《江汉论坛》2016年第5期。

文庙重生：
曲折中渐成
国家文物保护单位

定州文庙被辟为定县博物馆，为保护文庙奠定了重要基础。孰料，四年之后的大水，让文庙古建筑地基受到了较大冲击。

1966年前后，泮池被填平，柏林路被截断，棂星门被毁坏，此外，东西两座牌坊和两座下马碑也被砸毁。如今，我们只能从民国二十三年（1934年）留存的《定县志》中看见昔日柏林、泮池与棂星门的风采。

1978年党的十一届三中全会召开后，开始对全国遗存文物古迹进行抢救性修复。

1982年，定州文庙被列为河北省重点文物保护单位，但由于年久失修，部分古建筑翼角塌落，梁柱歪闪，面临倒塌的危险。针对以上情况，河北省文物局，定州市委、市政府高度重视，从20世纪80年代末开始对定州文庙进行修复：

1988年，维修南院节孝祠。

1992—1994年，经河北省文物局批准，仿照曲阜孔庙对大成殿进行复原性维修。

《民国定县志》所载泮池柏林图

（图片来源：何其章《定县志》，成文出版社1934年版，第52页）

《民国定县志》所载棂星门图

（图片来源：何其章《定县志》，成文出版社1934年版，第53页）

1993—1994年，经请示河北省文物局，定州文庙管理处对文昌阁进行了维修、彩饰。

1995—1996年，经河北省文物局审批，对棂星门进行了复原性修复。

1998年4—12月，拆除文庙东院旧房，由河北省古建筑研究所负责设计施工地下文物精品展厅。

2001年，对西庑进行落架重修。

2002年4月，对文庙前院进行了环境改造，铺以与周围环境相协调的青砖，对东坡双槐用石栏板进行圈围保护。

2003年2—4月，对文庙中院、后院进行环境整治与绿化

《定县社会调查》所载德配天地图

（图片来源：李景汉《定县社会概况调查》，大学出版社1932年版，第178页）

装饰，将水泥鼎换成了青铜鼎。

2003年9月，对文庙东院、后院地面进行了整理，铺以青砖，在文庙中院铺上了汉白玉条石，并对棂星门重新进行了油漆。

2005年8—10月，对名宦祠进行落架重修。

2005年10—12月，对乡贤祠进行落架重修。

2006年3—5月，依照道光年间格局，对戟门进行落架重修，恢复原貌。

2006年8—10月，对大成殿西配房进行维修。

2007年4月—2008年9月，所有古建筑都安装了防雷设施并维修东庑。

2008年6—7月，对所有古建筑进行了油饰保护。

以上修复工作具有以下特点：

一是依据传统儒家礼制对文庙格局进行规整与复原。中院将大成殿、戟门、棂星门等重要建筑置于南北中轴线上，左右两侧对称复建名宦祠、乡贤祠、东庑、西庑。东院于崇圣祠所在的次轴线上修复文昌阁。这样建筑格局规整，再现明代建筑格局。

二是对文庙单体建筑的复建秉承"以旧为尊"的原则，仿照道光二十九年《直隶定州志》文庙图，不破坏文物的原真性，如在修复大成殿时，聘请专业的古建筑修复团队，采用古建筑专门的木、砖、瓦等材料。文庙建筑得以复原，恢复了清代建筑风格。

三是重视文庙的绿化铺装。文庙庭院内主路与辅路都铺上与环境相协调的青砖和汉白玉条石，并对留存的东坡双槐加以修葺与保护，营造出文庙苍古、幽雅、古朴、隽丽的文化氛围。

四是展现定州地域特色文化。文庙乡贤祠中展览人称"有事无事奏三本"的定州籍人士郝浴①的画像，名宦祠中摆放曾任定州知州的一代文豪苏轼塑像，二祠中还以文字和图画形式表现二人在任职期间的重要事迹，突出了定州文庙的文化传承与地方特色。

目前，定州文庙占地15 685平方米，形成了东、中、西三个毗邻院落。东临北大街，北为兴华东路，西达天主堂路，南是刀枪街。作为河北省始建时间较早、现存规模最大、保存最为完好的文庙古建筑群，定州文庙在河北省文庙中占有举足轻重的地位。

2013年5月3日，新修复的定州文庙被列为第七批全国重点文物保护单位。

从此，在经历了千年沧桑巨变之后，定州文庙的发展掀开了崭新的一页。

① 郝浴（1623—1683），字雪海，号复阳，直隶府定州（今河北省定州市）人，清朝著名贤臣，爱国志士。清顺治六年（1649年）中进士，授刑部主事，后升任湖广道御史，巡按四川。因多次疏劾吴三桂而流徙奉天（今辽宁沈阳），后迁铁岭，读书讲学于银岗书院，潜心于义理之学。康熙十四年（1675年），奉旨复官还朝，他上疏陈谏，革新政治，颇受康熙皇帝赏识。康熙二十二年（1683年）卒，赐祭葬。

河北省各地现存代表性文庙一览表

名称	创办时间	现存建筑时代	主要留存建筑
定州文庙	唐大中二年（848年）	清顺治二年（1645年）	棂星门、戟门、大成殿、崇圣祠、魁星阁、东西庑
正定文庙	五代时期	五代—清	大成殿、照壁、东西庑、戟门
深泽文庙	北宋元祐三年（1088年）	清道光二十九年（1849年）	大成殿
平山文庙	北宋崇宁二年（1103年）	清	泮池、棂星门、大成殿、戟门、崇圣祠
衡水文庙	明洪武六年（1373年）	明、清	大成殿
沧州文庙	宋、辽时期	清	大成殿
涿州学宫	唐大历元年（766年）	元、明、清	戟门、大成殿

定州文庙的选址、布局与装饰

文庙的选址：山环水汇，藏风聚气

文庙的布局：左右对称，以中为尊

文庙的装饰：情景交融，意境合一

由孔子创立的儒家思想，历经后世诸儒的升华与历朝历代的弘扬，成为中华传统文化的典型代表，影响着每一位中华儿女的价值体认、思想观念与行为准则。正如孔子第75代嫡孙孔祥峰所论："小到修身齐家、待人处事，大到治国利民、匡扶天下，儒家思想成为人们思想的基本规范和行为的基本准则。"①孔庙作为主祀孔子、从祀儒家圣贤、传播儒家思想的封建礼制性建筑，从选址到布局再到装饰自然都渗透了儒家文化因素。

---

① 孔祥峰、张龙：《孔庙建筑与儒家思想》，载《百年建筑》2003年第3期。

文庙的选址：
山环水汇，
藏风聚气

　　中国古代社会，农业作为人类文明发展之根基，在自然经济中占有主导地位。农业生产过程中涉及人与自然如何相处，先人由此形成了关于人与自然和社会基本关系的认识体系，即"天人合一"世界观。"天人合一"既是中国传统哲学的主要观点，又是儒家思想的重要理念。"天人合一"起源于庄子的"天地者，万物之母也"，随亚圣孟子的"性天相通"观与董仲舒的"人副天数"论逐步发扬光大，及至宋代张载、"二程"（程颢、程颐）时形成完整体系学说。虽然他们的哲学理论基础不同，但概括起来具有以下三个特征："一是人是自然界的一部分，肯定人类是天地的产物即自然的产物；二是自然界有普遍规律，人也要服从这普遍规律；三是人生的理想是天人的调谐"[①]。在这一观念中，人被视为整体环境中的一员，人与自然是浑然一体的，人的生老病死、福禄荣辱具有与自然事物相对应的关系。总体上讲，人的社会活动与自然界的变化规律是互相影响的，人、建筑与周围环境是一个有机联系的整体。

① 一丁、雨露、洪涌：《中国古代风水与建筑选址》，河北科学技术出版社1996年版，第57页。

文庙作为庙学合一的礼制性建筑，肩负着为本地培养人才的使命，选择"吉地"可以令本地"甲第连绵"，而选择"凶地"则会"道衰丁败"。"宋以后往往将地方科举的兴盛与否归咎于孔庙选址。"[1]为使文运昌盛，利于科甲，常常"考诸阴阳家者之说"而另寻"吉地"。那么在没有现代科技帮助下的古代如何选择"吉地"、兴旺文运呢？这就不能不提"风水"一词。"风水"又称堪舆、形法、青囊等。风水学是中国古代关于选择环境的学问，"风水理论是我国先民在漫长的生存活动实践中总结出的一套完整的人与自然和谐的规律"[2]。风水学中有一特点，那就是重视人与自然的有机联系与交互感应，追求人与自然的完美结合与相互协调。正如英国学者李约瑟在提及"中国建筑的精神"时所论："再没有其他地方表现得像中国人那样热心体现他们伟大的设想'人不能离开自然'的原则……皇宫、庙宇等重大建筑自不在话下，城乡中无论集中的，或是散布在田园的房舍，也都经常地呈现对'宇宙图案'的感觉，以及作为方向、节令、风向和星宿的象征主义。"[3]由此可见，风水理论对中国古建筑选址影响深刻，上至都邑、寺院、陵寝的相地，下到村落、民宅、坟茔的选址，都深受风水意识的影响。定州文庙作为古建筑，其选址也必然考虑风水因素。

东晋郭璞所作《葬经》为中国文化风水之典型代表作，对后世堪舆之术影响颇深。《葬经》对阴宅与阳宅的选址都有论及。《葬经》认为，重浊的"气"属阴性，轻清的"气"属阳性，阴阳结合才能生成宇宙万物，"夫阴阳之气，噫而为风，升而为云，降而为雨，行乎地中而为生气。生气行乎地中，发而生乎万物"[4]。对于风水选址来说，一地"气"的数量关系到人丁兴旺与福禄荣寿，因此，"气"是风水理论的精

① 沈旸：《东方儒光——中国古代城市孔庙研究》，东南大学出版社2015年版，第185页。
② 彭蓉：《中国孔庙建筑与环境》，中州古籍出版社2011年版，第48页。
③ [英]李约瑟著，《中国科学技术史》翻译小组译：《中国科学技术史》卷3，科学出版社1975年版，第337—338页。
④ 顾颉：《中国神秘文化典籍类编》，重庆出版社1993年版，第340页。

髓所在。"气乘风则散，界水则止，古人聚之使之不散，行之使之有止。"①所以，无论是宅地的选址还是都城的营建，都重视对"气"的汇聚与利用，而防止"气"的扩散。那如何聚"气"呢？其手段为"得水为上，藏风次之"②。由此可见，"得水、藏风"是风水理论的核心要义，是古建筑选址的重要参照标准。风水学中，择水具有极其重要的意义，"吉地不可无水"，"地理之道，山水而已"，甚至认为，"未看山时先看水，有山无水休寻地"。所谓"得水"，即"吉地"附近宜有水，有水就表明"气"旺盛，无水则象征"气"薄弱。此外，"水源长、流量大与生气的旺盛成正比"③，因此，许多文庙都开凿泮池，汇水于此，助"气"聚集，从而昌盛文运，大利科甲。所谓"藏风"，即使"气"不噎，防止"气"向四面八方扩散。《葬经》认为，风和"气"是同种物质（阴阳二气）的两种不同存在状态。当"气"露出地面，升入空中后，就会变为风，如果风被吹散荡尽，就无法利用了。为了防止"气"被吹尽，需要有山挡住风，这样凸显出环绕"吉地"山的重要性。

据沈旸先生对692例地方孔庙选址统计，"以东最甚，次之为东南、西，再次乃处于一个数量级的南、东北、北、西南，而西北最少"④。总体来看，文庙选址不外乎考虑到将其定位在朝气蓬勃的日出之向，或是山水环绕的优雅圣境。而定州文庙偏偏位于州治西北，而历经北宋、金、元、明、清及民国的多次修葺，位置却没有一丝变动，这不得不说文庙选址颇得"风水"之法。

在自给自足的自然经济中，水不啻为农业生产之命脉，凡耕渔、去恶、饮用、舟楫之利，莫不仰仗于水。水对"气"的聚集至关重要，有了"气"才会有世界万物，有世

① 顾颉：《中国神秘文化典籍类编》，重庆出版社1993年版，第341页。

② 顾颉：《中国神秘文化典籍类编》，重庆出版社1993年版，第343页。

③ 李定信：《四库全书堪舆类典籍研究》，上海古籍出版社2007年版，第200页。

④ 沈旸：《东方儒光——中国古代城市孔庙研究》，东南大学出版社2015年版，第183页。

界万物后才可能有福荣寿禄与文运昌盛。从"水运"上看，定州文庙吉兆有三。

一是位于州北十里的滱水，"源出山西大同府灵邱县……过曲阳入州界，绕城北至东门，逶迤而下"①。可见，滱水由西而来，经城北，曲回流转，向东而去。风水师认为，水道不应该笔直地流过该地区，水流也不应该太过湍急，否则就认为此非"吉兆"。"风水中所谓吉祥水道都是流速平缓，蜿蜒屈曲……若水流逶迤前行，荡荡悠悠，好像满怀留恋之情，一步三顾穴，不忍遽去。"②

二是位于州西北十余里的卢奴水，"水黑色渊而不流，俗谓水黑曰卢，不流曰奴"③。卢奴水于唐城④汇入滱水。风水理论认为，风水"吉地"要有水流汇聚，这样的位置称为"水聚格"。所谓"水融注则内气聚"⑤。发源于州西北的卢奴水，弯弯曲曲注入滱水，两河汇聚之处，恰位于州北之地，"气"遇水而止，界水而聚，此外，从古代地理学角度看，于此选址可以利用河流发展交通航运，这样就可方便文庙人员交流与往来。

三是城西北有黑虎泉一眼，"周塬一亩许，清澈可爱，流入滱水"⑥。源源不断喷涌而出的泉水，产生蓬勃朝"气"，象征着当地人才辈出，文运昌盛。此外，甘甜清冽的泉水还可以饮用，方便师生生活。

如上所说，文庙选址之所以看山，目的是"藏风聚气"，这就要求山峦形成层次，周围环抱，既有挡风避寒之效果，又有聚才汇气之象征。正如风水师所言："外山环抱者，风无所入而内气聚。外山亏疏者，风有所入而内气散。气聚者暖，气散者冷。"⑦

定州境内多为平原，山主要位于西北部。从"山脉"来

① 定州市档案局编：《直隶定州志》卷5《地理 山川》，九州出版社2016年版，第29页。
② 一丁、雨露、洪涌：《中国古代风水与建筑选址》，河北科学技术出版社1996年版，第129页。
③ 定州市档案局编：《直隶定州志》卷5《地理 山川》，九州出版社2016年版，第28—29页。
④ 位于州北十里，尧故都。参阅[清]王大年、魏权：《直隶定州志》卷1《古迹》，雍正十一年刊本，第57页。
⑤ 王其亨：《风水理论研究》，天津大学出版社1992年版，第55页。
⑥ [清]王大年、魏权：《直隶定州志》卷1《山川》，雍正十一年刊本，第55页。
⑦ 一丁、雨露、洪涌：《中国古代风水与建筑选址》，河北科学技术出版社1996年版，第243页。

看，定州文庙吉兆有二：

一是位于县（曲阳）西北一百四十里，被尊为"五岳"之一的恒山。恒山"自山西浑源州发脉，由蜚狐岭达曲阳"[①]。恒山呈东北—西南走向，巍峨高大，连绵数百里。风水师认为，平原地区原本不惧怕风，然而风却有阴阳之别。向东、向南所受者是暖风、温风，谓之阳风。这两个方向来的风不需要阻挡。然而，向西、向北所受者是凉风、寒风，谓之阴风，宜有近案遮挡，否则风吹骨寒，造成道衰丁败。风水师还认为，南方为气口，"吉地"的南方或是西南方应该有纵向的山川作为来"气"之口，"气"会源源不断由此而来。定州属于温带季风气候，冬半年常刮西北风，东北—西南走向的恒山恰好挡住了从西北方向刮来的阴风，既保证了温度的适宜，使"气"不会扩散，又未阻挡从南方源源不断而来的"气"。

二是在定州周围形成的众砂山。灵山"脉自恒山来，旁有庐山、飞山并峙"[②]，此外，定州西有虎山，北有焦山。如果说恒山是龙脉，那么灵山、庐山、飞山等众山皆为砂山。龙脉又称"主山"或谓"镇山"，多位于"吉地"北部或西北，为"吉地"依傍之山。砂山指发源于主山、环抱"吉地"并与主山互成对景、形成隶从关系的群山。砂山的数量、位置与形状也关系到文庙中可以利用"气"的数量，是衡量"吉地"与否的重要标准。"砂是龙脉之护神，地无砂则风不能庇，气不能聚，风吹则气散，成败地矣。"[③]环绕文庙的五座砂山与主山（恒山）形成主仆伴随关系，协助主山遮挡西北方向呼啸而来的阴风，更利于"气"的汇聚。

此外，处于近山水之地的定州文庙符合董仲舒所提倡的"人副天数"之说，秀丽山水不仅可以洗净人的杂念，还能

① 定州市档案局编：《直隶定州志》卷5《地理 山川》，九州出版社2016年版，第41页。
② [清] 王大年、魏权：《直隶定州志》卷1《山川》，雍正十一年刊本，第55页。
③ 一丁、雨露、洪涌：《中国古代风水与建筑选址》，河北科学技术出版社1996年版，第124页。

培养人平和中正的品德，使人获取天地之精华，从而有助于身心健康。从现实意义上考虑，地处西北一隅的定州文庙远离市集与居民区，为祭祀和教学提供了肃静氛围。

由此可见，定州文庙选址深受儒学"天人合一"哲学观和"风水"理论影响，反映了先人道法自然、师法自然、融合自然、利用自然的志趣，是中国古代建筑的杰出典范与中华古文明智慧的结晶。

文庙的布局：
左右对称，
以中为尊

儒家文化作为中华文明的杰出代表，深刻地影响着中华民族的民族精神与民族性格。建筑作为生产实践中劳动人民智慧的结晶，不可避免地受到儒家思想的浸润。文庙作为为纪念孔子而兴建、传播儒家学说的礼制性建筑，将儒家文化表现得淋漓尽致。因为"只有在这样的环境和气氛中，才能使后人感受到先师孔子的伟大，孔庙的建筑布局处处体现出孔子文化思想内涵的核心内容"①。

文庙作为庙学合一的建筑，其布局方式必然以祭祀功能的核心"庙"和教学功能的核心"学"来展开。文庙布局方式大体上可以分为三类——前庙后学、左庙右学、右庙左学，而尤以左庙右学布局方式居多。

不论哪种布局方式，首先要明确的是，"应该以明伦堂和文庙的关系来确定庙学的布局形式"②。北宋皇祐元年（1049年），定州州牧韩琦依庙建学，于大成殿后创建明伦堂，定州文庙庙学合一制度正式确立，形成了前庙后学的布局形式。明成化二十一年（1485年），定州州牧裴泰移建明伦堂于庙之

① 彭蓉：《中国孔庙建筑与环境》，中州古籍出版社2011年版，第95页。
② 孔祥林：《中国和海外近邻文庙制度之比较》，载《孔子研究》2006年第3期。

西北，定州文庙的布局变成了左庙右学。为何改变定州文庙的布局形式，是全国性行为还是定州一地而为之，资料并未明确记载，只是有"学居庙后，地隘而狭，弗足以称伟观"，"学居庙后非制"的模糊表达。沈旸先生认为："孔庙的庙学布局虽主要为三种，但其实并无定制，或参照都城，或因地制宜，或基于地方对尊卑表达方式的不同理解。"[①]

中轴对称：克己复"礼"

"礼"是儒家思想的核心价值理论，礼即法，礼即理。儒家用"礼"规定宗法社会的伦理规范与行为准则，要求社会上的每个成员都遵从礼制规定，从而形成一个等级分明、长幼有序、尊卑有别的等级社会。历代统治者也用"礼"作为强化统治秩序和巩固宗法制度的重要手段。正所谓"礼者，所以定亲疏、决嫌疑、别同异、明是非也……君臣上下，父子兄弟，非礼不定；宦学事师，非礼不亲"[②]。中国古建筑的对称意识和轴线观念特别强烈，展现出严格的等级制度，这不能不说和儒家倡导的"礼"制观念密切相关。受两千余年封建等级社会的深刻影响，大到群体组合、建筑形制、屋顶式样、面阔开间，小至色彩装饰、方位朝向、建筑用材，几乎所有构造与部件都严格遵循明确的等级规定，建筑自然就成为儒家"礼"制的象征与载体。

文庙作为封建礼制性建筑的典型代表，是一个鲜活、生动、具体地以"礼"为主线的儒家文化载体。定州文庙受"礼"制思想支配，体现出主次鲜明、尊卑有序的等级性。从上图看，大成殿位于文庙中院南北方向中轴线上，以大成殿为中心，中轴线从南到北分别是泮池、棂星门、戟门、大

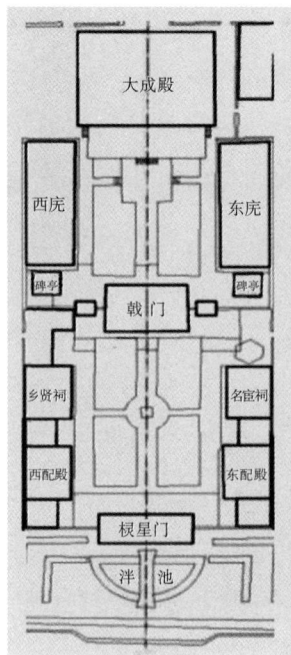

定州文庙中院轴线图

① 沈旸：《东方儒光——中国古代城市孔庙研究》，东南大学出版社2015年版，第192页。
② ［民国］龙溪、吕子振、羽仲氏辑，鹭江杨、鉴晓谭重校：《中国家礼》，乐天出版社1941年版，第1页。

成殿。东西两庑、名宦祠、乡贤祠等附属建筑分列于东西两侧，左右对称，布局严谨，凸显出文庙的秩序性与等级性。

局部与整体相协调：以"和"为贵

如果说"礼"是儒家思想的价值观的话，那么"仁"就是儒家思想的社会观。儒学在承认社会具有尊卑、贵贱、上下、长幼之分时，也认可每个人的心灵深处都有"仁爱"的一面，因此，要提倡"泛爱众""和为贵""温良恭俭让"，从而"更多地考虑他人以至人类社会及自然界整体"①，以达到和谐、协调的效果。定州文庙的每个单体建筑都有各自的样式、形制、等级标准，发挥着自身的独特功能，然而，单独的门、楼、殿、庑均无法发挥文庙的最大功能，只有"和而为一"才能发挥其"教化天下之人"的作用。在单体建筑上，各部分之间的比例、尺度、细部、装饰等都能相互协调、相互衬托，因此，定州文庙可以称为"和"建筑美学观的杰出典范。

三进院落："中正"之序

儒家学派崇尚"中庸之道"，"中庸"的思想顺其自然地渗透到儒家礼制建筑中。《中庸》："中也者，天下之大本也；和也者，天下之达道也。致中和，天地位焉，万物育焉。"不论是在天文观测、地形勘察上，还是在建筑选址、都城布局上，古人都体现出对"中庸"的推崇。在"中庸"思想影响下，古建筑师把最重要的建筑摆在中间，次要建筑分列于两侧，既形成"中正和谐"之美，又体现出"王者居中，中为

---

① 曲英杰：《孔庙史话》，社会科学文献出版社2011年版，第164页。

至尊"的政治伦理，例如：在"棋盘式"的西周王城内，周王城的平面建筑形制是由对称道路划分而成的九区正方形，王宫居于中心位置，其余人生活在周围。"王者居中"便于对下属人员进行统治，体现了古人"居天下之中"的王权至上思想。再如：曲阜孔庙仿皇宫之制，为规格最高的九进式院落，它以金声玉振坊为序幕，以圣时门、弘道门为过渡，大成殿居中为核心与高潮，圣迹殿为尾声，主次分明，层层推进，突出展现了大成殿的主体核心地位。定州文庙作为地方性文庙，为三进式院落①，分为前导、主体、后续三个部分。前导部分包括泮池、棂星门等；主体部分包括大成门、大成殿、东西两庑以及乡贤祠、名宦祠等；后续部分为学正宅、训导宅以及生活设施等。从右图可以看出，前导和后续空间较为空旷，建筑低矮狭小，居于文庙南北两旁；主体空间则较为密集，建筑高大雄伟，居于文庙中心区域，形成统领其他建筑的威严。

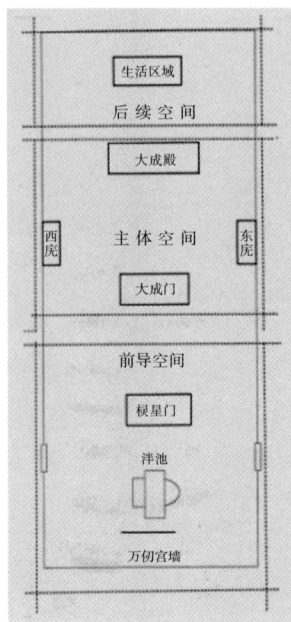

定州文庙三进式院落示意图

---

① 目前，定州文庙北部（后续空间）被外单位使用，现在为两进式院落，但从当时建筑规划看，定州文庙为三进式院落。

文庙的装饰：
情景交融，
意境合一

早在两千多年前，古罗马建筑师维特鲁威乌斯就指出，美观是建筑的三大基本原则之一。文庙装饰是提高文庙美观的重要措施。定州文庙装饰可以分为自然装饰与人文装饰两类，两类装饰都渗透着儒家思想的精髓且表现出丰富的意向性。

文庙的自然装饰

文庙作为祭祀"圣人"孔子的庙宇，一方面在植物配置方面要体现肃穆、庄严之感；另一方面作为地方官学，兼负为本地培养人才的重任，因此，其配植既要营造静谧的气氛，还要给人以蓬勃向上的朝气。

"比德说"是儒家思想的自然审美观，意思是大自然中的某种事物之所以能引起欣赏者的赞美，在于它们的自然属性与欣赏者的品德有类似特征。"'君子比德'于自然景物是中国古代儒家思想的文化价值取向。"[1]为了能使学子追慕"先贤"，达到"圣人"的思想境界，文庙需选种有意蕴的植

① 彭蓉：《中国孔庙建筑与环境》，中州古籍出版社2011年版，第135页。

定州文庙西院内对植的槐柏

定州文庙内的东坡双槐

定州文庙研究

物，体现自然与人文、具象与意象的和谐统一。

柏树寿命长，四季不凋零，挺拔而壮观，是文庙内最常种植的树种。孔子赞颂其精神曰："岁寒，然后知松柏之后凋也。"古人把不畏严寒的柏树，比德于君子在艰难困苦面前仍勇往直前、不屈不挠，象征着君子坚强的人格力量。郁郁葱葱、高大苍劲、如龙似凤的柏树给祭祀活动营造出庄严的氛围。定州文庙种植柏树早有记载。明万历七年（1579年），州牧王禄在泮池甬道两侧"夹道植槐，森蔚成深，荡荡如砥，神路通矣"①。清道光二十七年（1847年），州牧宝琳在倡率本郡士民大加修整文庙时，就在文庙内"植柏树数百余株"②。清咸丰元年（1851年），州牧宝琳在文庙"增新柏三百九十八棵"③。民国十二年（1923年），知县何其章兴修文庙后，"大成殿前有柏六十七株；戟门前柏十株；泮池南北柏树一百零二株"④。现今定州文庙有古柏一百零八棵，占现有文庙树种的绝大部分。文庙东、中、西三院中轴线左右两侧基本都对植柏树，突出了儒家"礼"制文化。古柏参天，蔚然成森，在营造肃穆、庄严的氛围方面发挥着不可替代的作用。置身于这种环境中，儒生内心自然会产生源源不竭的动力与蓬勃向上的朝气。

在定州文庙棂星门和大成门围成的廊院内，种有"东坡双槐"。两棵古槐为宋代文学家、时任定州知州苏轼来文庙祭孔时亲手栽植，其树龄已有900余年。主干虽已干枯，但旁侧萌芽，槐叶青翠，东槐"葱郁如凤舞"，西槐"虬枝如神龙"。来访游客见到"东坡双槐"，思绪跨越千年时空，联想到苏东坡在定州的往事与功绩，顿生对苏东坡的敬仰与思念之情。

在文庙第二进院落有一棵槐抱椿，就是一棵老槐树怀里

① 定州市档案局编：《直隶定州志》卷22《定州修学记略》，九州出版社2016年版，第76页。
② 定州市档案局编：《直隶定州志》卷22《重修定州文庙碑记》，九州出版社2016年版，第39页。
③ ［清］宝琳：《文庙坛祠树木碑记》，碑刻现存于定州文庙博物馆内。
④ ［清］王思棠：《重修文庙碑后记》，碑刻现存于定州文庙大成殿左侧。

长着一棵椿树，故取名槐抱椿。据了解，这棵老槐树在70多年以前已枯死成干柴状。令人感到奇怪的是有一年在树下面自然生出了这棵椿树，它长势迅猛，一年内长了约33.9尺。随着椿树迅速生长，奇迹发生了，这棵本来已枯死的古槐又枯木逢春长出了新芽。椿树用新的生命带给古槐年轻的活力，古槐也用自己温暖的怀抱为年幼的椿树遮风挡雨。两棵树，一老一少，一高一矮，好像忘年交一样，倾听着时间的声音，咀嚼着岁月的味道，感受着时世的变幻。"槐抱椿"谐音"怀抱春"，其寓意是催人奋进，激发莘莘学子蓬勃朝气，象征着儒家思想青春永在、万古流芳。

文庙的人文装饰

人文装饰是指依附于建筑实体的艺术表现形式。作为儒家礼制性建筑，文庙的人文装饰具有鲜明的儒家等级色彩且深含寓意。正如孔祥林先生所说："不论建筑的开间、屋顶的形式、斗拱的踩数、屋瓦的颜色质地、彩画的颜色图案、建筑的高低大小等等无不受到礼制规定的约束。"[①]功利主义者通常认为，人文装饰是可有可无的，甚至认为是多余的。其实，每一个时代的主流意识、价值准则、理想信念都凝聚在建筑装饰中。因此，人文装饰对建筑而言，是无所不在、必须具备的；对人而论，是由表及里熏陶感化的，所以，无论身处何时，身在何处，我们都无法摆脱装饰对建筑的强烈影响。只要我们把建筑与追求美的理想联系起来，装饰的因素就会在潜移默化中发挥作用。

四根拔地而起的石质通天柱架起了定州文庙棂星门，其顶部用琉璃瓦雕砌出云海波涛，烘托出二龙戏珠图案，寓意

① 孔祥林编著：《世界孔子庙研究》（上），中央编译出版社2011年版，第199—200页。

儒生士子跨过此门，努力攻读，即可飞黄腾达，成为人中龙凤。一排整齐划一的"万字符"挂在棂星门的门檐上。"卍"字是古代的一种符咒，用作护身符或是宗教标志，形似螺旋状，好似火辣辣的太阳和熊熊燃烧的烈火。文庙棂星门下的"卍"字符，四端纵横延伸，互相衔接，当地人称之为"卍字锦"，象征学子在仕途上"万事如意""前程似锦"。在棂星门和明伦堂前分别有一对石狮雕塑，"狮"与"师"同音，中国古代就有"太师少师""连登太师"的说法，人们将"狮"看作"师"，营造出文庙尊师重道的氛围。此外，狮子既能辟邪镇宅，又能彰显权贵，矗立于门前还能烘托出文庙庄严、肃穆之感。

大成门铜环上的装饰性底座称为"铺首"。门扇上安装拉手，一方面，方便进出人员开关门；另一方面，"铺首"作为辟邪物，将其安装于门上可以驱邪避恶，看守门户，使文庙

明伦堂前的石狮首

戟门上的铺首

得以安宁与平和。

文庙屋脊是人文装饰的重点内容，大成殿的屋脊无疑是人文装饰最为精彩的部分。屋脊是屋顶正脊的简称，即前后坡面的结合处。定州文庙大成殿屋脊两端的收束为鸱尾。早期的鸱尾为鱼尾巴形式，那时称之为鸱吻。晚唐以后，鸱尾的鱼尾形象变成了兽头形，尾部卷起上翘。人们将鸱吻放置于屋顶之上，背上插以宝剑防止它成精作怪而逃逸，具有喷水避火的寓意，此外，鱼尾向上翘起，激励学子昂首向上、博取功名。在文庙大成殿垂脊上排列有众多神兽，人称仙人走兽。一方面，仙人走兽具有较强的实用功能。仙人走兽是从瓦钉盖帽演化而来的。为了防止雨水冲刷导致瓦钉锈蚀，先人在瓦钉之上用陶制钉帽将其扣住。久而久之，出于美观的考量，无形的钉帽演变成有形的仙人走兽。另一方面，仙人走兽是体现封建等级制度的重要方面，神兽数量的多少，

定州文庙棂星门上的仙人走兽

显示出建筑等级的高低。文庙中级别最高的曲阜孔庙和北京孔庙的大成殿屋脊上都有九个走兽。定州文庙作为县级文庙，大成殿屋脊上有三个走兽，这些走兽可以辟邪镇妖、避雷防火。位于定州文庙中轴线上的棂星门、戟门、大成殿皆有三个仙人走兽，而位于中轴线两侧的东西两庑、名宦祠、乡贤祠则没有仙人走兽，这就突出了文庙以中轴为中心的建筑等级制度。

　　彩画虽不引人注意，却饱含意蕴，是人文装饰的重要组成部分。彩画的应用最初是为了防腐防虫。早在新石器时期，先人们就懂得在建筑物上运用色彩。正如建筑大师梁思成先生所言："从世界各民族的建筑来看，中国古代的匠师可能是最敢于使用颜色、最善于使用颜色的了。"[1]明清之际用不同种类的彩画体现强烈的等级制度。官式建筑彩画可分为和玺、旋子、苏式三种。和玺彩画是彩画的最高等级。雍正

[1]［民国］梁思成：《中国建筑史》，百花文艺出版社1998年版，第156页。

定州文庙棂星门彩画、斗拱

皇帝为了表现"尊孔崇儒",在曲阜孔庙大成殿使用了和玺彩画。旋子彩画的中心图案与和玺彩画并无差别,只是在两侧出现了涡卷纹。旋子彩画始见于元代,明初基本定型,清代进一步程序化,是文庙建筑中运用最为广泛的彩画类型。定州文庙只在大成殿使用和玺彩画,崇圣祠和棂星门只用了旋子彩画,这样就从彩画的使用上体现出建筑的等级。

斗拱是中国传统建筑的特有构件,早在春秋之际就有运用。起初,斗拱主要起承上启下、传递荷载的作用。及至明清,斗拱的实际作用已经明显衰退,而主要起装饰作用,其中最重要的则是等级标志。斗拱向外挑出,宋称为"出挑",清则叫"出踩"。斗拱出踩的层数越多,建筑物的等级就越高。从建筑等级森严的故宫就可以看出,斗拱的数量和建筑的等级密切相关。"紫禁城太和殿第一层用了七踩金斗拱,第二层用了九踩溜金斗拱。"[①]定州文庙棂星门的斗拱最为壮观,明楼四昂九踩,次楼三昂七踩。此外,魁星楼也有五踩

① 刘新:《儒家建筑:文庙》,中国建筑工业出版社2013年版,第204页。

斗拱。

屋顶形式多种多样，体现出装饰性与等级性的有机结合。中国传统建筑的屋顶等级由高到低依次是庑殿、歇山、悬山和硬山，此外，重檐级别高于单檐。在北京孔庙大成殿上使用最高屋顶式样——庑殿式屋顶，地方文庙大成殿多为悬山或歇山式屋顶。硬山顶多用于宫殿、寺院、庙宇、陵寝中的附属建筑。定州文庙的主体建筑大成殿、明伦堂为悬山顶，而东西两庑、名宦祠、乡贤祠均为硬山顶，这样就突出了教学区域核心明伦堂与祭祀区域核心大成殿。

概而言之，无论是宏观上的选址、中观上的布局，还是微观上的装饰，文庙从内到外，从大到小，都浸润着儒家思想的血脉与灵魂，体现着浓厚的伦理道德观念和森严的封建等级制度。儒生身临其境自然会受到儒家思想的熏陶和感化，自觉成为儒家文化忠实的信奉者和坚定的实践者。

03 >

定州文庙的建筑及特点

门围类建筑：威严与壮观，简单与朴素

祠祀类建筑：祭祀先圣先贤，感化后世之人

教育类建筑：感受儒家教化，沐浴伦理道德

办公与生活类建筑：有效支持，无微不至

其他类建筑：祝福学子，保佑文庙

作为封建礼制性建筑，发端于"庙屋三间"的文庙，历经两千多年的发展演变，逐渐形成了独特的建筑风格与样式，蕴含着经年累月的儒家思想与文化。唐贞观四年（630年），唐太宗下诏州、县学皆立孔子庙时，文庙建筑形制并无定制。随着历朝历代对文庙进行重修与扩建，文庙建筑形制遂逐渐固定。宋朝，文庙建筑形制初具轮廓；明朝，文庙建筑规模进一步扩大，建筑物进一步增多；清朝，文庙建筑形制最终定型。历代统治者对文庙建筑形制并无统一规定，受区域因素影响，各地文庙往往有很大差别。"地方孔庙的基本建筑制度是大成殿居中，前有月台，殿前左右设东西两庑，殿前为大成门（也称戟门），在前为棂星门和万仞宫墙照壁，泮池位于棂星门内外，崇圣祠位于大成殿北部或东北。地方官学孔庙只有完全具备以上建筑，才能算是形制完备"①。

始建于唐大中二年（848年）的定州文庙随着历朝历代的修建，建筑逐渐具备固定形制。与全国各地文庙形制基本相同，定州文庙建筑大体可以分为门围类建筑、祠祀类建筑、教育类建筑、办公和生活类建筑、其他类建筑五大部分。无论何种建筑都展现出浓厚的历史底蕴与深刻的文化寓意。

① 彭蓉：《中国孔庙建筑与环境》，中州古籍出版社2011年版，第98页。

门围类建筑：
威严与壮观，
简单与朴素

门围类建筑作为进入文庙主体的准备性和标表空间，要体现出文庙的恢宏气势与壮观威严。定州文庙的门围类建筑主要由棂星门、戟门、仪门三部分建筑物组成。

棂星门

棂星门是定州文庙的第一道大门，位于文庙建筑群中轴线的最南端。作为进入文庙主体空间的前导，它像一首乐曲的前奏、一本书的序言，把文庙总体印象展现给人们。

灵星，又名龙星，龙之左角为天田，故又名天田星。"灵星"二字起初见于《周颂·诗序》，古人认为此星掌管谷物、主宰农事，周朝时在仲秋之月祭灵星于国之东南。汉高帝八年（前199年），因"周兴邑立后稷至今血食，高帝因令天下立灵星祠"[1]，及至祭祀时节，以牛为祭品，以求五谷丰登、国泰民安。宋仁宗天圣六年（1028年），在都城东京南郊的天坛入口处，始置灵星门，以观测天地之运行，这可能是郊坛设置

① 耿素丽、陈其泰：《历代文庙研究资料汇编》第12册，国家图书馆出版社2012年版，第300—301页。

灵星门的最早文字记录。北宋时，作为封建礼制性建筑的灵星门已在祭坛、祠庙中广泛使用。南宋景定年间（1260—1264年），文庙始置灵星门[①]，寓意将尊孔与尊天地并列，凸显统治者对儒家学说的重视。后世认为汉代灵星门祈谷与文庙寓意无关且其门型犹如窗棂一样，遂改为棂星门。

有一种说法认为灵星即所谓天镇星，"天镇星主得士之庆，其精下为灵星之辰"[②]。把文庙第一道大门称为灵星门，是把孔子比作广育英才、施行教化的天镇星。还有一种说法认为，"门皆用板，古王者用棂，纵横相错，望之如星，取辟门求贤之意，惟孔子庙得用之，尊圣人之至也"[③]。这样灵星门就将天下文人汇聚于此，以求贤才。总之，大家普遍认为灵星具有文曲星的功能，主管科举文运，掌管士人的选拔与升迁，因此，作为文庙第一道大门的灵星门，喻示着孔子乃天上灵星下凡，主管人间文教。

据现有资料，定州文庙棂星门始建于何时无法考证，但有五次明确的修复记录。一是明万历七年（1579年），州牧王禄对破败的棂星门进行翻修。二是康熙七年（1668年），州牧董大信修复棂星门。三是雍正十一年（1733年），州牧王大年大修棂星门。四是乾隆五十九年（1794年），州牧郭守璞在棂星门外对设门栏。五是定州市博物馆参照《道光定州志》中的文庙图于1995年对文庙棂星门开展复原性修复工作。如今的棂星门气势恢宏，属于牌楼式木构建筑，形制为四柱三间三楼冲天式，通高9.7米，宽15.14米。通身枣红色，绿色琉璃瓦覆庑殿顶，彰显了文庙的尊贵与庄严。四根拔地而起的通天石质巨柱，顶端以琉璃瓦雕砌出云海波涛，烘托出二龙戏珠图案。古代士子中举可以称为"登龙门"，在此勉励学子刻苦攻读，以飞跃龙门。三楼垂脊皆有三个仙人走兽，分别是

① 关于棂星门始置孔庙的时间，众人说法不一。袁枚考证开始于南宋景定年间（1260—1264年）；孔祥林考证开始于南宋乾道五年（1169年）的严州州学；沈旸考证北宋之际棂星门已用于孔庙；也有人认为文庙门曰棂星门始于明太祖洪武十五年（1382年）。
② [清]孙毂《古微书》卷34，上海古籍出版社，《文渊阁四库全书》影印本。
③ [清]孙毂《古微书》卷34，上海古籍出版社，《文渊阁四库全书》影印本。

定州文庙棂星门

龙、凤、狮子。位于三走兽之前的是仙人骑凤，寓意腾空而起、祈福吉祥。三走兽之后是卷虬闭口、鬃毛飘展的垂兽，起到固定屋顶的作用。明楼斗拱四昂九踩，次楼斗拱三昂七踩，主、次楼额枋皆绘旋子彩画，中间饰有大点金。明楼正中的屋檐下悬挂题写"文庙"的竖匾。从整体来看，棂星门尊贵大气、气势磅礴、雕饰细腻、蕴含深意。即便矗立于闹市之中，也能展现文庙威严之势。

从建筑起源来看，棂星门继承了乌头门的形制。[①] "乌头"顾名思义就是在柱子顶端以黑色瓦罐套之，用于防止风雨侵蚀。乌头门最早出现于北魏的《洛阳伽蓝记》，用为永宁寺的北门。唐朝时乌头门特指权贵府邸之大门，蕴含旌表门第之意，彰显宗族身份之高贵。宋沿唐制，《营造法式》中称乌头门名曰有三："一曰：乌头大门；二曰：表揭；三曰：阀阅，今呼为棂星门。"总之，唐、宋时乌头门已经成为上层

---

① 关于棂星门与乌头门之间的关系，学者各执一词。梁思成认为，乌头门发展到清代只有棂星门这一名称；张亦问认为，乌头门与棂星门并非同一类儿，棂星门等级规格高于乌头门；孔喆则认为，乌头门是建筑形式名称，棂星门则是建筑物名称。

阶级的代名词，喻"名宦世家"。北宋以后，乌头门逐渐被棂星门所取代，广泛地应用于陵寝、寺院、道观、园林等建筑入口处。

相较而言，定州文庙的棂星门具有以下三个特点：一是棂星门为木制材料。棂星门建筑用材可分为木、石两种。起初多为木质材料，后来为了长久保存，追求庄重威严，遂多改为石质材料，例如，明朝时南京国子监初以木制，景泰四年（1453年）改用石质。从地域上来看，江南潮湿多用石质材料，北方干燥多用木制材料。二是棂星门规格为四柱三开间形制。三座一间二柱式是棂星门的起初形制，明代前期开始出现三开间和五开间形制，清代末期四柱三开间成为棂星门的主流。现文庙棂星门主要可以分为三座一间二柱式、四柱三开间式、六柱五开间式等几种。浙江慈溪文庙的棂星门仍为三座一间二柱式。四柱三开间式是使用最广泛的形制，代表有四川广汉文庙和湖北浠水文庙。六柱五开间式的代表有四川渠县文庙。三是棂星门的屋顶属于牌楼式形制。文庙棂星门的屋顶形式大体有三种：一种是门屋式，这种形式的棂星门比较少见，如云南建水临安文庙；一种是牌楼式，即有屋盖于上，这是棂星门屋顶的主要形式之一，如河北定州文庙；另一种是牌坊式，即无屋盖于上，这是棂星门最初的屋顶形式，主要为冲天柱式，如湖南宁远文庙、贵州安顺文庙。

戟门

戟门是定州文庙的第二道大门，位于棂星门之北，是通往文庙主体空间的过渡性建筑。作为文庙最重要的主体建筑之一，戟门规模较大，等级较高，突出了定州文庙端庄、大气的特点。

戟是中国古代兵器之一，由矛和戈组成，端头为枪，旁边有月牙形刀，具有钩刺双重作用。戟始铸于西周，发轫于战国，大兴于秦、汉，晋代以后，士兵重矛枪，戟则降为仪仗之器。唐代，戟转变为等级身份的象征，门口立戟数量与官职大小密切相关。随着这种社会理念的深入人心，人们习惯把门口立戟的建筑称为戟门，但仅限于衙署等官办单位，一般百姓家是没有资格立戟于门前的。北宋建隆三年（962年），宋太祖下令在孔庙前立戟十六。北宋崇宁四年（1105年），宋徽宗祀孔子用王者礼仪，庙门前的戟增加到二十四，戟门之名由此开始。正所谓"宋明庙门棨戟二十四，戟门之名本此"[①]。明代以后，戟门作为孔庙的一处主体建筑被固定命名，并延续至今。

戟门又称为"仪门"。为表示对"万世师表"孔子的崇敬，祭祀时务必衣冠整洁、仪表堂堂、以肃以诚，因此，凡是进入祭祀场所的人都要在此整理仪容，故"仪门"之名由此得来。千百年来，无论是达官显贵还是黎民百姓都要在此扶正衣冠、修饰边幅，以体现世人对孔子的崇拜与尊敬。

戟门还可以称为"大成门"。大成门出自《孟子·万章下》"孔子谓之集大成"一语，且与大成殿名称紧密相连。北宋崇宁三年（1104年），宋徽宗"诏辟雍文宣王殿以大成为名"[②]，西院仪门为上课前整理装容之处，中院戟门（仪门）是祭祀前整理衣冠之处，前者为专称，后者为别称。大成门因此得名。明嘉靖九年（1530年），明世宗改封孔子为"至圣先师"，大成殿改为"先师庙"，故大成门改称为"庙门"。清顺治二年（1645年），清世祖加封孔子为"大成至圣文宣先师"，这样就恢复了大成殿与大成门的名称。

① 耿素丽、陈其泰：《历代文庙研究资料汇编》第12册，国家图书馆出版社2012年版，第297页。
② 耿素丽、陈其泰：《历代文庙研究资料汇编》第8册，国家图书馆出版社2012年版，第264页。

定州文庙戟门

据现有资料，定州戟门始建于何时无法考证，但共有三次明确的修复记录。一是明万历七年（1579年），州牧王禄对戟门进行修理。二是清顺治十年（1653年），署州事陈本厚修复戟门。三是在2006年，定州市委、市政府依照《道光定州志》戟门图对戟门进行复原性修复。修复后的戟门，位于文庙中院南北中轴线上，夹在大成殿与棂星门之间。整个戟门面阔三间，长14.39米，进深二间，宽7.45米，高度也为7.45米，占地面积102.7平方米。台基为单陛三级，由汉白玉条石铺就。屋顶形制为单檐悬山顶，穿斗式梁架，设中柱五檩大木。屋顶下绘有旋子彩画，中间饰有小点金。屋顶正脊两端置鸱尾，垂脊跑三走兽。三座大门之上皆有铺首两个，中间大门正中的屋檐下悬挂题写"戟门"的横匾。戟门东西两侧为东西官厅，各为三间，屋顶形制为硬山顶，琉璃瓦剪边带花脊。

与全国其他文庙内的戟门相比，定州文庙的戟门有四大特点：一是戟门面阔三间，即分为左、中、右三个大门。从全国范围看，戟门分为面阔三间、五间和七间不等，尤以三间和五间最为常见。曲阜孔庙、北京孔庙、海南崖城文庙戟门皆为面阔五间，宁远文庙为面阔三间。按照传统礼仪，中间最大的门一般是关着的，平常只有东西两侧偏门开启，只有当考中状元的士子前去祭拜孔子或举行祭孔大典时，中间正门才会打开。二是戟门的屋顶形制为单檐悬山顶。中国古建筑屋顶形制体现出严格的等级制度，屋顶等级由高到低依次是庑殿、歇山、悬山和硬山，重檐级别高于单檐。因此，重檐庑殿顶是最高等级，只用于皇宫与寺院主殿，如故宫太和殿。北京孔庙屋顶为单檐庑殿顶，曲阜孔庙为重檐歇山顶。三是戟门两侧设有官厅，东为文官厅，西为武官厅。这是定州文庙戟门最为突出的特点，东西官厅的设立为文武官员祭孔提供了临时休息和更衣的场所。四是三座大门之上皆有铺首两个。不同地方文庙戟门上的装饰不同，有的是门钉，有的为铺首，两者分别代表着不同的意蕴。在戟门上安装铺首可以祛邪辟恶，为祭祀提供庄严与静谧的氛围。

仪门

仪门位于定州文庙西院南北中轴线上，明伦堂以南，是文庙教学区域的第二道大门。作为文庙教学区域的过渡性建筑，仪门是通往明伦堂的必由之路。现存的仪门规模较小，等级较低，体现了质朴、简单的特征。

仪门即礼仪之门，由孔颖达《周易·正义》"有仪可象"而得名。仪门由古代桓门演变而来。"桓"指在驿站、衙署旁

定州文庙仪门

边设立的木柱。早在汉代，县衙两旁就各设立一桓，后来在两桓之间横架一木柱，故称之为桓门。宋避钦宗赵桓讳，遂将之改为仪门；清避末代皇帝溥仪讳，又将之改称为宜门。仪门作为典礼、祭拜等仪式的必要建筑，广泛地应用在官府、陵寝、寺院等地方。

定州文庙仪门始建于何时至今无法考证，史书也没有明确的仪门修复记录。对比《雍正定州志》与《道光定州志》文庙图，可以推测位于明伦堂以南的仪门，最晚在道光三十年（1850年）就已经存在。民国三年（1914年），定县县长孙发绪在"毁庙兴学"的氛围下，将文庙西院与北院占用作为"县立女子高等小学"的校址，虽侵占了文庙"领土"，却也免于仪门在以后的政治运动中受到破坏。

如今仪门的形制为门屋式砖木结构，屋顶样式为单檐硬山顶，台基为单陛二级，由汉白玉条石铺就。屋檐下绘有旋子彩画，中间饰有小点金。整个仪门面阔三间，长11.56米，进深一间，宽6.90米，高7.07米，占地面积为79.76平方米。

定州文庙中的门围建筑除了以上介绍的棂星门、戟门、仪门外，还有大门（位于文庙西院中轴线最南端）、礼门、义路、东西牌坊、下马碑以及照壁等建筑。鉴于以上建筑大多被毁，资料有限，笔者不再赘述。

定州文庙下马碑

祠祀类建筑：
祭祀先圣先贤，
感化后世之人

文庙是主祀孔子、从祀历代圣贤的祭祀性建筑，故祠祀类建筑是文庙建筑群的最主要部分。定州文庙祠祀类建筑位于中院、东院和南院，主要由大成殿、东西庑、崇圣祠、名宦祠、乡贤祠以及节孝祠等建筑构成。在祠祀类建筑中举办不同规格的祭祀活动，既缅怀了圣贤的丰功伟绩，也昭示着后人追慕圣贤的决心。

大成殿

大成殿位于文庙中院第二进院落南北中轴线上，是文庙建筑群的核心建筑，其建筑等级最高，规模最大，展现出威严、尊贵的凛然气势。

唐开元二十七年（739年），唐玄宗追封孔子为"文宣王"，因此文庙又称为文宣王庙，故祭祀孔子的主殿称为文宣王殿。北宋嘉祐六年（1061年），宋仁宗根据《孟子·万章下》"孔子之谓集大成"，将文宣王殿命名为大成殿，并将亲笔题写的"大成殿"匾额赐给曲阜孔庙。崇宁二年（1103年），宋徽宗下诏，"圣庙用戟二十四赐名大成殿"[1]，从此大成殿之名遍布寰宇。明嘉靖九年（1530年），改封孔子为"至圣先师"，故"改大成殿曰先师庙殿"[2]。从此大成殿亦称"先师庙殿"。

何谓"大成"？目前流行两种说法。一种认为"大成"是古代奏乐的步调，古代乐曲中一变为一成，九变为九成，至九成曲终称之为"大成"。另一种更为普遍的看法认为，"大成"出自《孟子·万章下》："孔子之谓集大成。集大成也者，金声而玉振之也。"两种说法都鲜明地体现了由孔子创立的儒家思想集先贤先儒之精华，历经后世诸儒发扬光大后，升华成为完整的体系学说。不论取名于哪种"大成"，"大成殿作为孔庙正殿专名长期相沿，与佛寺中的大雄宝殿相类。以此为标志，孔庙作为祭祀学人祖师的场所开始形成独具特色的庙宇系统"[3]。

据地方志记载，"先师庙在州治西北，唐大中二年，定州帅卢公简求，以庙本会昌所废天佑佛寺"[4]。随后在唐天佑十三年（916年），王处直见大成殿倾圮，遂仿照阙里孔庙修复大成殿。据此推测，定州文庙大成殿作为核心建筑应以天佑佛寺原有建筑营建，因此，定州文庙大成殿也应始建于唐大中二年（848年）。大成殿作为文庙的标志性建筑，历代地方官员对其都颇为重视。据记载，大成殿有十二次明确的修复记录。一是唐天佑十三年（916年），北平王兼定州刺史王处直仿照阙里孔庙修复大成殿。二是北宋皇祐元年（1049年），定州州牧韩琦对"上覆穿敝，泄落风雨"[5]的正殿进行修复。三是元元统元年（1333年），教授张从先建曾子、子思二配享位于大成殿内，并在义士周源资助下大修圣殿。四是

① 耿素丽、陈其泰：《历代文庙研究资料汇编》第12册，国家图书馆出版社2012年版，第78页。
② 耿素丽、陈其泰：《历代文庙研究资料汇编》第12册，国家图书馆出版社2012年版，第296页。
③ 曲英杰：《孔庙史话》，社会科学文献出版社2011年版，第82页。
④ 定州市档案局编：《直隶定州志》卷21《宋韩魏公定州儒学记》，九州出版社2016年版，第20页。
⑤ 定州市档案局编：《直隶定州志》卷21《宋韩魏公定州儒学记》，九州出版社2016年版，第20页。

明洪武十三年（1380年），知州项昌铭"建正堂，其楹六"①。五是明成化六年（1470年），知州韩文"建大成殿五楹，斗拱井藻"②，并于殿内准备祭品，修复后的大成殿金碧辉煌、气势恢宏。六是明万历七年（1579年），州牧王禄对大成殿进行整修。七是清顺治二年（1645年），州牧邱万化修复大成殿。八是清康熙四十三年（1704年），州牧韩逢麻连同众人修复大成殿。九是清雍正十一年（1733年），州牧王大年大修大成殿。十是清乾隆三十年（1765年），州牧沈鸣皋修复后的大成殿面阔五间，屋顶为悬山顶。十一是中华民国十二年（1923年）知县何其章率领本县士绅重修大成殿。十二是从1992年到1994年，经河北省文物局批准，在定州市委、市政府支持下，定州文庙管理处对大成殿进行复原性修复。

如今大成殿坐落于文庙中院正北，整体面阔五间，长24.63米，进深三间，宽11.82米，高10.75米，占地面积262.404平方米，属于单檐悬山式木制建筑。屋顶铺就黄绿色琉璃瓦，正脊两端置鱼龙鸱吻各一，垂脊跑三兽，挂垂鱼。房檐下额坊绘有等级最高的和玺彩画，中间饰有大点金。大成殿前门为四扇四抹格扇门，梢间皆为四扇槛窗，墙壁为相当精致的五花山墙。明间屋檐下悬挂题写有"大成殿"的蓝色横匾一幅，门两侧廊柱悬挂一副对联："觉世牖民诗书易象春秋永垂道法，出类拔萃河海泰山麟凤莫喻圣人。"短短二十八个字便显示出大成殿与儒学的深厚历史渊源。大成殿主祀为手执镇圭、服十二章、冕十二旒的孔子，"四配"塑像置于夫子像两侧，坐北朝南，"十二哲"分列于东西两侧，左右相对。大成殿东西两侧各有一座配房，面阔三间，属于单檐硬山顶砖木建筑，额坊绘有旋子彩画，中间饰有小点金，为祭祀孔子与四配、十二哲提供了储藏车服礼器之地。此外，在大成

① 定州市档案局编：《直隶定州志》卷21《知州项昌铭建学记》，九州出版社2016年版，第74页。
② 定州市档案局编：《直隶定州志》卷21《知州韩文重修庙学记》，九州出版社2016年版，第74页。

殿与戟门间中轴线东西侧设有东西两庑，两庑南北两侧各有一耳房。两庑屋顶均为单檐硬山式，通身为砖木结构，屋顶铺设灰瓦，前设走廊，面阔五间，进深一间。东庑高6.60米，长18.34米，宽6.87米，占地面积126平方米；西庑高6.4米，长18.14米，宽7.10米，占地面积128平方米。东西两庑在祠祀类建筑中等级最低、规模最小，但由于从祀者众多，一般面阔较长，最多者为曲阜孔庙，其两庑各长达二十八间。两庑里从祀对儒学做出巨大贡献的先贤先儒。先贤以明德修道为主，多为孔子弟子；先儒以传经授业为主，多为历朝儒学名家。虽为第三、第四等级的享祀者，但他们与大成殿四配、十二哲一样，同样受到后人的祭祀与敬仰。两庑南北两侧的耳房为从祀先贤先儒提供了储藏车服礼器之地。

相较而言，定州文庙大成殿有五大特点：一是黄绿色琉璃瓦覆盖屋顶。琉璃瓦是我国古代高级别建筑的装饰材料，只有宫殿、寺院、衙署等官办建筑才可使用。建筑等级不同，琉璃瓦的颜色也就不同。黄色琉璃瓦只在最高等级建筑

定州文庙大成殿

上使用，次之则为绿色琉璃瓦，比如：曲阜孔庙大成殿使用黄色琉璃瓦，达到了皇家宫殿的等级，而两庑则用绿色琉璃瓦。定州文庙大成殿屋顶覆盖黄绿相间琉璃瓦，这在全国文庙中颇为罕见。二是面阔为五间形制。根据文庙不同的等级，大成殿的开间有九开间、七开间、五开间、三开间四种不同形式。面阔三间的比较少见，如宁远文庙大成殿。面阔五间者多属县级文庙，如江阴文庙大成殿、汝州文庙大成殿等。面阔七间者多为府、州级文庙，如苏州文庙、江宁府文庙等。面阔九间者为曲阜孔庙、北京孔庙。定州文庙作为县级文庙，遵守了儒家建筑等级制度，为面阔五间。三是大成殿前设有月台。月台又称拜台、佾台，是摆设祭品、表演乐舞的地方。月台是有等级规定的，一方面是双层月台等级高于单层月台，如曲阜孔庙为双层月台，与宫殿月台等级一致，而大多数地方孔庙则为单层月台；另一方面则表现为台基越高，等级也就越高，如北京孔庙台基高大，显得颇有气势，地方孔庙台基则较为低矮。通常情况下，月台台基略低于大成殿内地面，宽度略短于殿身通长，这既有防止雨水倒灌之功效，又表现空间的层次美感。定州文庙大成殿月台显得颇为空旷与宽广，单层月台，台基低矮，踏跺二级，中间只有宝鼎一座[①]，显得十分朴实。四是大成殿与东西配房形成严格的等级关系。大成殿高大宏伟，居于月台正中，东西配房低矮简朴，分列于两侧，突出了大成殿的统领地位。五是大成殿、东西配房、东西两庑与戟门形成相对独立的闭合性空间，人为组合成这样的空间体系为祭孔大典营造出静穆的氛围。

① 定州文庙大成殿月台上的宝鼎为定州国华电厂捐赠，虽为文庙后添饰物，但不仅弥补了月台的空旷，也凸显了大成殿的宏伟。

定州文庙东西两庑

崇圣祠

崇圣祠原名启圣祠，位于定州文庙东院南北中轴线北隅，起初是供奉孔子父亲叔梁纥的地方。元至顺元年（1330年），元明宗"加封孔子父齐国公叔梁纥为启圣王"①，故名"启圣祠"。清雍正元年（1723年），清世宗更名"启圣祠"为"崇圣祠"，为祭祀孔子五代祖先之地。

孔氏家族原为宋国贵族，孔子六世祖孔父嘉为宋国国君微子启的后代。五世祖木金父为避宋国内乱逃至鲁国，从此孔氏一门定居于鲁。孔氏家族在鲁国虽延续了原贵族身份，但一直默默无闻，及至孔子父亲叔梁纥时，才因勇力闻于诸侯，官至陬邑宰②。叔梁纥在娶孔子生母前，已有一妻一妾，育有九女一男。因独子孟皮跛足，叔梁纥又于66岁时娶不到20岁的颜征在，第二年（前551年）孔子出世。鲁襄公二十四年（前549年），孔子才3岁，其父便去世了。鲁昭公七年（前535年），孔子17岁时，母亲颜氏亦去世。孔子将其母与父合葬

① 耿素丽、陈其泰：《历代文庙研究资料汇编》第8册，国家图书馆出版社2012年版，第286页。
② 陬邑宰如今相当于乡镇级别的官员。

于防山①。北宋大中祥符元年（1008年），宋真宗亲临山东曲阜，拜谒孔子陵墓及其父母墓，"封圣父为齐国公，启圣公与鲁国太夫人同殿后立庙奉祀"②。元至顺元年（1330年），元明宗加封叔梁纥为"启圣王"，颜征在为"启圣王夫人"。虽然孔子的父母得到了皇帝的封号与奉祀，但并无专祠祭祀。更违背儒家伦理的是，颜回、曾参配享大成殿，其父却屈居于两庑，这种"父子倒置"的问题由宋朝洪迈首次发现，此后就该问题一直纷争不断。明嘉靖九年（1530年），张璁为解决孔庙从祀序列中出现的"子在父上，父处子下"伦理失序、尊卑颠倒的问题，给明世宗提出建议：

> 先师祀典有当更正者。叔梁纥乃孔子之父，颜路、曾晳、孔鲤乃颜、曾、子思之父，三子配享庙庭，纥及诸父从祀两庑，原圣贤之心岂安？请于大成殿后别立室，祀叔梁纥，而以颜路、曾晳、孔鲤配之。③

明世宗深以为是，当即诏令国子监及郡县学均建启圣祠于大成殿后，并以颜路、曾晳、孔鲤、孟孙激配享。同年，"二程"之父程珦、蔡沈之父蔡元定、朱熹之父朱松也入启圣祠配享。明万历二十三年（1595年），周敦颐之父周辅成从祀于启圣祠。清雍正元年（1723年），清世宗认为，"水源木本，积厚流光。有开必先，克昌厥后"④，遂追封孔子五代先祖为王，改启圣祠为崇圣祠。从此，文庙被抹上了一层浓厚的家庙色彩，这也基本解决了"父子倒置"的人伦问题。雍正二年（1724年），清世宗以昭穆之序钦定孔子五代先祖神位，体现长幼之序，所谓"同庙异龛皆南向，从外观之，五室并齐；从内观之，浅深各殊，尊卑有别"⑤。是年，张载之

---

① 防山位于鲁国都城东面，今在山东省曲阜市东部。

② 耿素丽、陈其泰：《历代文庙研究资料汇编》第12册，国家图书馆出版社2012年版，第252页。

③〔清〕张廷玉：《明史》卷50《礼志》，中华书局1974年版，第1298页。

④ 耿素丽、陈其泰：《历代文庙研究资料汇编》第8册，国家图书馆出版社2012年版，第154页。

⑤ 耿素丽、陈其泰：《历代文庙研究资料汇编》第12册，国家图书馆出版社2012年版，第252页。

定州文庙崇圣祠

父张迪从祀于崇圣祠。咸丰七年（1857年），孔子之兄孟皮配享崇圣祠。至此，崇圣祠奉祀体系基本确立。

定州文庙崇圣祠始立于何时并无记载，只有两次明确的修复记录：一是清雍正十年（1732年），州牧王大年修葺崇圣祠，"冀仰惬先师妥侑前人之意"[1]。二是道光二十七年（1847年），州牧宝琳率众人倡修崇圣祠。这两次修复记录都出现在清朝，以前没有相关记载，因此，可以推测定州文庙崇圣祠也是响应明世宗诏令而建于明朝。作为后世新增建筑，崇圣祠位置并无定制，有的位于大成殿后，有的位于官学内，有的则位于独立区域中。一直以来，定州文庙崇圣祠位于东院，屋顶形制为单檐硬山顶，通身为砖木结构。面阔三间，长11.46米，进深一间，宽8.76米，通高7.7米，占地面积100.39平方米。屋檐下为旋子彩绘，饰有小点金，垂脊有四个走兽。祠前设有小型月台，为摆放祭品、表演祭孔乐舞之地。台阶为单陛五级，由汉白玉条石铺就。东西两侧各有一配房，面阔三间，进深一间。

① 定州市档案局编：《直隶定州志》卷22《重修定州文庙记》，九州出版社2016年版，第9页。

与其他崇圣祠相比，定州文庙崇圣祠具有两大突出特点：一是屋檐垂脊有四个走兽。屋檐走兽数量与房屋建筑等级密切相关。通常情况下，房屋等级越高，走兽数量也就越多，反之亦然。文庙内，崇圣祠建筑等级低于大成殿，崇圣祠却有四个走兽，而大成殿只有三个。从这点来看，定州文庙崇圣祠僭越了儒家礼制，值得玩味。二是崇圣祠东西各有一配房。大部分崇圣祠只有一单体建筑，孔父与先贤先儒之父合祀于主殿内。只有少数文庙设有东西配房，如北京文庙、代州文庙。定州文庙崇圣祠供奉孔子五代先祖及"四配"之父神位。东西配房则供奉"二程"、蔡沈、朱熹、周敦颐与张载六位先贤先儒之父牌位。

韩公祠与苏公祠

韩、苏二公祠是为纪念与缅怀州牧韩琦与苏轼在定州任职期间取得重大功绩而建的，是名宦祠与乡贤祠的前身与雏形。

北宋庆历八年（1048年），州牧韩琦依庙建学，定州官学正式成立，士人始受儒学教化。所谓"民得安堵而蒙被朝廷之惠泽，又得教其子弟而学先王之道"[1]。为深切缅怀之，元丰三年（1080年），于文庙西立韩忠献祠，并于祠内立其画像，春秋祀之。元祐五年（1090年），奉敕载入祀典，宋哲宗将民众私自修建的韩公祠堂纳入官办祭祀体系，一方面体现了上层统治者对韩琦治定功绩的认可与赞赏；另一方面在官方充足经费的保障下祭祀活动得以顺利进行。元祐八年（1093年），苏轼知定州后大兴文教，士人也为其建祠于文庙西侧，只是不知始建于何时。明洪武十三年（1380年），知州项昌铭给韩、苏二公配像，题写"二忠之祠"并用牲畜祭

----

① [民国] 何其章：《定县志》卷19《魏国韩忠献公祠堂记》，成文出版社1934年版，第1067页。

之。正德十四年（1519年），州牧王瑷将苏公祠移置于众春园内，于原址建名宦祠。万历十四年（1586年），州牧唐祥兴将韩公祠也移置于众春园内，于原址建乡贤祠。虽然韩、苏二公祠先后搬离了文庙，但新建的名宦祠、乡贤祠继承了韩、苏二公祠的血统，宣扬了韩、苏二公勤政为民的治定功绩，表达了定州士人对韩、苏二公的尊敬与崇拜，也勉励后人效法前贤。

名宦祠与乡贤祠

何谓名宦？仕于其地而惠泽于民者谓之名宦。何谓乡贤？生于其地而德业学行著于世者谓之乡贤。从本质上看，名宦与乡贤并无显著区别，宦若不贤，何以为名？因此，名宦祠与乡贤祠在明洪武以前统称为"先贤祠"。其实，祭祀先贤的传统由来已久。早在西周时期就"祀先贤于西学"，用祭祀德行、才智卓著之人来激励后世之人追踵前贤。只不过当时的先贤祠分散于多处，并非文庙专有，且享祀者纷杂。值得一提的是，奉祀本地有善政的官员早在公元6世纪就开始了，孔祥林先生认为："目前已知最早在学校奉祀的为官政绩突出的官员是北魏刘道斌。"[①]"朱明王朝将名宦祠与乡贤祠祀典普遍化与制度化。"[②]明洪武二年（1369年），朱元璋诏令天下学校建先贤祠，左祀贤牧，右祀乡贤，春秋仲月附祭于孔庙后。之后，先贤祠更名为名宦祠和乡贤祠。明弘治时进一步普及名宦、乡贤二祠。直到清朝，学校中普遍设有名宦祠与乡贤祠并厘定享祀人员的推举程序、祭祀日期、礼仪与祭品。为充分发挥名宦、乡贤二祠的教化作用，享祀之人必须是名副其实的名宦与乡贤，为此，清朝进一步规范了提学

① 孔祥林编著：《世界孔子庙研究》（上），中央编译出版社2011年版，第262页。
② 赵克生：《明代地方庙学中的乡贤祠与名宦祠》，载《中国社会科学院研究生院学报》2005年第1期。

官的举荐行为与享祀人物的入祠标准。顺治九年（1652年），"定名宦、乡贤风教所论。今后提学官务须覆实确据，非年久论定者不得举"①。雍正二年（1724年），"令各省督抚学臣，秉公详察，如果功绩不愧名宦学行允协乡评者，将姓名事实送部，仍准留祀。若无实绩，报部革除"②。

起源于韩、苏二公祠的名宦祠、乡贤祠，为响应明太祖诏令分别始建于明正德十四年（1519年）和万历十四年（1586年）。明末清初的战火将文庙付之一炬后，清雍正三年（1725年），建名宦祠于戟门外东侧，大致位于名宦祠如今所在位置，只是乡贤祠不知何人何时再次重建。1959年，定县博物馆于定州文庙内成立，名宦、乡贤二祠成为定州精品文物展览室。2005年8—12月，定州市人民政府对名宦、乡贤二祠再次重修，彰显他们的丰功伟绩，承载着后人希冀的地方换羽新生。

如今定州文庙名宦、乡贤二祠坐落于棂星门与戟门合围成的第一进院落东西两侧，依照常制左（东）为名宦，右（西）为乡贤。两祠均为单檐硬山顶，砖木结构形制。二祠造型大体相同，均面阔三间，进深一间。名宦祠长10.61米，宽7.19米，高6.71米，占地面积75.57平方米。乡贤祠长9.67米，宽7.07米，高6.62米，占地面积68.37平方米。屋檐下为旋子彩画，中间饰有小点金。明间有四扇四抹隔扇窗，次间有四扇槛窗。门前有单陛二级踏跺，由汉白玉条石铺就。名宦祠内陈列时任定州州牧苏轼的半身铜像，介绍他整顿军纪、除恶布新、强兵保境、兴修水利的政绩。乡贤祠内摆放刚正不阿、不畏权贵的定州籍人士郝浴画像。因其每天都要给皇帝上三本奏折，所谓"有事无事奏三本"，故称"郝三本"。二者事迹历历在目，身临此境自然会让人产生敬仰追慕之情。

① 耿素丽、陈其泰：《历代文庙研究资料汇编》第12册，国家图书馆出版社2012年版，第395页。
② 耿素丽、陈其泰：《历代文庙研究资料汇编》第12册，国家图书馆出版社2012年版，第396页。

定州文庙名宦祠

定州文庙乡贤祠

被定瓷展览馆占用的节孝祠

节孝祠

节孝祠是供奉本地忠贞节烈之女、孝老敬亲之子的祠堂。这些祠堂既为封建社会宣扬的贞洁、孝道树碑立传，也见证了封建社会的妇女在贞洁观束缚下孤苦无趣的生活。与名宦祠、乡贤祠奉祀贤达人士进行成圣成贤的教育目的一样，节孝祠的建立是为了对普通民众进行忠孝节义的社会教化。诚如时任定州州牧宝琳所言："今使女士必求于诗礼之家、缙绅之族，何以桑枢蓬户不乏完贞，蚕娘转多微行乎？大抵人生节义事，所以得于天者有异也，所以成于俗者不浅也。"[1]虽然朝廷于雍正六年（1728年）诏令各府、州、县建立节孝祠，但并未对节孝祠的位置做出明确规定，大部分位于城市中，只有少部分位于文庙内，"目前已知有海南文昌文庙、台湾台南文庙、浙江黄岩文庙、河北平山文庙、辽宁辽阳文庙和云南江川文庙六例"[2]。

① 定州市档案局编：《直隶定州志》卷22《移建节孝祠记》，九州出版社2016年版，第49页。
② 孔祥林编著：《世界孔子庙研究》（上），中央编译出版社2011年版，第266页。

据《雍正定州志》记载，节孝祠在州治东，雍正六年（1728年）奉建。道光二十九年（1849年），定州州牧宝琳在重修州志时，又发现有贞洁烈妇二百余人需入祠供奉，然其"近市而隘陋，益以续祀者数百，尤虑不足以容"①，遂将节孝祠从州治东移至文庙棂星门左，附属于文庙。如今节孝祠位于定州文庙南院，为标准的清代四合院式建筑。正殿为砖木结构，悬山顶，面宽五间，长13.56米，进深一间，宽6.42米，高7.35米，占地面积81.36平方米。尽管节孝祠现已被定瓷展览馆占用，祭祀活动也已荡然无存，但其宣扬的"守妇道、孝老人"的传统流传至今。

① 定州市档案局编：《直隶定州志》卷22《移建节孝祠记》，九州出版社2016年版，第50页。

文庙以庙学合一为特征，这就表明其既有以大成殿为核心的祭祀区域，还有以明伦堂为核心的教学区域。存在于中央太学和地方官学的教育类建筑，在传播儒家文化、明辨伦理道德、塑造士人品行、贮藏"四书五经"方面发挥着不可替代的作用。官学建筑形制不像文庙有着严格的规定。"一般来讲，形制规整齐全的学宫，沿南北中轴线，一般建有儒学门、明伦堂、尊经阁等主要建筑。"①除此之外，有的还包括射圃、杏坛等，其位置选择受多重因素影响，并无固定区域。定州文庙的教育类建筑位于西院，主要包括明伦堂、尊经阁、射圃。

明伦堂

明伦堂作为教学区域核心建筑，位于文庙西院南北中轴线上，居仪门之北，其建筑等级为教学区域之冠，周围古柏林立，绿树成荫，烘托出静穆、祥和的氛围。千百年来，它一直发挥着传播儒家文化，阐明伦理道德的作用。

① 刘新：《儒家建筑：文庙》，中国建筑工业出版社2013年版，第244页。

定州文庙明伦堂

　　"明伦"二字源于《孟子·滕文公上》："夏曰校，殷曰序，周曰庠；学则三代共之，皆所以明人伦也。人伦明于上，小民亲于下。"这就是说在地方上办的学校，夏朝称"校"，商朝称"序"，周朝称"庠"。三个朝代举办学校的目的都是教人懂得人与人之间的伦理道德。上层统治者明辨伦理道德后，一级示范一级，一级传递一级，下层百姓自然就相亲相爱、和谐共处了。可以说"明人伦"不仅是儒家学派的教学目的，也是封建统治者治国理政的重要理念。

　　明伦堂原名讲书堂，明代以后大多改称明伦堂。明清时北京国子监称其为彝伦堂，南京夫子庙则称之为明德堂。无论何种称谓，都体现了其主要功能，即讲习经书，传播伦理道德。

　　一般来说，明伦堂的位置并不固定。有的位于大成殿西（左）侧，与大成殿形成左庙右学的布局形式，如现今的定州文庙。有的位于大成殿东（右）侧，与大成殿形成右庙左学的布局形式，如上海文庙。有的位于大成殿后，形成前庙后学的布局形式，如南京夫子庙、浙江慈溪文庙等。尽管明伦堂与大成殿分别是教学区域与祭祀区域的核心建筑，但明伦堂的建筑等级要低于大成殿。例如：民国时重建的郑州文庙大成殿坐落于南北中轴线正中，面阔七间，重檐悬山顶；而明伦堂居大成殿后，面阔五间，单檐悬山顶。定州文庙明伦堂肇始于唐天祐十三年（916年）北平王兼定州刺史王处直建立的讲书堂。北宋皇祐元年（1049年），州牧韩琦"创建明伦堂于文庙后"[1]，标志着明伦堂的正式建立并与前面大成殿形成前庙后学的布局形式。北宋以降还有九次修建明伦堂的记录：一是明洪武十三年（1380年），知州项昌铭见当时的明伦堂屋顶侧漏，地基塌陷，教学活动无法顺利进行，于是安排人员，"建正堂，其楹六；辟肄习之地，其斋四"[2]。二是明成化七年（1471年），知州韩文修葺讲堂。三是成化二十一年（1485年），在左春坊傅瀚的劝说下，州牧裴泰认为"学宫居庙后非制"[3]，遂将明伦堂移至庙之西北，从而形成左庙右学的布局。四是嘉靖十三年（1534年），王诏修明伦堂。五是万历七年（1579年），州牧王禄增修明伦堂。六是清康熙四十一年（1702年），州牧韩逢庥重修明伦堂并刊刻教规于堂壁。此时的明伦堂东西共四楹，由志道、据德、依仁、游艺四斋组成。七是乾隆三十年（1765年），州牧沈鸣皋将明伦堂修葺一新。八是道光二十七年（1847年），州牧宝琳扩建明伦堂。九是民国三年（1914年），在"毁庙兴学"的氛围下，明伦堂被辟为初等二年级女子小学教室，此后一直被学校占用。

如今保存的明伦堂整体面阔五间[4]，长20.65米，进深一间，宽9.22米，高8.84米，占地面积190.39平方米，属于单

---

① 定州市档案局编：《直隶定州志》卷21《宋韩魏公定州儒学记》，九州出版社2016年版，第21页。

② 定州市档案局编：《直隶定州志》卷21《知州项昌铭建学记》，九州出版社2016年版，第74页。

③ 定州市档案局编：《直隶定州志》卷5《地理 城池》，九州出版社2016年版，第12页。

④ 受地方行政级别影响，明伦堂分为面阔七间、五间、三间不等。国子监明伦堂为七开间，府、州学多为五开间，县学多为三开间。雍正二年（1724年），升定州为直隶州，领曲阳、新乐二县，而至明伦堂最后一次扩建的道光年间，定州行政级别没有变化，故遵守常制。

檐硬山式砖木结构建筑，屋檐下为和玺彩画，中间饰有小点金。明楼中间悬挂题写"明伦堂"三字的横匾，两侧廊柱悬挂一副对联："传道授业解惑育英才诲人不倦，修身齐家治国平天下求知愈勤。"寥寥几笔便勾画出教师的职责与学生的理想，表现了明伦堂教化育人的作用。主、次楼皆有四扇四抹隔扇窗，梢间有四扇槛窗。明伦堂前有汉白玉条石垒砌的单层月台，长11.2米，宽12.5米，高0.6米，用来组织儒生课外活动和宣讲公开课，"此外还是举行乡饮酒礼的场所"[①]。月台前为单陛三级垂带式踏跺，甬道末端放置石狮一对，象征着"承载师道"和"师承重托"，暗喻儒生要谨遵老师教诲，老师则应承担传道、授业、解惑之重任。

尊经阁

尊经阁又被称为"藏经阁"，即文庙贮藏经书的地方，其所藏经书内容颇为广泛，包括六经典籍、御制诸书、百家子史、典章律令等，供儒生阅读研习使用，相当于图书馆之功能。作为官学的配套建筑，尊经阁不仅是传播儒家文化的重要载体，更是统治者对儒生进行思想控制的重要场所。

早在"崇文重教"的北宋，统治者就于都城内大力营建尊经阁，例如：北宋大中祥符二年（1009年），宋真宗诏令在东京国子监文宣殿北建尊经阁，藏太宗御书。南宋淳熙四年（1177年），在临安太学建光尧石经阁，收藏高宗及吴皇后手书《周易》《尚书》《诗经》《礼记》《左氏春秋》《论语》《孟子》等，以供太学生研习。元朝时，尊经阁出现了地方化和普遍化的倾向。据现有资料分析，地方官学最早出现的尊经阁是"元延祐二年（1315年）常州路总教史埙在学

① 霍红伟：《清代地方官学的建筑与结构——以清代地方志记载为中心的考查》，载《河北师范大学学报》（教育科学版）2010年第5期。

校内建立的，用于府藏书籍"①。此后，元朝统治者诏令天下皆建尊经阁。

定州文庙尊经阁始建于明万历三十一年（1603年）。州牧张邦贵认为，弗建此阁，官学之缺，为任之责也。于是，他将明伦堂后的"讲堂改建为尊经阁"②。明末清初的兵燹将文庙化为灰烬，及至重建文庙后，并无详细修建尊经阁的记录。据《雍正定州志》所载州学图，尊经阁位于文庙西院，北接敬一亭，南抵明伦堂，三者以甬道相连。由此可见，最晚在雍正十一年（1733年），尊经阁就已存在，然而，据《道光定州志》所载文庙图，尊经阁已不复存在。两者相距百余年，尊经阁也许没有经受住风雨的洗礼，最终倾圮。自20世纪80年代开始翻修文庙以来，定州市人民政府也并未复原尊经阁。可惜的是"尊尚经意，教化大众"的场所只能遗存于纸上。

射圃

位于文庙学宫中的射圃，乃一地学官教授儒生骑马射箭之场所，如同现在的操场。作为官学的配套建筑，确是贯彻儒家礼制的重要场所、为本地培养文武双全人才之地。

中国的射礼及其场所源远流长，却屡有兴废。早在西周时期，"射"就是培养奴隶主贵族的六大目标之一。及至北宋熙宁二年（1069年），王安石任参知政事，实行"三舍法"，武学为附选，此后地方官学纷纷建立射圃，以备武选。"熙宁兴学"失败后，武学被废，射圃亦逐渐荒弃。南宋淳熙元年（1174年），宋孝宗诏太学及州县学皆立射圃，培养骑马射箭之才，以防北方游牧民族侵扰。擅长骑马射箭的蒙古人入

① 刘新：《儒家建筑：文庙》，中国建筑工业出版社2013年版，第256页。
② 定州市档案局编：《直隶定州志》卷21《尊经阁记》，九州出版社2016年版，第76页。

主中原后，对汉人学习骑射讳莫如深，恐其有反意，地方官学中射圃废弛之势在所难免。为匡正汉典，射圃再次复兴。明洪武二年（1369年），明太祖诏令天下学立射圃并钦定仪注，令儒生学习之余，演习射礼。满族和蒙古族一样，忌惮汉人弯弓搭箭，故射圃在清朝官学中日益稀少。值得一提的是，习射不仅是选官晋爵的方法，而且也是考察士人德行的途径。正如《礼记·射义》所载："射者，进退周还必中礼。内志正，外体直，然后持弓矢审固。持弓矢审固，然后可以言'中'，此可以观德行矣……射者所以观德行也。是故古者天子以射选诸侯、卿、大夫、士……中者得与于祭，不中者不得与于祭。不得与于祭者有让，削以地；得与于祭者，益以地；晋爵黜地是也。"射圃自建立之始，其位置并不固定，或居文庙学宫之后，或位于文庙左、右两侧。在圃中往往设有昔亭、观射亭、观德亭等建筑，规模各异，有的为三楹，有的为五楹，用于官员观看儒生演习习射之礼。纵观历史，射圃在官学中跌宕起伏的命运原因有二：一方面是统治者忌惮习射人过多，导致政权不稳；另一方面是儒生对科举考试趋之若鹜，自然对习射冷眼相待。正如胡务所论："礼、乐、射这些上古就有的礼制，只是儒家的理想境界，距离尘世毕竟太远。随着时间的推移，许多射圃亦都逃脱不了废弃的覆辙。"①

定州文庙射圃始设于北宋儒帅韩琦任定州知州期间。在依庙建学后，韩琦又建"射圃、昔亭于庙之北"②。射圃在定州的设立，充分体现了韩琦培养文武双全人才的教育目标，改变了军事重镇文武对立的传统观念。遍查史料，只有清雍正年间文庙有一所射圃的记录，至于这所射圃由谁修建，建于何时，位于何处，没有找到明确答案。据推测，射圃的建

① 胡务：《元代庙学——无法割舍的儒学教育链》，四川出版集团巴蜀书社2005年版，第18页。
② [清] 黄开运：《直隶定州志》卷10《左春坊谕德傅瀚重建定州儒学记》，康熙十一年刊本，第52页。

立不应晚于雍正十一年（1733年），即《雍正定州志》成书之年。所在位置应与观德亭一致，即文庙东。令人遗憾的是，时至今日射圃依旧遗留在人们的想象中。

办公与生活类建筑：
有效支持，
无微不至

地方文庙中的学宫作为一个偌大的教学区域，不仅要有齐备的施教场所，更要有保障教学顺利进行的配套设施，如东西廨舍、庖、井等。如此，学宫建制才能算是完整的，教学活动才能顺利、有效地开展下去。

东西廨舍

定州文庙廨舍位于学宫内，为学官办公之场所，相当于现代的教师办公室。为了方便教学，地方学宫内的廨舍往往毗邻明伦堂。

廨舍始建于何时，并无明确记载。遍查史料，也只有一次明确的修复记录，即明成化二十一年（1485年），州牧裴泰在将明伦堂移置庙之西北后，"修饰廨舍"①。

现存的东西廨舍位于文庙西院南北中轴线两侧，与北面明伦堂和南面仪门构成相对闭合的院落。周围古柏参天，花繁枝盛，为学官办公营造了静谧与愉悦的氛围。东西廨舍均

① 定州市档案局编：《直隶定州志》卷25《地理 城池》，九州出版社2016年版，第11页。

定州文庙东廨舍

定州文庙西廨舍

定州文庙研究

为单檐硬山式砖木建筑形制。明楼有四扇四抹隔扇窗，梢间有四扇槛窗。东廊舍面阔七间，长24.15米，进深一间，宽6.5米，高4.33米，占地面积156.975平方米。西廊舍面阔七间，长24.2米，进深一间，宽7.42米，高4.63米，占地面积179.564平方米。屋檐下为和玺彩画，中间装饰小点金。

学正宅和训导宅

学正和训导皆为一地学官名称，负责管理文庙祭祀活动、教育官学儒生。宋代于京师学校始置教谕，明朝学官制度进一步完善，对一地学官的工作职责和人员配置有了明确规定："府，教授一人，训导四人；州，学正一人，训导三人；县，教谕一人，训导二人。教授、学正、教谕，掌教诲所属生员，训导佐之。"①及至清末新式学堂建立后，学正和训导皆随旧式教育一同被废。

学正宅和训导宅为本地学官日常起居之所，大都位于生活区域内。定州文庙学正宅和训导宅始建于何时，经历过几次维修，没有明确记载。据《雍正定州志》和《道光定州志》文庙图所示，学正宅和训导宅位于文庙北院，分列于中院南北中轴线东西两侧。北院被占后，二宅皆改为校舍。

庖

庖平时为学校师生的厨房，祭祀时为宰杀牲畜、准备祭品的场所，在定州文庙生活区域占有重要地位。据记载，北宋皇祐元年（1049年），州牧韩琦将文庙修葺一新，竣工时"讲授有堂，肄习有斋，庖厨井溷，日用之具，无不备

① 顾明远总主编：《中国教育大系》卷2《历年教育制度考》，湖北教育出版社2015年版，第1285页。

足"①，此外，爨和庖具有同样的功能。明洪武十三年（1380年），知州项昌铭对文庙进行重修，次年二月二十三日竣工，历时一年有余，竣工后"爨有厨，膳有室"②，此外，不见任何记载。

井

井为学校师生提供水源。曲阜孔庙中的井为孔子饮水之地，因此被称为"圣水"。据史料记载，北宋皇祐元年（1049年），州牧韩琦在"文庙后凿清泉井"③一眼。由于水质甘甜，师生不仅取之为日常生活用水，州人亦纷至沓来用以酿酒。此井一直保留至民国，著名社会学家李景汉在《定县社会概况调查中》也记载了该井。令人遗憾的是，该井现已不复存在。

湢

湢为濯发洗身、沐浴更衣之地，为文庙生活区域必备建筑。根据传统习俗，在祭祀官祭拜孔子前，一定要沐浴更衣，以示心洁崇敬，此外，平时生活在学宫中的师生也要洗头沐浴、祛除污浊。据记载，明成化七年（1471年），知州韩文开始对大成殿、两庑等进行修葺，"又以其余力修饬讲堂、斋庐、庖湢、廪馔之处"④，此外，不见记载。

定州文庙办公、生活类建筑，除上述外，还有馔堂等。因史料记载有限，这里不再赘述。

① 定州市档案局编：《直隶定州志》卷21《宋韩魏公定州儒学记》，九州出版社2016年版，第21页。
② 定州市档案局编：《直隶定州志》卷21《知州项昌铭建学记》，九州出版社2016年版，第74页。
③ [民国]何其章：《定县志》卷2《舆地志 古迹篇》，成文出版社1934年版，第130页。
④ 定州市档案局编：《直隶定州志》卷21《知州韩文重修庙学记》，九州出版社2016年版，第74页。

其他类建筑：
祝福学子，
保佑文庙

除以上涉及的基本建筑外，地方文庙还经常涌现出反映区域文化特色的建筑。由此，以下对普遍设置的魁星楼和泮池加以略论。

魁星楼

魁星楼作为祈福文运类建筑，并非文庙专属，确是文庙重要的配套建筑。定州文庙魁星楼位于文庙东院南北中轴线南隅，寄托着儒生对金榜题名的渴望与功成名就的诉求。

"魁星"又名奎星，指北斗七星中的前四颗星，即天枢星、天璇星、天玑星和天权星的合称。古人认为魁星为主宰人间的文运之星，确信其"为天之武库也，尤与文明无异"[1]。汉代《孝经授神契》载，"奎主文章"，拜魁星为主宰文章之神灵，后人进而以魁星指代文官之首。其实，早在北宋初年崇拜魁星的风气已日渐兴盛。据记载，最早出现在阙里孔庙的魁星楼乃"金明昌五年章宗所名也"[2]。由此，开启

① 耿素丽、陈其泰：《历代文庙研究资料汇编》第12册，国家图书馆出版社2012年版，第310页。
② 耿素丽、陈其泰：《历代文庙研究资料汇编》第12册，国家图书馆出版社2012年版，第310页。

定州文庙魁星楼

定州文庙研究

了魁星楼之滥觞。南宋以后，魁星楼等祈福文运类建筑更加广泛地存在于地方文庙中。

由于"魁星"主管文运，为使一地科举兴盛、文运发达，魁星楼往往建于文庙东或东南方向，因为东方与东南方为朝气蓬勃的日出之地，可聚万物，大利科甲。其理论依据为《周易》："万物出乎震，震，东方也。齐乎巽，巽，东南也。"当然，也有例外，比如：山西长治县学魁星阁位于北面，山西永和县学则位于西南。

定州文庙魁星阁从文昌宫流变而来。文昌宫是为奉祀文昌帝君而建造，文昌帝君主管人间功名利禄，自然受到读书人的追捧与信奉。南宋时，文昌帝君取代其他保佑科举的神灵。元延祐三年（1316年），元仁宗加封"辅元开化文昌司禄帝君"。及至明朝，天下学校皆祀文昌帝君，甚至乡间私塾、山野书院皆奉文昌帝君像。明宣德十年（1435年），定州州学训导黄宪在崇圣宫（祠）前建文昌宫（祠）。旧历二月初三为文昌帝君神诞，州牧张邦贵见本地儒生都要行至周边供奉文昌帝君的庙宇进行奉祀，明万历三十三年（1605年），"乃于文庙东建文昌阁三楹，高数十仞"[1]。从此，定州儒生不必费尽周折前往周边郡县进行奉祀，亦可祭拜神灵，大利科甲。清康熙十二年（1673年），州牧黄开运捐奉重修文昌祠，修复后的文昌祠"宏壮备出，望之巍然，中山之秀麓而高峙矣"[2]，展现出恢宏气势与壮丽景色，成为"定州之第一高麓"。嘉庆十七年（1812年），州牧张孔源将文昌祠移置于州治西南，改文昌帝君为魁星，定州文庙魁星楼由此而来。清道光二十七年（1847年），州牧宝琳率众将魁星楼修葺一新，"勤乃朴斫，咸丹漆之。丰伊丹漆，或藻饰之"[3]。1993—1994年，定州市人民政府依照《道光定州志》文庙图对遗存的魁

① ［清］王大年、魏权：《直隶定州志》卷9《文昌祠记》，雍正十一年刊本，第44页。
② ［清］黄开运：《直隶定州志》卷10《重建文昌阁碑记》，康熙十一年刊本，第68页。
③ 定州市档案局编：《直隶定州志》卷22《重建魁星阁工竣祭告文》，九州出版社2016年版，第43页。

星楼进行修复、彩绘。

重修后的魁星楼为三层楼阁式砖木建筑，坐落于十五米高、九层垂带式踏跺的方形台基上，为文庙制高点。顶楼屋顶为歇山顶，挂五铺作斗拱。垂脊有五个走兽，三层楼阁屋檐下皆为和玺彩画，中间装饰小点金。底层楼阁雀替由如意雕刻。整个魁星楼有十二根贯通三层的檐柱，其主要功能为承载屋檐部分重量。正殿中间立有魁星塑像，其头部像鬼，一脚向后翘起，如"魁"字的大弯钩；一手捧斗，如"魁"字中的"斗"字；一手执笔，双眼凝视卷面，意在衡量人才、选取贤能治士。魁星站立在鳌头之上，寓意"魁星点斗、独占鳌头"。在科举考试前，本地儒生均秉持香烛、携带供品前来祭拜，以求金榜题名、光宗耀祖。

泮池

泮池，又称泮水、半月池，作为官学的标志性建筑，是区分文庙和其他庙宇的重要标志。总体而言，泮池位于棂星门内外，是文庙内外空间的过渡与界定。"庄严神圣的泮池是儒家思想'孔泽流长'的表述，是儒家圣地曲阜泮池水的象征，是孔子思想和知识高深渊博的反映。"[1]

"其实，在古代建筑的景观营造中，水体的运用有悠久历史且范围极为广泛"[2]，古人朴素的理水观在上表的字里行间亦灵光频现。泮池作为水体运用的典型案例，起源可以追溯至公元前7世纪春秋时期的鲁国。鲁僖公曾在鲁国都城西南郊泮水旁边兴学设教，因此称为泮宫。这便是天下郡县文庙学宫的前身。《礼记·王制》曰："天子曰辟雍，诸侯曰泮宫。"根据礼仪等级制度，天子讲学的地方为辟雍，辟雍四周

① 彭蓉：《中国孔庙建筑与环境》，中州古籍出版社2011年版，第102页。
② 沈旸：《东方儒光——中国古代城市孔庙研究》，东南大学出版社2015年版，第214页。

环水，中间之地建学宫。各诸侯国的学府为泮宫，因诸侯不得观四方，泮宫只能半水绕之，所谓"泮之言，半也"。据记载，当时鲁国遵从礼制，"盖东西门以南通水，北无水也"[①]。即泮宫东、西、南三面环水，如同玉璧的一半，而北面无水。其他地方的泮宫最早出现于建安二十二年（217年），曹操"曾作泮宫于邺城南"[②]。后世认为地方文庙与诸侯之学相似，故泮宫、泮池成为庙学的象征与代名词。

南宋时，地方官学文庙中开始设置泮池。据孔祥林先生考证，最早记载设置泮池的是"绍兴七年（1137年）修建的宁海文庙"[③]。然而，当时泮池的位置、形制并不固定，有的为圆形、半圆形，有的则为方形。泮池得以规范是在明朝，受惠于明人王圻收藏有泮池、辟雍图示的《三才图会·宫室》。明中期以后，地方官学孔庙在棂星门内外建泮池已成定制，泮池的形制也为圆形或近似圆形，早期为矩形的泮池也纷纷改制。清沿明朝旧制，泮池在地方文庙中进一步普及。

泮池之上往往要架桥，称为泮桥、圜桥或是登云桥。泮池上架桥模仿汉朝国学的桥门制度："汉国学四门外有水，上皆有桥，故曰桥门。"[④]国学如此，地方官学必争先效仿。泮池建桥历史久远，最早的记录为"淳熙四年（1177年），海宁州学于这年凿池建桥"[⑤]。不同的文庙，泮桥的形制不同，为了耐用多为石材。有的没有泮桥，如湖南宁远文庙、湖北浠水文庙。有的只有一座泮桥，如天津文庙。有的为三座泮桥，中间为主桥，两侧为辅桥，应试者在殿试录取后要回文庙中祭拜孔子，经过泮池时，状元走中间主桥，榜眼、探花走两侧辅桥，如上海嘉定文庙、四川德阳文庙。泮桥的桥面分为平面式、台阶式和拱形慢道式三种。四川资中文庙、贵州安顺文庙为平面式；四川德阳文庙为台阶式；四川崇州文

① 耿素丽、陈其泰：《历代文庙研究资料汇编》第12册，国家图书馆出版社2012年版，第297—298页。

② 耿素丽、陈其泰：《历代文庙研究资料汇编》第12册，国家图书馆出版社2012年版，第299页。

③ 孔祥林编著：《世界孔子庙研究》（上），中央编译出版社2011年版，第240页。

④ 耿素丽、陈其泰：《历代文庙研究资料汇编》第12册，国家图书馆出版社2012年版，第299页。

⑤ 孔祥林编著：《世界孔子庙研究》（上），中央编译出版社2011年版，第242页。

庙为拱形慢道式。此外，泮桥的桥面往往刻有浮雕，如江苏江阴文庙正中桥雕刻"鲤鱼跳龙门"石雕一幅，寓意儒生步步高升、飞黄腾达。值得一提的是，泮池水绝大多数为活水，有进出水口，这样生机盎然，充满朝气，旱时不枯，涝时不溢。

据定州地方志记载，定州文庙的泮池始建于明万历七年（1579年），时任州牧王禄凿泮池，"浚深一尺，甃石一十五丈"[①]，并在泮池周围环以雕栏、跨以玉梁、植柏成森。可见，当时泮池形制已经相当成熟，雕栏、泮桥、古柏一应俱全。新进生员的"入泮"仪式也开始进行，正所谓"治事之备焉"。清乾隆三十年（1765年），州牧沈鸣皋大修文庙，加固泮池围墙，"垣堵计长二百余丈"[②]。据此可以推测，当时泮池变成了方形，规模进一步扩大。乾隆五十九年（1794年），州牧郭守璞重修泮池。道光二十七年（1847年），州牧宝琳在泮池上架石质泮桥，周围环以石栏，这样就基本恢复了明时泮池的形制。据《道光定州志》文庙图所示，半圆形的泮池位于棂星门与照壁之间，中间有一座泮桥。1966年前后，泮池被毁。直到如今，精美绝伦的泮池只能保留在往日的照片中。

概言之，定州文庙的每一个单体建筑都具有悠久的历史渊源，蕴含了深刻的文化寓意，渲染了深邃的儒家思想，是中国古代礼制建筑的杰出典范。跨越千年时空的定州文庙，饱经风雨沧桑，见证了人才辈出，始终被人铭记，已经成为定州这座古老城市的象征。

---

① 定州市档案局编：《直隶定州志》卷21《定州修学记略》，九州出版社2016年版，第75页。
② 定州市档案局编：《直隶定州志》卷22《重修文庙记》，九州出版社2016年版，第14页。

04>

定州文庙的
祀制与礼仪

享祀的人物
祭祀的类别与陈设
祭祀的乐舞
祭祀的程序
祭祀的费用

文庙祭祀起初由孔子弟子自行组织，始于孔子殁后第二年（公元前478年）。自汉以来，在官方主导下，孔庙祭祀规模逐步扩大、规格逐渐提高、制度日趋完善且发展成为传统社会中的"国之大典"。文庙的享祀人物经过历朝历代的不断更替与完善，逐渐形成了一个主祀孔子、旁祀贤达、追祀先祖的等级森严且规模庞大的祭祀体系，主要由孔子、四配、十二哲、先贤、先儒组成，列为配享、配祀、从祀三个等级。历经两千多年的发展演变，文庙祭祀活动逐渐成为一种包含舞蹈、乐章、仪注等诸要素齐备且由国家统一规定的祭祀制度，是中国传统社会中国家祀典的重要组成部分。

　　文庙祭祀起初由孔子弟子自行组织，始于孔子殁后第二年（前478年），具有祖庙和家庙祭祀特点。据记载，"弟子皆心丧三年……鲁世世相传，以岁时奉祀孔子冢"①。鲁国政权虽延续不长，却开启了世代接续祭祀孔子之滥觞。汉高帝十二年（前195年），高祖过鲁以太牢祀孔，表明认识到"仁义不施，而攻守之势异也"②的刘邦由一名蔑视儒学的帝王，成为第一位亲临阙里祭孔的君主，开创历代帝王祀孔之先河。孔庙祭祀由此具备官方色彩，此后诸帝纷纷效仿，所谓"太牢之祀，百代伊始"③。东汉明帝永平二年（59年），"上始率群臣，躬养三老五更于辟雍，行大射之礼，郡、县、道行乡饮酒于学校，皆祀圣师周公、孔子，牲以犬"④。以"犬"作为祭品，虽降低了祭祀等级，但此为周公、孔子共同祭祀的最早记载，以周公为先圣，孔子为先师，即"圣周师孔"，由此孔子之祀始于庠序之间。元和二年（85年），汉章帝亲率诸大臣到曲阜朝圣，依照传统制度，行礼时用"六代之乐"⑤祀孔子及七十二弟子。作为国家祭祀中的经典乐舞，六代之乐在孔庙祭祀中的运用标志着祭孔乐舞的肇始。光和元年（178年），汉灵帝"置鸿都门学，画孔子及七十二弟子像"⑥，虽并非专祀，却由此开启都城中央官学共祀孔子与弟子于一堂之先河。

　　汉以降，在官方主导下，孔庙祭祀规模逐步扩大、规格逐渐提高、制度日趋完善且发展成为传统社会中的"国之大典"。南齐永明三年（485年），皇帝采用裴松之的建议在文庙释奠时采用六佾舞⑦，从此文庙释奠舞蹈基本沿用此制。隋唐时期，孔庙祭祀时日与享祀人物逐步制度化和规范化。隋朝国子监的确立，开启了仲丁日释奠制度。"国子监每岁四仲月上丁释奠，州、县学春秋仲月释奠。"⑧所谓，"四仲月上丁"

① 耿素丽、陈其泰：《历代文庙研究资料汇编》第12册，国家图书馆出版社2012年版，第70页。

② 刘高杰：《国学经典集锦》，光明日报出版社2015年版，第60页。

③ 转引自何钦法：《至圣先师孔子》，贵州教育出版社2010年版，第174页。

④ 耿素丽、陈其泰：《历代文庙研究资料汇编》第8册，国家图书馆出版社2012年版，第213页。

⑤ 黄帝时的《云门乐》，尧时的《咸池乐》，舜时的《大韶乐》，夏禹时的《大夏乐》，商汤时的《大濩乐》，周武王时的《大武乐》。

⑥ 耿素丽、陈其泰：《历代文庙研究资料汇编》第8册，国家图书馆出版社2012年版，第215页。

⑦ 古代祭祀乐舞具有严格的等级制度，可分为八佾舞、六佾舞等。所谓六佾，六行六列，共计三十六人，用来祭拜诸侯和宰相。

⑧ 耿素丽、陈其泰：《历代文庙研究资料汇编》第12册，国家图书馆出版社2012年版，第77页。

是指在农历二月、五月、八月、十一月的第一个丁日举行祭祀活动。唐显庆二年（657年），高宗李治听取长孙无忌、许敬宗的建议，将周公配享周武王，学校以孔子为先圣，颜回为先师，从此孔子成为文庙主祀，历代相沿。开元二十七年（739年），唐玄宗改夫子昔日坐西向东之制，始正位南向，遂为定制。两宋时进一步规范祭器与程序。北宋大中祥符二年（1009年），宋真宗诏太常礼院规定定州、县释奠祭器数量，翌年又将《释奠先圣庙仪》与《祭器图》颁行于天下，规定国子监释奠时以国子祭酒为初献、丞为亚献、博士为终献。元朝借"道统"实现"政统"，遂改孔子为"大成至圣文宣王"，将夫子谥号推向无以复加的地步，以宣扬政权的合法性与正统性。明朝统治者从国家层面进一步厘定祭祀礼仪，规范享祀人物，更改奉祀方式。明洪武元年（1368年），太祖"诏春秋上丁用太牢祭于太学，府、州、县学少牢礼，乐如太学"[1]。不同等级的文庙采用不同祭祀礼仪，表现出文庙祭祀活动的森严等级。洪武二十六年（1393年），将大成乐颁行于天下郡县之学，从此文庙释奠乐舞走向全国。嘉靖九年（1530年），明世宗听取诸大臣意见，更定一切礼仪，以正文庙祀典。首先是撤塑像、改木主、去章服；其次是规定国学十笾十豆，天下各学八笾八豆，乐舞止于六佾；最后是规范享祀人物，不再称其爵位，一律改称"先贤某子"或是"先儒某子"，为日后定下格局，这意味着世人对他们所代表的儒家价值观念的认可与接续儒家道统的赞同。清朝是孔庙祭祀活动的高峰。乾隆三年（1738年），皇帝亲临释奠，三上香，行二跪六叩首礼，亚献、终献皆三拜。从此，三献礼成为定制。光绪三十二年（1906年），将祭孔活动升为大祀，礼节、制服、祭品与祭天一致，文、武舞并用。

---

① 耿素丽、陈其泰：《历代文庙研究资料汇编》第12册，国家图书馆出版社2012年版，第77页。

清末民初，国人反思近百年来国运衰微、山河破碎，狭隘地认为以孔子为代表的儒家思想是导致内忧外患的主要原因。由此，"'祭孔尊经'在延续了两千多年的辉煌之后，此时变成了中国历史进步的最大思想障碍，从而受到革命进步人士的猛烈批判与攻击"①。

20世纪90年代左右，人们逐渐认识到祭孔的文化内涵与当代价值。1990年，联合国教科文组织与山东省政府联合举办"国际孔子文化节活动"，由此在每年官方设定的孔子诞辰日，由山东省政府组织祭祀孔子活动。

神州大地上历朝历代统治者为何一直对孔子尊崇有加，以至于数千年来的祭孔活动绵延不绝且愈加宏大？元武宗追谥孔子为"大成至圣文宣王"《诏书》中的最后两句话"尚资神化，祚我皇元"②一语道破天机。原来是统治者为了维护社会稳定、保障政权顺利延续。事实上，祭祀活动仅是一种外在形式，其本质为内在教化，以树立古今圣贤为榜样，宣扬儒家观念为旨归，展示儒家道统为隐喻，传承古典祭礼为志趣，从而达到教化世人的目的。

---

① 刘方炜：《孔子纪》，广西师范大学出版社2009年版，第390页。
② 耿素丽、陈其泰：《历代文庙研究资料汇编》第12册，国家图书馆出版社2012年版，第87页。

文庙的享祀人物经过历朝历代的不断更替与完善，逐渐形成了一个主祀孔子、旁祀贤达、追祀先祖的等级森严且规模庞大的祭祀体系。孔子作为文庙最初的享祀人物与核心，自然为主祀，又根据对儒学发展的贡献大小和与孔子关系的远近，将四配、十二哲、先贤、先儒，列为配享、配祀、从祀三个等级。除此之外，定州文庙还祈祀魁星，附祀名宦、乡贤、忠义孝悌之士以及忠贞节烈之妇。

大成殿的享祀

早在周代就有于学校奉祀圣贤的传统礼制。《礼记·文王世子》曰："凡学，春，官释奠于其先师，秋、冬亦如之。凡始立学者，必释奠于先圣先师。"然而，当时的"先圣先师"并非孔子。孔祥林先生认为："孔子大约在西汉末年成为学校的主祀，东汉前期作为先师配享周公，东汉后期又成为学校的主祀。"[1]其后尚有更替，直到唐显庆二年（657年），孔子的

① 孔祥林编著：《世界孔子庙研究》（上），中央编译出版社2011年版，第282页。

主祀地位终于尘埃落定，成为定制。

孔子在世时相貌如何，后人只能借助古籍中的文字记录和后世流传的孔子遗像来遥想当年圣人的容颜。汉朝，孔子的画像已流传甚广，"孔庙中设像而祭，大致也兴起于汉代"[1]。魏晋时期，奉祀孔子的画像改为塑像。唐开元八年（720年），以官方形式确定祭祀孔子为塑像，这一传统一直持续到明嘉靖九年（1530年）。明世宗诏："首定南京国子监规制为木神主，仍度大小尺寸着为定式，其塑像即令屏撤。"[2]随后，除阙里孔庙大成殿保留孔子塑像外，其余文庙皆顺应上风，改塑像为木主，此诏令一直延续到清末，如今绝大部分文庙依旧沿用木主方式。

冠服属于封建礼制的重要范畴，与主人等级身份密切相关。因孔子生前不得志，故无缘贵族服饰。唐以前孔子服饰难以考证，当时他并未封"王"，故应着平民之服。唐开元二十七年（739年），追封孔子为"文宣王"，孔子应着王者之服方才得体，两京国子监和阙里孔庙遂改用王者冕服。北宋大中祥符二年（1009年），颁曲阜孔子像"冕九旒、服九章"[3]。崇宁四年（1105年），在国子司业蒋静建议下，"增文宣王冕十二旒，服十二章"[4]。元明二朝沿袭宋制。及至明嘉靖九年（1530年），削去孔子"王"号，作为"王"者才可享有的冕服制度随之解体。

孔子坐向体现出严格的等级制度。唐中期以前，孔子作为周公配享，一直坐西向东。即便在周公改为配享武王后，孔子坐西向东仍未更改，只是颜回替代了周公的位置。唐开元二十七年（739年），唐玄宗以南面为尊，遂诏"国子监、天下州县，夫子始皆南向，以颜渊配"[5]。自此之后，孔子居中而坐，坐北朝南的方式从未更改。需要指出的是，在风水学

① 董喜宁：《孔庙祭祀研究》，中国社会科学出版社2014年版，第105页。

② 耿素丽、陈其泰：《历代文庙研究资料汇编》第8册，国家图书馆出版社2012年版，第314页。

③ 耿素丽、陈其泰：《历代文庙研究资料汇编》第3册，国家图书馆出版社2012年版，第297页。

④ 耿素丽、陈其泰：《历代文庙研究资料汇编》第3册，国家图书馆出版社2012年版，第306页。

⑤ 耿素丽、陈其泰：《历代文庙研究资料汇编》第8册，国家图书馆出版社2012年版，第239页。

说影响下，因为一些地方文庙的朝向有所差异，故而孔子的坐向也会就庙而论因地制宜，出现坐西向东、坐南朝北等多种形式。

如今定州文庙孔子像位于大成殿正中的壁龛内，双手执镇圭、冕十二旒、服十二章，前设"至圣先师孔子"木主牌位。孔子像两侧有一对联："气备四时与天地鬼神日月合共德，教垂万世继尧舜禹汤文武作之师"，生动形象地概括出孔子比肩日月的德行与教化世人的伟业。孔子塑像上方悬挂康熙御书"万世师表"烫金蓝底匾额。

在古代，无论是祭天还是祭祖，配享之礼皆伴之始终，以众星捧月之势，衬托主祀人物之尊贵。四配作为文庙配祀的第一个等级，分列于孔子像两侧：右侧是宗圣曾子、亚圣孟子，俗称"西配"；左侧是述圣子思、复圣颜子，俗称"东配"。"四配"人选经过历朝不断筛选添加，尘埃落定于南宋咸淳三年（1267年），"帝诣太学，行舍菜礼，以颜渊、

定州文庙大成殿内孔子雕像

定州文庙大成殿内十二哲雕像

称为"述圣子思子"。

孟子，字子舆，名轲，故名孟轲。两宋时，孟子受到极大关注，被视为儒家"道统"的继承人，其所代表的孟学成为学术主流。宋高宗赞曰："道术既裂，诸子为书，既极而合，笃生真儒，教功论德，三圣之徒。"[①]北宋元丰六年（1083年），封孟子为邹国公。元丰七年（1084年），孟子正式进入配享之列。元至顺元年（1330年），加封邹国亚圣公。明洪武五年（1372年），朱元璋见《孟子》书中所言"土芥、冠寇之说"，认为其不是臣子应该说的，遂罢其配享资格。翌年（1373年），朱元璋赞扬孟子"辨异端，辟邪说，发明孔子之道"[②]，于是下诏恢复孟子配享。明嘉靖九年（1530年），改称"亚圣孟"。

十二哲作为孔庙配祀的第二个等级，东西相对，分列两侧。十二哲脱胎于"孔门四科之子"，即德行：颜回、闵子骞、冉伯牛、仲弓；言语：宰我、子宫；政事：冉有、季路；文学：子游、子夏。唐开元八年（720年），唐玄宗下诏以此十人从祀孔庙，"十哲"之定始于此。南宋端平二年（1235年），升子思于十哲之列，此时称为"十一哲"。咸淳三年（1267年），曾参、子思升为配享后，将子张作为替补，十哲恢复为十人。鉴于对儒学做出的巨大贡献，清康熙五十一年（1712年），增补朱熹从祀孔庙，开启孔门弟子之外人物享祀孔庙之先例。乾隆三年（1738年），有若增补为第十二哲，位于朱熹之上。至此，经过漫长的迁替与升祀，"十二哲"人员得以确定。下文将其分别略述。

东哲六位：

闵损，字子骞，鲁国人。侍母至孝，以德行称闻。宋高宗赞曰："天经地义，孝哉闵骞。父母弟昆，莫间其言。污君

① 耿素丽、陈其泰：《历代文庙研究资料汇编》第12册，国家图书馆出版社2012年版，第119页。
② 耿素丽、陈其泰：《历代文庙研究资料汇编》第12册，国家图书馆出版社2012年版，第120页。

不仕，志气轩轩。"①中年时期，不幸父亲病故，守孝期间恰逢鲁国战事，他不避时贤之议，领命服役，役罢而归，终身未仕。唐朝时受封费侯，宋朝时由琅琊公改称费公。

冉雍，字仲弓，鲁国人。早年拜孔子为师，曾跟随孔子周游列国，回鲁后曾担任季氏宰。他性格厚重缄默，以德行称。唐赐薛侯，宋改薛公。子贡评价曰："在贫如客，使其臣如藉，不迁怒，不探怨，不录旧罪，是冉雍之行也。"②

端木赐，字子贡，卫国人。天资甚高，颇善言辞。孔子周游列国期间，于卫国拜孔子为师。孔子逝世后，众弟子皆服丧三年，独子贡筑庐于冢上，六年而归。对其德行，宋高宗赞曰："谦德知二，器宝瑚琏，动心机先。"③

仲由，字子路，又称季路，鲁国人。有勇有谋，以政事称。孔子对其颇为倚重，由此后世有"颜渊问仁，子路问政"的说法。

卜商，字子夏，卫国人（一说为晋国人）。在文学上颇有造诣，深受朝廷器重，所谓"文学之目，名重一时。为君子侯，作魏侯师"④。尤其是对《诗》有深入研究，著有《诗序》。孔子将《春秋》口述给子夏，子夏授公羊高后一并给《春秋》作传，立功甚大。

有若，字子有，鲁国人。博闻强识，通晓礼乐，对《论语》成书做出巨大贡献。

西哲六位：

冉耕，字伯牛，鲁国人，与冉雍同宗。家境贫寒，以德行称闻。孔子周游列国时，始终伴随孔子左右。偶染恶疾后，孔子亲往探望，见其垂危，深为叹惜。

宰予，字子我，鲁国人。能言善辩，善于说辞，在与楚昭王的辩论中无形地阐释了"道行则乐其治，不行则乐其

① 耿素丽、陈其泰：《历代文庙研究资料汇编》第12册，国家图书馆出版社2012年版，第123页。

② ［清］王聘珍：《大戴礼记解诂》，中华书局2008年版，第108页。

③ 耿素丽、陈其泰：《历代文庙研究资料汇编》第12册，国家图书馆出版社2012年版，第125页。

④ 耿素丽、陈其泰：《历代文庙研究资料汇编》第12册，国家图书馆出版社2012年版，第128页。

身"的观点。

冉求，字子有，鲁国人。性情谦和，以政事称闻于世。他利用鲁国战胜齐国的契机，说服季康将孔子迎回。孔子晚年时，他一直侍奉于左右。

言偃，字子游，吴国人。曾任鲁国武城邑宰，善以礼乐教化大众，在江南地区被称为"南方夫子。"

颛孙师，字子张，陈国人。宽厚博雅，才高艺广，重视德行修养，以忠信著称。

朱熹，字无晦，南宋徽州婺源县人。十二哲中唯一一位非孔门弟子。他承接周敦颐、"二程"之说，为理学之大成者，其所宣扬的程朱理学成为封建社会后期的重要统治思想，其所著《四书章句集注》为元、明、清科举考试之纲，对古代教育产生了深远影响。

东西两庑的享祀

先贤、先儒分别作为文庙配祀的第三、第四等级，居于四配、十二哲之后，位于大成殿两侧的东西两庑内。由于享祀人员数量庞大，一般来说，先贤、先儒不设塑像，只放木主神位。先贤主要由孔门弟子组成，除了五位为宋代理学家外，其余则为战国以前的人物。先儒则主要包含对儒学做出过重大贡献的人，比较而言是变化最大的享祀等级。据《道光定州志》记载：

东庑奉祀39位先贤，他们是：蘧瑗、澹台灭明、原宪、南宫适、商瞿、漆雕开、司马耕、梁鳣、冉孺、伯虔、冉季、漆雕徒父、漆雕哆、公西赤、任不齐、公良孺、公肩定、邬单、罕父黑、荣旗、左人郢、郑国、原亢、廉洁、叔仲会、公西舆如、邦巽、陈亢、琴张、步叔乘、秦非、颜哙、颜何、县亶、乐正克、万章、周敦颐、程颢、邵雍。

西庑奉祀39位先贤，他们是：公孙侨、林放、宓不齐、公冶长、公皙哀、高柴、樊须、商泽、巫马施、颜辛、曹恤、公孙龙、秦商、颜高、壤驷赤、石作蜀、公夏首、后处、奚容蒧、颜祖、句井疆、秦祖、县成、公祖句兹、燕伋、乐欬、狄黑、孔忠、公西蒧、颜之仆、施之常、申枨、左丘明、秦冉、牧皮、公都子、公孙丑、张载、程颐。

东庑奉祀27位先儒，他们是：公羊高、伏胜、董仲舒、后仓、杜子春、诸葛亮、王通、陆贽、范仲淹、欧阳修、杨时、谢良佐、罗从彦、李侗、吕祖谦、蔡沈、陈淳、魏了翁、王柏、赵复、许谦、吴澄、胡居仁、王守仁、罗钦顺、黄道周、汤斌。

西庑奉祀26位先儒，他们是：谷梁赤、高堂生、毛苌、郑康成、范宁、韩愈、胡瑗、司马光、尹淳、胡安国、张栻、陆九渊、黄干、真德秀、何基、文天祥、陈澔、金履祥、许衡、薛瑄、陈献章、蔡清、刘宗周、吕坤、孙奇逢、陆陇其。

先贤、先儒的入选资格相对较低，故数量远远多于四配、十二哲，然而，人员的最终确定却经历过一个漫长的筛选过程，时常会出现罢祀、入祀、复祀等情况，例如：明嘉靖九年（1530年），朝廷认为范宁"学未显著"，遂罢去其从祀地位，改在本地乡贤祠奉祀。同年，吴澄因"忘宋事元"亦被罢祀。及至清代，范宁、吴澄又恢复了以前的从祀地位。为了厘定先贤、先儒名位，避免冒滥舞弊，在听取万县训导李译的建议后，明宣宗于宣德三年（1428年），"命礼部考证从祀先贤名位，颁示天下"[1]。从历史发展趋势来看，东西两

① 耿素丽、陈其泰：《历代文庙研究资料汇编》第8册，国家图书馆出版社2012年版，第301页。

庑奉祀的先贤、先儒均始祀于汉，正式确立于唐，经历过不同朝代的学术流变和政治变动，体现出不同的时代特色，展现出世风转换与时势变化，"因而文庙从祀制度也成为传统社会中政治与文化两股力量最耀眼的交点"[①]。

名宦祠与乡贤祠的享祀

位于定州文庙第一进院落中的名宦祠与乡贤祠分别奉祀在本地有政功的官员和有嘉言懿行的本地人士。各地名宦祠、乡贤祠奉祀人物、数量各不相同，大体而言，县文庙奉祀本县人物，府文庙奉祀本府人物，而"中山历代为北方重镇，名公循吏独多于他县。"[②]无论何种等级的文庙，后世之人皆将名宦与乡贤的履历和功绩放置于显耀之处，或刻在墙壁上，或挂于屏风上，以彰显其事迹，重温其高尚品格，勉励后人效法。

据《民国定县志》记载，共有84位名宦，他们是：李克、邓晨、郭汲、张郴、戴封、拓跋飔、元澄、李韶、杨津、苏淑、宋钦道、阳休之、宝毅、李元执、薛献、尹思贞、王竣立、谷从政、张孝中、王处存、吕端、李继隆、李继宣、裴济、李昭亮、曹璨、曹玮、袁继忠、高继勋、吴元厉、龙籍、赵滋、王德用、韩琦、蔡抗、冯行已、孙长卿、薛向、滕元发、吕公着、王严叟、黄宴、苏轼、刘奉世、韩忠颜、管师仁、陈遵、石皋、董俊、王善、史椽、史枢、萧拜、平安、耿裕、刘弘、常泰、官贤、倪玑、王诏、韩希龙、王禄、唐祥兴、张邦贵、刘悉、宋子质、陈新甲、陆文衡、胡震亨、张经、唐铉、王大年、张孔源、邱万化、董大信、黄开运、郭守璞、沈鸣皋、王仲槐、宝琳、王榕吉、刘

① 刘续兵、房伟：《文庙释奠礼仪研究》，中华书局2017年版，第100页。
② [民国]何其章：《定县志》卷10《文献志　职官》，成文出版社1934年版，第515页。

会璇、李璋、孙发绪。

以上名宦，为官一任，造福一方，受到历代定州士人的推崇与敬仰，例如：宝琳曾知定州八年，其任上整肃风气，重修古迹，编纂州志，深受定州百姓的拥护与爱戴。晚清重臣张之洞特为其刻碑，史载：

> 宝琳，字梦莲，满洲镶黄旗人，姓马佳氏。道光二十五年调任定州知州，任廉得州，著名讼昆，严行查究，一时闻风钦迹，民赖以安，州境清风。明月二镇，尝街衔娼赌，匪聚难除，公重治乡地，驱除净尽，地方肃清。又重修文庙，凡庙中宫、祠、坊、阁，一律新葺；祭仪、乐器悉遵古制，演造备齐。城内名贤各祠，城外山川社稷各坛废圮者，罔弗重加修理。挑浚州南河渠，本境临县，均免水患。纂辑州志，探访周详，考订精细，上下咸服，至今周民遗爱。同治六年，州民上其治行，得请于众春园韩苏公祠前建马佳君祠，南皮张文襄之洞为制碑文。[①]

据《道光定州志》记载，共有57位乡贤，他们是：田叔、田仁、刘子雍、刘佑、张钧、李康、刘琨、张忠、甄彬、李惠、刘策、张纲、郎苗、刘桃符、甄密、郎基、石曜、冯伟、李文博、崔廓、崔赜、崔仁师、魏唐卿、郎徐令、郭正一、赵冬曦、魏元同、齐瀚、阳城、程日华、陈楚、高赋、石皋、李偲、石琚、刘焕、王扩、王良、王恂、田忠良、张升、滕安上、王文渊、李琰、刘济、王卿、张镐、张涣、吴道直、施朝卿、李守贞、何三桀、郝大钫、郝浴、王禄、王世详、郝林。

① [民国] 何其章：《定县志》卷10《文献志　职官》，成文出版社1934年版，第554—555页。

定州文庙内名宦苏轼和乡贤郝浴

乡贤祠享祀的每一位定州人士都是取得一定功名或享有一定声望的知名人士，甚至有郝浴上下三代皆为乡贤的美谈佳话。后人理应知晓先辈事迹，理应以先辈为傲，理应追踵前贤，例如：后人应将李守贞孝顺父母、廉明职守的事迹铭记于心。据记载：

> 幼孤贫，力学，母病不解衣带。仲兄早卒乏嗣，遗资颇厚，贞悉畀其女。登万历己卯举人，丙戌进士，授沂水令，寻改滋阳令，以廉明称。有杀人贿证淫其事，复陷其子者，狱连年不能决。贞一，讯即伏，时号为神君。[1]

2005年，重修后的名宦祠与乡贤祠只保留有苏轼的塑像和郝浴的画像。

概言之，定州文庙名宦、乡贤二祠的奉祀人物虽未载入国家祀典，但绝非淫祠之类。二祠享祀人物都经过严格筛

① 定州市档案局编：《直隶定州志》卷11《人物 乡贤》，九州出版社2016年版，第15页。

查，大多是具有本地籍贯的名臣、孝子和忠良。"同崇祀于孔庙等其他地方的圣贤相比，名宦、乡贤更具体直接、亲近易感。"①文化上的一致性，人缘上的相亲性，地缘上的相近性，使本地士人对圣贤事迹耳濡目染，更易产生景仰羡慕之情，更能发挥感化后人的作用。

崇圣祠的享祀

为解决"尊卑失序""人伦倒置"的问题，践行儒家提倡的"君为臣纲，父为子纲，夫为妻纲"的伦理道德观念，明世宗于嘉靖九年（1530年）诏令天下建立崇圣祠。

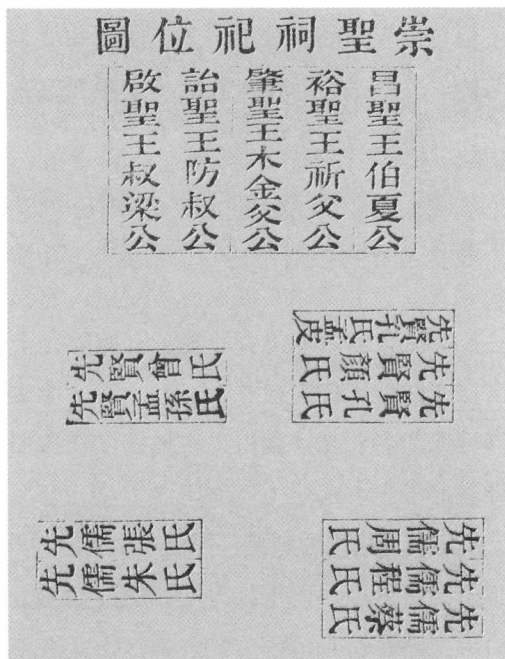

崇圣祠享祀图

（图片来源：耿素丽、陈其泰《历代文庙研究资料汇编》第8册，国家图书馆出版社2012年版，第32页）

① 赵克生：《明代地方庙学中的乡贤祠与名宦祠》，载《中国社会科学院研究生院学报》2005年第1期。

崇圣祠内主祀孔子五代先祖：叔梁纥（孔子之父，封启圣王）、木金父（孔子五世祖，封肇圣王）、祈父公（孔子高祖，封裕圣王）、防叔（孔子曾祖，封诒圣王）、伯夏（孔子之祖，封昌圣王）。配位先贤为：颜无繇（字路，复圣颜回之父）、曾点（字子皙，宗圣曾参之父）、孔鲤（字伯鱼，孔子之子，子思之父）、孟孙激（字公宜，亚圣孟轲之父）。东庑享祀有：周辅成（字伯大，周敦颐父）、程珦（字伯温，"二程"之父）、蔡元定（字季通，蔡沈之父）；西庑享祀有：张迪（字吉甫，张载之父）、朱松（字乔年，朱熹之父）。

作为厘定文庙祀典后增建的建筑，享祀人物全为木主神位，其摆放位置体现了不可僭越的儒家等级观念：五世祖肇圣王木金父位于崇圣祠正中，高祖裕圣王祈父公和祖父昌圣王伯夏位于东侧，曾祖诒圣王防叔和父亲启圣王叔梁纥位列西侧。五圣王前面奉祀孔孟皮、颜无繇、孔鲤；西面奉祀曾点、孟孙激。

魁星楼的享祀

定州文庙的享祀者，除了有四配、十二哲、先贤先儒、名宦乡贤、历代先祖外，还有主管一地文运的魁星。为了能够博取功名、光宗耀祖，本地儒生在参加科举考试前都要祭拜魁星。

定州文庙内的魁星，黑面赤眉，怒睁圆眼，身披黄袍，一脚向后翘起，一手捧斗，一手执笔，意在衡量人才、选取贤能治士。魁星站立在鳌头之上，寓意"魁星点斗、独占鳌头"。

除此之外，定州文庙享祀人物还有节孝祠内的节妇、孝子以及忠义孝悌祠内的忠烈之士。二祠因没有进入国家祀

定州文庙魁星楼内魁星塑像

典，故各地享祀人物各不相同。

　　总体而论，文庙内的享祀人物从单一的圣人孔子，逐步扩展到儒家学说的历代圣贤以及当地精英；奉祀方式从孔子弟子的自发行为上升至国家集中统一组织；奉祀特点从"半血缘性"发展到"非血缘性"。文庙祭祀已和中国古代社会相伴而行数千年，早已深深地进入中华儿女的血脉里，熔铸于华夏子孙的精神中。

自孔子殁后第二年，历经两千多年的发展演变，文庙祭祀活动逐渐成为一种舞蹈、乐章、仪注等诸要素齐备且由国家统一规定的祭祀制度，是中国传统社会中国家祀典的重要组成部分。

祭祀类别与祀期

根据设祭目的、祭祀时间、献祀人物不同，文庙祭祀活动可以分为不同类别，比如：释奠、释菜、告祭、行香、献功等。有的祭祀类别上古就有，顺应前世，无可厚非；有的根据需要而兴，世代更替，终于成礼；有的为常设之礼，固定祀期，历代相沿。"如此繁复的祭孔名目，既显示了祭孔形式的多样化，也反映了国家礼敬孔子之风的盛行。"[①]

释奠

释奠又名"丁祭"，是指春、夏、秋、冬四季仲月上丁日

① 董喜宁：《孔庙祭祀研究》，中国社会科学出版社2014年版，第374页。

举行的祭祀活动。古人将一年中的四季的每一季的三个月分别称为孟月、仲月和季月，仲月指每季第二个月。按照天干纪日法，首次出现丁日的称为"上丁"，具体指每年农历二月、五月、八月、十一月的第一个丁日。值得注意的是，丁祭日期并非一成不变，有的时候因为上丁有故，顺延改用中丁。例如：洪武七年，仲春上丁日食，改用中丁。①

释奠一词最早见于《礼记·文王世子》："凡学，春，官释奠于其先师，秋、冬亦如之。"又载："凡始立学者，必释奠于先圣先师，及行事必以币。"先圣、先师暂无法考证其为何人，但有一点可以肯定，"此时的释奠礼虽然肯定与'孔子'无关，却是一种与'学''教'有关的祭祀活动，这便为日后释奠礼与孔子祭祀合流奠定了基础"②。

作为文庙规格最高、常设性的祭祀活动，历代统治者皆十分重视释奠礼。为了表示最高统治者对祭祀活动的高度重视，唐高祖和唐太宗曾分别于武德七年（公元624年）二月和贞观十四年（公元640年）二月亲行释奠礼。皇帝无法抽身时往往遣官致祭，一般由国子监正、副官代表皇帝亲行释奠礼。州、县学行礼时则以最高行政长官为主祭官。唐贞观二十一年（647年），为了改变以学官为主的祭祀现状，提高献祀人员等级，厘定祭祀程序，唐太宗听取许敬宗建议，诏"国学释奠，令国子祭酒为初献，国子司业为亚献，国子博士为终献；其州学，刺史为初献，上佐为亚献，博士为终献；县学令为初献，丞为亚献，博士无品级，及以主簿及尉通为终献。给明衣，修附礼，令以为永则"③。明清时，释奠礼虽已成为祭孔礼仪的专有名词，却有冒滥之嫌。为了加强统一管理，方便中央、地方一体执行，统治者颁布释奠仪注，诏令全国通行。明洪武十五年（1382年），朝廷颁布诏

① 耿素丽、陈其泰：《历代文庙研究资料汇编》第8册，国家图书馆出版社2012年版，第297页。
② 刘续兵、房伟：《文庙释奠礼仪研究》，中华书局2017年版，第32页。
③ 耿素丽、陈其泰：《历代文庙研究资料汇编》第8册，国家图书馆出版社2012年版，第229页。

令"天下通祀孔子,并颁布释奠仪注,府、州、县学笾豆以八,器物、牲劳皆杀于国学。其祭以正官行之"①。这样便规范了释奠程序,上至京都,下到郡县,都有可以参照的蓝本。清代举行释奠礼时,要求在城的大小文武官员一律到文庙行礼。

根据享祀者的贡献大小不同,国家祭祀可以分为三等:大祀、中祀、小祀。等级不同,礼仪隆重程度也就不同。"释奠礼仪的地位因为行政等级不同而有所区别。若国学释奠为大祀,则州县释奠为中祀;若国学释奠为中祀,则州县释奠为小祀。"②国学释奠礼仪在国家祭祀体系中以中祀为主,据现有资料表明有两次升为大祀的记录。一是宋高宗绍兴十年(1140年),将国学孔庙释奠礼仪升为大祀,而州县学仍为中祀,所谓"复释奠文宣王为大祀,其礼如社稷,州、县为中祀"③。由"复"字可见,以前有过升为大祀的先例,只是缺乏资料,无据可考。宋宁宗庆元元年(1195年)降为中祀。二是清光绪三十二年(1906年),再一次升为大祀。随后,清朝国祚行尽,故昙花一现。

释菜

释菜,又名释采、舍采,一种以芹、藻为祭品的祭祀礼仪。作为学礼中的另一个重要组成部分,其存在远远早于祭孔历史,起初并非为孔子量身定制,后来才逐渐成为祭孔礼仪,所谓"凡祭孔,皆有释菜"④。

孔祥林先生认为,"释菜一词最早见于南齐升平二年"⑤。至于释菜礼何时被纳入文庙祀典,难以考证。南齐武帝永明三年(485年),由于永嘉之乱,礼乐失序,已经不知道行释菜礼时,伴奏配何种乐舞,献祀用何种祭品。时任尚书令王

① 耿素丽、陈其泰:《历代文庙研究资料汇编》第8册,国家图书馆出版社2012年版,第297页。
② 董喜宁:《孔庙祭祀研究》,中国社会科学出版社2014年版,第382页。
③ 耿素丽、陈其泰:《历代文庙研究资料汇编》第8册,国家图书馆出版社2012年版,第269页。
④ 刘续兵、房伟:《文庙释奠礼仪研究》,中华书局2017年版,第58页。
⑤ 孔祥林编著:《世界孔子庙研究》(上),中央编译出版社2011年版,第321页。

俭曰："释菜礼已废，今所行释奠礼而已。金石俎豆，皆无明文。"[1]可见，当时释菜礼已失传多年，没有流传下来。值得一提的是，北魏虽为少数民族政权，但完整地保留了释菜礼仪传统。天兴四年（401年），"太祖命乐师入学习舞，释菜于先圣先师"[2]。直到宋元时期，官方才正式掌握释菜礼的制定权。明清时进一步规范了释菜礼的行礼日期与献礼官员。明朝时，每月朔望祭酒以下行释菜礼。清代顺治年间，改为月朔及进士释褐时行释菜礼。之后，又将释菜礼进一步规范，厘定祭祀日期，规范献祀人物，确定祭祀陈设。国子监文庙"月朔释菜之礼，正献国子监祭酒，两庑以所属监丞、博士、助教、学正、学录分献。每案陈设菜、枣、栗各一，豆、炉各一，镫二"[3]。"释"有置放之意，"奠"也有置放之意，顾名思义就是直接将祭祀物品"菜"奠置于祭器中祭祀。为何古人偏偏要以"菜"为祭品进行祭祀？"这或许是由于古代'士见于君，以雉为挚；见于师，以菜为挚'的缘故。"[4]和释奠礼相比，释菜礼场面不及释奠礼隆重，祭品不及释奠礼丰富，等级不及释奠礼高贵，陈设不及释奠礼完备。除此之外，二者之间的差距还体现在释奠有乐伴奏而释菜无乐。虽简单至极，但从某种意义上讲，释菜之礼更能表现行献者的诚心敬意。

行香

行香，是指通过上香行礼的方式来祭祀，献礼方式为三跪九叩首。行香原本是礼佛的形式，后来演变为祭孔之礼仪。"按照各地习惯进行，一般是月朔行释菜礼，月望则行香。"[5]除此之外，行香较释菜礼更为简单，只是上香祭拜，不再献爵摆馔。

[1] 耿素丽、陈其泰：《历代文庙研究资料汇编》第8册，国家图书馆出版社2012年版，第218页。
[2] 耿素丽、陈其泰：《历代文庙研究资料汇编》第8册，国家图书馆出版社2012年版，第218页。
[3] 耿素丽、陈其泰：《历代文庙研究资料汇编》第8册，国家图书馆出版社2012年版，第375页。
[4] 刘续兵、房伟：《文庙释奠礼仪研究》，中华书局2017年版，第58页。
[5] 董喜宁：《孔庙祭祀研究》，中国社会科学出版社2014年版，第377页。

行香祭孔始于北宋。"淳化四年，从监库使臣请，先圣庙六衙朔望焚香"①。由此可见，当时的祭祀时期为朔日和望日，即每月的初一、十五这两天。明洪武十七年（1384年），依据行献官员身份不同，将行香和释菜给予区分。明太祖敕："每月朔望，祭酒以下行释菜礼，郡县长以下诣学行香。"②万历年间统一规定，国学及附府县学月朔行释菜礼，月望行上香礼。这样，释菜和行香的祀期得以区分。清顺治元年（1644年），清世祖定行香不摆设祭品，只上香行礼。月望行香时，国子监由司业任正献官，率僚属，着吉服，站位与释菜礼一致。典簿和典籍分献两序和两庑；另一助教则前往崇圣祠正殿上香行礼。直省、府、州、县学文庙由教授、教谕、训导等学官上香。

告祭

告祭是指国家发生重大事情时，皇帝遣官到文庙告知的祭礼，属于因事之礼，并无固定祀期。告祭肇始于唐代，乾封元年（666年）因追封孔子为太师、维修阙里孔庙及免除孔子嫡孙徭役之事，唐高宗派遣司稼扶余隆至阙里祝告。清朝时告祭次数最为频繁，名目也最为繁杂，包括平叛成功、皇帝登基、祈求丰收、册封皇子、维修孔庙、厘定祀典等，其中尤以乾隆一朝最多。高宗皇帝在位60年，共有16次遣官告祭，例如：清高宗纯皇帝甫一登基，便遣主管礼仪的太常寺少卿纳尔泰到阙里祭告孔子，一方面彰显对圣人的崇敬；另一方面则以"道统"为自己"正统"证明。史载：

> 文曰：仰惟先师道媲动华，功参天地，金声玉振，集圣贤之大成，韶舞夏时，开百王之至。

① 耿素丽、陈其泰：《历代文庙研究资料汇编》第8册，国家图书馆出版社2012年版，第250页。
② 耿素丽、陈其泰：《历代文庙研究资料汇编》第8册，国家图书馆出版社2012年版，第299页。

皇考隆师重道，礼仪备极。夫尊崇予小子，典学研经，诵法慎深。宜修展祀之仪，敬遣专官，虔申昭告，惟道德文章之要作。君兼懋夫，作师念修齐治平之规，后圣贯承。夫先圣仰祈，昭鉴启牖，文明祗焉。[1]

献功

献功是向先人或者上级报功。清朝以前，献功都是在太庙进行。清朝开启了献功于文庙的先河。有清一代，共有9次献功于文庙的记录，分别是：康熙二十年（1681年），平定三藩；康熙三十五年（1696年），平叛噶尔丹；康熙四十三年（1704年），平定朔漠；雍正二年（1724年），平叛青海；乾隆十四年（1749年），平定金川；乾隆二十年（1755年），平定准噶尔；乾隆二十四年（1759年），平定大小金川；嘉庆元年（1796年），平定西南诸匪；道光八年（1828年），平定回疆。[2]其中嘉庆二年，仁宗睿皇帝在平定湖南、黔楚匪党后献功于文庙，并恢复了临雍耕读、大阅诸典的惯例。祝词曰：

我国家庆洽升平，文修武备，叠举鸿仪，光昭盛轨。诸臣雍揄扬，抒诚胪颂，维时自当照例进程，诗赋以章太平之盛。[3]

祭祀陈设

祭祀陈设作为祭祀时必不可少的物品，在祭祀活动中发挥着重要作用，体现出严格的等级性。祭祀陈设主要由祭品和祭器组成。

① 耿素丽、陈其泰：《历代文庙研究资料汇编》第3册，国家图书馆出版社2012年版，第457页。
② 参阅孔祥林编著：《世界孔子庙研究》（上），中央编译出版社2011年版，第323页。
③ 耿素丽、陈其泰：《历代文庙研究资料汇编》第8册，国家图书馆出版社2012年版，第191页。

祭品

祭品主要包括牲劳、币帛、酒醴以及具有地方特色的物品。牲劳作为祭品最早和最主要的表现形式，始见于《汉书·本纪》："高帝行自淮南还，过鲁，以太牢祠孔子。"[1] 所谓太牢，即牛、羊、猪三牲备齐，是否还配有其他祭品，资料有限，无法考证。随着祭孔的常态化，祭品亦日趋多样性，犬、米和鸡也曾被当作祭品。一般而言，历代皇帝大都沿循高祖之制，京师和阙里祭孔牲用太牢。地方祭祀起初较为简单，地方官往往亲自出钱置办祭品。总体而言，"筹备祭品要本着必丰必洁的原则，丰洁既是内在诚敬之心的一种外在表现，也是量度诚意的一种外在尺度"[2]。如遇战乱，财力空虚，祭品就少得可怜，便不再那么讲求原则了。这点可以从战乱频繁的永泰元年（498年）南齐明帝诏修孔子庙的诏书中管窥得知。"诸侯顷岁以来，祀典陵替，俎豆寂寥，牲劳莫举。岂可以克昭盛烈，永隆风教者哉？"[3] 随着开元盛世的到来与《大唐开元礼》的颁布，祭品逐渐多样化和规范化，体现出严格的等级性。"两京牲用太牢，州县则牲以少牢。"[4] 明太祖洪武元年（1368年），诏定释奠仪式，确定地方祭品规格，"司、府、州、县、卫学提调官行事用少牢"[5]。从此关于祭品的设置中央和地方皆有章可循。清沿旧制，祭孔正位祭品等级最高，据《道光定州志》记载，为牛一、羊一、豕一、绫一、酒、太羹、和羹、黍、稷、稻、粱、藁鱼、鹿脯、栗、榛、荞、白饼、黑饼等。

从唐至元的很长一段时间内，孔子与配享所享受到的祭品完全一样，差别只体现在正、配位与从祀者之间。明清时期，伴随着孔庙祭祀体系的不断完善，配享、哲位、两庑的

① 耿素丽、陈其泰：《历代文庙研究资料汇编》第8册，国家图书馆出版社2012年版，第209页。
② 董喜宁：《孔庙祭祀研究》，中国社会科学出版社2014年版，第288页。
③ 耿素丽、陈其泰：《历代文庙研究资料汇编》第3册，国家图书馆出版社2012年版，第270—271页。
④ 耿素丽、陈其泰：《历代文庙研究资料汇编》第3册，国家图书馆出版社2012年版，第290页。
⑤ 耿素丽、陈其泰：《历代文庙研究资料汇编》第3册，国家图书馆出版社2012年版，第344页。

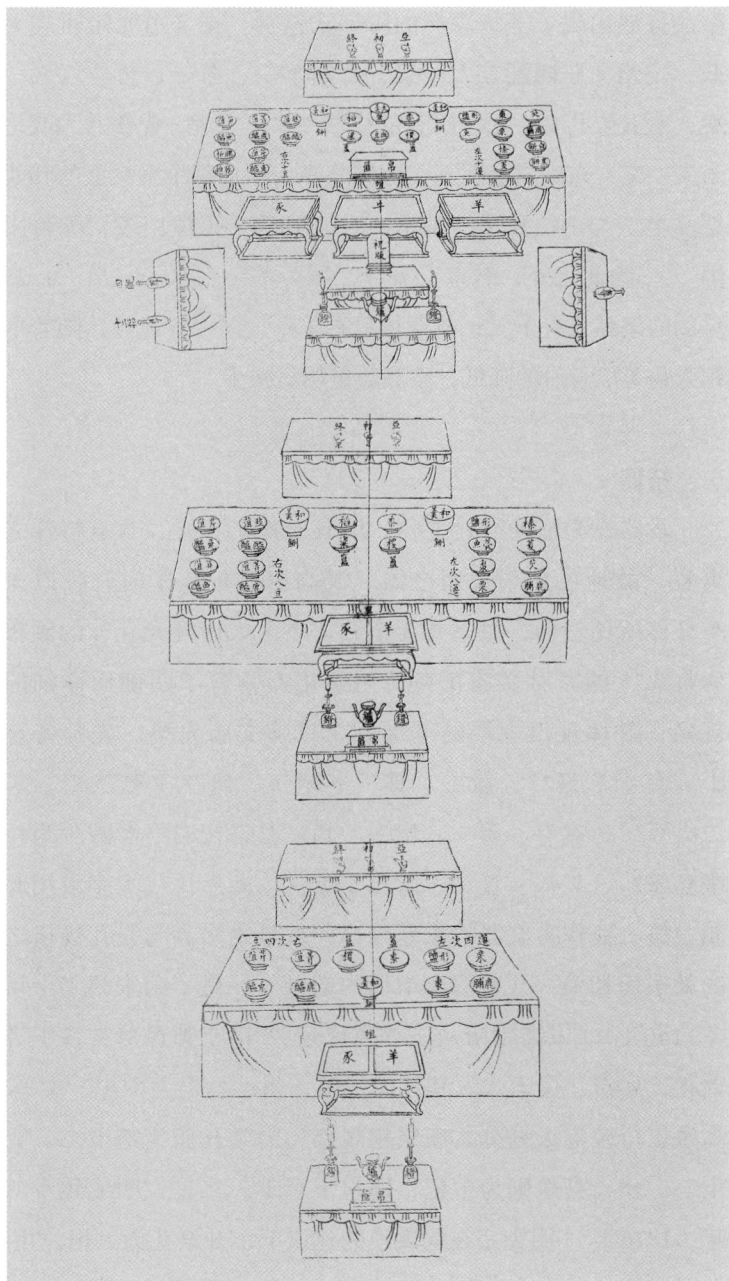

文庙正位、配位、哲位陈设图
（图片来源：耿素丽、陈其泰《历代文庙研究资料汇编》第12册，国家图书馆出版社
2012年版，第422、424、426页）

祭品待遇出现了等级森严的阶梯式差别。据《道光定州志》载，定州文庙四配二人一案，每案羊一、豕一；哲位六人一案，东五位共享一豕，西五位共享一豕；先贤、先儒八人或是十人一案，东庑共享一豕，西庑共享一豕。每个案桌上的其他祭品类型与正位孔子的基本一致，只是"正位用绫，配哲用绢"[①]。除此之外，名宦、乡贤二祠为羊一、豕一、帛一；魁星阁的祭品只有羊二；节孝祠只有羊一、豕一。显然，随着享祀人物等级身份的降低，祭品数量明显减少。

祭器

祭器作为辅助行礼之物，因其常接于鬼神，含有特殊之寓意，故地位高于日用之器。汉高祖祭祀孔子时，牲以太牢，然所用祭器，史书并无记载。以《大唐开元礼》的颁布为标志，国家对文庙祀典所用祭祀器物有了明确而详细的规定，并体现出森严的等级性。京师文庙先圣、先师各笾十、豆十、簋二、簠二、铏三、俎三、镫三。若从祀，笾二、豆二、簋一、簠一、俎一。州、县祭祀时祭器减少为每坐各笾八、豆八、簋二、簠二、俎三。此后历代大多沿用此制。笾、豆作为祭器的重要内容，数量之多寡与祭孔规格之高低密切相关，共有两次增加的记录。一是，南宋绍兴十年（1140年），宋高宗听从王普建议后，"诏京师释奠文宣王为大祀，加笾、豆十二。其礼如社稷，州、县仍为中祀"[②]。宋高宗以行政等级划分文庙祭祀规格，国学孔庙为笾十二、豆十二；州、县学则为中祀，即笾十豆十。二是，明成化十二年（1476年），明宪宗在周洪谟的建议下，升祭孔为大祀，"诏孔子庙笾、豆为十二"[③]。宪宗朝这次升祀无等级差别，十二笾、豆之数不仅适用于国学，也通行于天下府、州、县学。

① 定州市档案局编：《直隶定州志》卷17《政典 祭祀》，九州出版社2016年版，第25页。
② 耿素丽、陈其泰：《历代文庙研究资料汇编》第3册，国家图书馆出版社2012年版，第313页。
③ 耿素丽、陈其泰：《历代文庙研究资料汇编》第3册，国家图书馆出版社2012年版，第363页。

祭器除了数量上要顺应礼制外，形状、大小、材质也要合乎法度。为了规范全国之祭器，北宋大中祥符三年（1010年），朝廷"颁祭器图于诸路"①。从此，府、州、县学皆可依照制图规范祭器。鉴于资料有限，当时的祭器样式不得而知。况且此为一时之制，宋室南迁后，祭器图再无踪迹。传统祭器以竹、木、陶、锡、金等材料为之，然而木类易腐烂，土类易毁坏，竹类易折损，祭器毁坏或者破旧就必须埋藏。为了延长使用时间，提高耐用程度，明太祖于洪武四年（1371年）更定祭器材质，"簋、簠、镫、铏悉以瓷"②。不过后来，多趋向于用范铜铸造。清朝，全国文庙有了可以参照执行的祭器图。清乾隆十三年（1748年），皇帝看到阙里庙庭陈设礼器均为旧制，启銮回京后，"命工绘制，笾、豆、簋、簠之制，颁行于各直省，永垂法守"③。此图甚为翔实，不仅有图画标志，了然于目，旁边还用规范语言表述其材质、大小和功用，足见当时制度之完备，例如：笾，编竹为之。以绢饰裹顶及缘，皆涂以漆红色。通高五寸四分，深八分，口径四寸六分，足径四寸，盖高一寸九分，径与口同顶，正圆高四分。④

据《道光定州志》载，定州文庙孔子正位摆放的祭器数量最多，等级最高，尊一、白磁爵三、俎三、登一、铏二、簋二、簠二、笾十、豆十、镫二。随着享祀人物等级的降低，祭器在笾、豆和俎的数量上亦随之减少。四配祭器为尊一、白磁爵三、俎二、铏二、簋二、簠二、笾八、豆八、镫二。十二哲祭器更少，尊一、白磁爵三、俎二、铏一、簋一、簠一、笾四、豆四、镫二。崇圣祠正位祭器与四配一致，配位、从祀与十二哲一致。名宦、乡贤二祠祭器一样，爵三、笾四、豆四、镫二、簠二、香盘一。

① 耿素丽、陈其泰：《历代文庙研究资料汇编》第3册，国家图书馆出版社2012年版，第300页。
② 耿素丽、陈其泰：《历代文庙研究资料汇编》第3册，国家图书馆出版社2012年版，第347页。
③ 耿素丽、陈其泰：《历代文庙研究资料汇编》第3册，国家图书馆出版社2012年版，第533页。
④ 耿素丽、陈其泰：《历代文庙研究资料汇编》第8册，国家图书馆出版社2012年版，第341页。

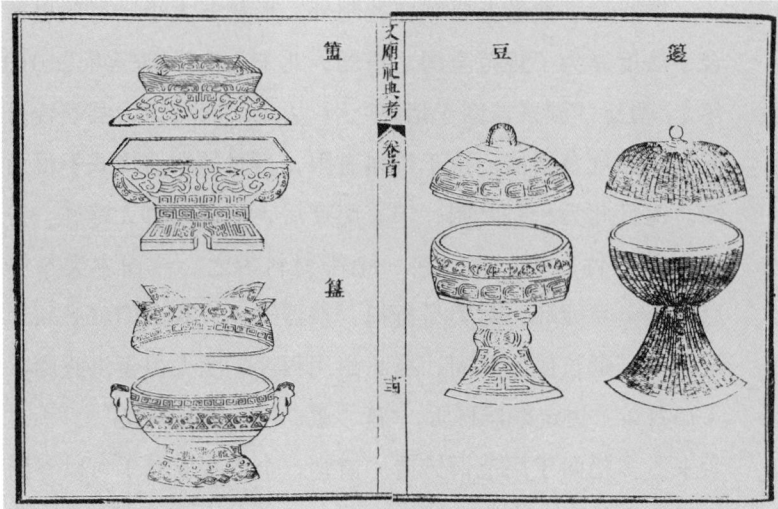

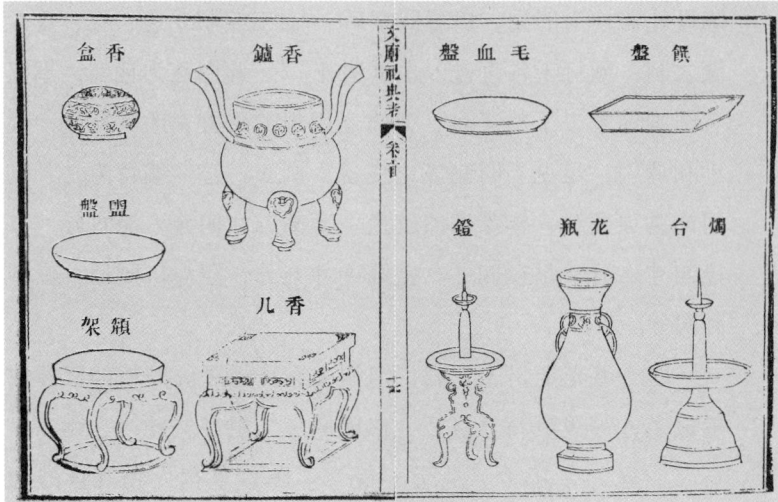

文庙祭器图

（图片来源：耿素丽、陈其泰《历代文庙研究资料汇编》第8册，国家图书馆出版社2012年版，第54、55、60、61页）

以上祭器皆置放于案上。除此之外，还包括案下使用的祭器，它们体积庞大，不易移动，包括太尊、云雷尊、牺尊、象尊、壶尊等。

值得一提的是，祭祀时还要使用不同的乐器，以配合不同的乐舞需要。据《道光定州志》记载，有编钟十六枚、编磬十六枚、琴二张、瑟二张、箫二管、笛二管、排箫二件、笙二攒、埙二个、篪二管、大鼓一面、搏拊鼓一面、柷一座、敔一座、麾幡二杆、旌节二杆、龙翟六十四柄、钥三十六管、凤箫二座、楹鼓一座、应鼓一座等。它们有的为石质，有的为丝质，有的则为竹制，有的为木质，有的为铜质等不同材质的乐器发出的音调自然不同。各种乐器只有按照统一指令，相互配合，才能古朴纯正、悦耳悠扬、八音齐全、金声玉振。

由此可见，定州文庙祭品与祭器的最终成型经历了漫长变革。无论祭品及祭器的种类还是数量，都体现着严格的等级制度，也体现着历代统治者对儒家学说的尊崇与景仰。祭祀陈设的选择与名称也充分彰显了行献者对圣贤的敬畏之心。

祭孔乐舞作为文庙释奠礼仪的重要组成部分，集歌、乐、舞、礼于一体，具有重大文化和艺术价值，是彰显中国古代祭祀特色的重要形式。歌者，为人之声；乐者，为器之音；舞者，为乐之容。三者齐备，一体实施，祭孔礼仪方称完备。作为"尊孔崇儒"的具体体现，各朝统治者对祭孔乐舞都十分重视，其曲调、歌词、舞谱、舞列、舞具的选择和使用均由特定部门统一规划编制，未经允许地方不得擅自改弦更张。

祭祀乐章

每一种艺术的发展都有明显的历史继承性，祭孔乐章也不例外。孔庙用乐肇始于汉元和二年（85年）阳春三月。汉章帝东巡至鲁，"祠孔子及七十二弟子于阙里，做六代之乐"[1]。作为从周代流传下来的大型成套古典乐舞——六代之乐，虽不是祭孔专用乐舞，但被视为古代礼乐的正统源泉，

① 耿素丽、陈其泰：《历代文庙研究资料汇编》第3册，国家图书馆出版社2012年版，第265页。

深刻地影响着儒家文化圈宫廷雅乐的制作与发展，并为祭孔乐舞的形成奠定了重要基础。杨荫浏先生认为，这些乐舞"是当时带有史诗性质的古典乐舞，其内容是颂扬各时期的最高统治者"①。其中尤以舜时的《大韶乐》和周武王的《大武乐》流传最广，影响最深。究其原因：一方面是，经过多年战乱，及至秦始皇统一九州时，只剩《韶》《武》尚存；另一方面是，《韶》和《武》分别作为文舞与武舞的代表，象征着统治者的文治与武功，每当改朝换代制作礼乐时，多以《韶》《武》为基调和范式。"《大韶》和《大武》二乐，也就成为后世释奠乐舞所遵循的蓝本。"②

古语有云："五帝殊时，不相沿乐。三王异世，不相袭礼。"礼乐是治民至善、移风易俗的重要手段，统治者在改朝换代后大都会对礼乐制度进行更新调整，发挥"以宣万物之豫，昭天地之和"③的重要作用。国学孔庙用乐始于南朝宋元嘉二十二年（445年），"皇太子释奠乐用登歌"④。经历漫长的积淀与发展，隋仁寿元年（601年）出现了文庙祀典的专用乐章，名为《诚夏》。歌词虽只有一章，却由五对四言韵语组成，朗朗上口，韵律十足。据载：

> 经国立训，学重教先；三坟肇册，五典留篇；开凿理着，陶铸功宣；东胶西庠，春诵夏弦；芳尘载仰，祀典无骞。⑤

从词文可以看出，在统治者的授意下作者对先圣先师丰功伟绩的歌颂与敬仰之情。

唐代作为孔庙乐舞的大发展、大繁荣时期，起初沿用隋制。唐武德九年（626年），唐高祖诏定宫廷雅乐，取大乐与天

① 杨荫浏：《中国古代音乐史稿》，人民音乐出版社1981年版，第10页。
② 刘续兵、房伟：《文庙释奠礼仪研究》，中华书局2017年版，第65页。
③ 耿素丽、陈其泰：《历代文庙研究资料汇编》第6册，国家图书馆出版社2012年版，第87页。
④ 耿素丽、陈其泰：《历代文庙研究资料汇编》第3册，国家图书馆出版社2012年版，第268页。
⑤ 耿素丽、陈其泰：《历代文庙研究资料汇编》第3册，国家图书馆出版社2012年版，第277页。

地同和之意，制"十二和"，以法天地之成数。贞观二十一年（647年），乐章逐渐增多，贯穿于祭孔各道程序。开元二十二年（734年），唐玄宗诏，"撰释奠乐章，乐用姑洗之均，增三和为十五和，释奠用宣和"[①]。从此，祭祀乐章由原来的"十二和"变为"十五和"，释奠也有专用乐章——《宣和之乐》。

宋太祖建隆元年（960年），宋太祖亲视学诣孔子庙，释奠用永安之乐。"然惟亲祀用，宫廷司摄事止登歌而已。"[②]可见，《永安之乐》的使用有等级限制，并非释奠皆可用，惟皇帝亲祀专用。宋朝崇尚文治，后世诸帝，皆有所为，典型的代表为创作于宋仁宗景祐年间的《凝安之乐》和成型于宋徽宗大观年间的《凝安九成之乐》。

金人初取汴京，始沿用北宋之乐。世宗大定十四年（1174年），改为唐制，更定雅乐名为"太和"。同年，"定释奠乐章，乐用登歌，定乐曲以宁名"[③]。自此，金朝祭孔每个乐章皆以"宁"字命名。

元朝是祭孔史上使用乐章最多、宫调最为复杂的一个朝代，全部乐章交替使用了七种宫调。元初释奠沿用金朝遗乐，成宗大德十年（1306年），以北宋大晟乐为蓝本，定《圣宣乐章》，每个祭祀程序都以"安"命名。

明初雅乐为《中和韶乐》，释奠仍用元朝大成登歌，共分六章九奏，皆以"和"命名。在江帆、艾春华看来，"这套乐章实际上是采取了宋代乐章之辞，令谱新曲而成"[④]。可见，宋朝大晟乐影响之深远，不仅被元朝所沿用，而且还被明朝所继承。洪武二十六年（1393年），"颁大成乐于天下"[⑤]。从此，上至阙里与国学，下到郡县之学，祭孔皆用乐。嘉靖九年（1530年），孔子不再称王，遂将歌词里的"王"全部替换

① 耿素丽、陈其泰：《历代文庙研究资料汇编》第3册，国家图书馆出版社2012年版，第286页。
② 耿素丽、陈其泰：《历代文庙研究资料汇编》第3册，国家图书馆出版社2012年版，第293页。
③ 耿素丽、陈其泰：《历代文庙研究资料汇编》第3册，国家图书馆出版社2012年版，第318页。
④ 江帆、艾春华：《中国历代孔庙雅乐》，中国国际广播出版社2001年版，第41页。
⑤ 耿素丽、陈其泰：《历代文庙研究资料汇编》第3册，国家图书馆出版社2012年版，第350页。

为"师"。

清朝作为另一个最为重视宫廷雅乐制作的朝代，分别于顺治、康熙和乾隆年间，颁布了三个祭祀乐章，均以"平"命名，取天下太平之意。值得一提的是，乾隆八年（1743年），高宗皇帝"命廷臣增撰郡、县及阙里春秋四时旋宫之乐"[①]。《旋宫之乐》的结构、曲名与康熙时的《中和韶乐》相同，但乐章的歌词完全是创新的，更为重要的是改变了一套乐章通行天下的局面，即国学释奠专用一套，阙里及各直省、府、州、县另外颁发一套。

据《道光定州志》记载，定州文庙采用乾隆八年（1743年）更定的《旋宫之乐》。"迎神乐曰昭平，初献曰宣平，亚献曰秩平，终献曰叙平，撤馔曰懿平，送神曰德平。"[②]演奏乐曲时，八音齐全、古朴纯正、典雅悠扬、金声玉振。

综上可见，无论是唐朝的"和"、宋朝的"安"、金朝的"宁"，还是元朝的"安"、明朝的"和"、清朝的"平"，历代文庙祭孔乐章的名称、内容、用法各具特色，皆取自经典，都蕴含深意，以显一代之名。然而，"曲调旋律却变化不大，歌诗内容也以赞颂孔子功德为主，基本保持了六代之乐中《韶》《武》二乐的基调"[③]。

祭祀舞蹈

祭祀舞蹈作为一种肢体语言，与乐章、歌声相伴而行，是重要的艺术表现形式。配合着有规律、有节奏的乐动旋律，舞人整齐划一、刚柔并济地挥舞手中的道具演绎"中、和、雍、孝、友、祗"的社会美德，传达"至哉圣师，克明明德，木铎万年，惟民之则"的崇儒精神。如果说声乐能触

---

① 耿素丽、陈其泰：《历代文庙研究资料汇编》第3册，国家图书馆出版社2012年版，第362页。
② 定州市档案局编：《直隶定州志》卷17《政典 祭祀》，九州出版社2016年版，第37页。
③ 刘续兵、房伟：《孔庙释奠礼仪研究》，中华书局2017年版，第67页。

动人的听觉的话，那么舞蹈便可冲击人的视觉。杜佑将二者的关系阐释得淋漓尽致："夫乐之在耳曰声，在目者曰容。声应乎耳，可以听知；容藏于心，难以貌观。"[1]

国学祭孔用舞起始于北魏天兴四年（401年），"魏道武帝命乐师入学习舞，释菜于先圣先师"[2]。然而，并没有记载乐师学习何种舞蹈与形式。南齐永明三年（485年），"诏释奠先师设轩县之乐，六佾之舞"[3]。这规定了文庙释奠乐舞，标志着孔子庙堂上集歌、乐、舞于一体的大型祀典得以成型。

佾舞作为儒家礼仪规制的重要表现形式，与历代统治者尊崇孔子的程度密切相关。大体而言，文庙祭孔舞蹈多用六佾，只有三次升为八佾的记录。第一次发生于明成化十三年（1477年），"诏孔子庙乐舞八佾"[4]。祭孔升为大祀后，为了配合礼乐的升高，国学祭孔采用八佾舞，郡县仍为六佾舞。嘉靖九年（1530年），厘定文庙祀典后，降为六佾舞。第二次发生于清光绪三十二年（1906年），定释奠为大祀，采用八佾舞。数年之后，清朝国祚行尽，其实施程度，后人可想而知。第三次发生于1914年，民国政府定释奠孔子为大祀，恢复了八佾舞。随后，新文化运动呼啸而来，故也昙花一现。

与其他宫廷雅乐一样，祭祀舞蹈分为两类，一类曰文舞，一类曰武舞。文舞歌颂君王的文治，武舞赞扬帝王的武功。文舞、武舞的舞具各具特色，表现不同舞姿。文舞的道具为羽和钥，展示恭谦揖让的文德之容；武舞的道具为干和戚，表现声势凌厉的威猛之态。孔庙释奠用舞情况各朝不尽相同。唐朝先文后武，有序进行，文舞在迎神至初献、饮福阶段使用；武舞在亚献至送神阶段表演。宋代的大乐对前朝用舞稍加损益后，形成了文舞《天纵将圣之舞》与武舞《无思不服之舞》。文舞三成，从迎神开始；武舞亦三成，从亚献

---

① ［唐］杜佑：《通典》卷145《舞》，浙江古籍出版社1988年版，第3705页。

② 耿素丽、陈其泰：《历代文庙研究资料汇编》第3册，国家图书馆出版社2012年版，第362页。

③ 耿素丽、陈其泰：《历代文庙研究资料汇编》第3册，国家图书馆出版社2012年版，第362页。

④ 耿素丽、陈其泰：《历代文庙研究资料汇编》第3册，国家图书馆出版社2012年版，第363页。

文庙乐舞图

（图片来源：耿素丽、陈其泰《历代文庙研究资料汇编》第8册，国家图书馆出版社2012年版，第65页）

开始。二舞流传甚远，多被后代所沿袭。明代只有文舞，从初献到终献都有伴舞。清光绪三十二年（1906年），祭孔升为大祀后，恢复了文、武舞并用的做法。

舞人作为舞蹈的表演者，最能体现舞蹈的魅力与特色，其人员体现出平民化与规范化的特点。早在周朝，一般只有贵族阶级才有习舞的机会。汉从周制，宗庙祭祀时只有品官嫡子才能充当舞人。及至宋代，舞人已几乎全部由倡优担任。清乾隆五年（1740年），朝廷对佾舞生的选拔标准有了明确规定："务令州、县会同教官，考选本籍俊秀、通晓音律、娴习礼仪者，方准充补。"[1]可见，本地籍贯、仪容相貌、礼仪规矩、宫调乐律是选拔舞生的四大标准。只有按照这样的标准，选拔出的佾舞生才能在祭孔舞蹈中展现出令人艳羡的一幕。然而，佾舞生一般为童生，在功名利禄、光宗耀祖思想的影响下，他们往往蠢蠢欲动、跃跃欲试。同年，为了安抚他们静心练舞，"免其府、县两试，由教官册送府、县，叙入考案之后，申送院考，咨文录取"[2]。舞生不再参加府、县两试，可直接参加院试，这为他们潜心练舞解除了后顾之忧。

道光年间，内忧外患，山河破碎，礼乐崩坏。直隶地区，除保定、天津两郡学外，其余文庙乐舞皆废，学校无法按照正常标准提供佾舞生。道光二十九年（1849年），州牧宝琳致函天津大令王兰广，聘请定籍人士王君修来定教习佾舞。他"兼通音律，讲明器数，择巧匠铸金，琢石植土，剖截桐竹，制羽钥器"[3]，最后，"递成而仪渐熟，盖彬彬乎已见声容之盛矣"[4]。至此，定州文庙乐舞恢复如初。

① 定州市档案局编：《直隶定州志》卷19《政典 学校》，九州出版社2016年版，第8页。
② 定州市档案局编：《直隶定州志》卷19《政典 学校》，九州出版社2016年版，第9页。
③ 定州市档案局编：《直隶定州志》卷22《定州学宫复乐记》，九州出版社2016年版，第41页。
④ 定州市档案局编：《直隶定州志》卷22《定州学宫复乐记》，九州出版社2016年版，第41页。

祭祀的程序

文庙祭祀程序肇始于两汉，成型于魏晋，完备于盛唐，成熟于明清，经过历朝历代的不断发展与完善，终成为一种高度程序化的仪程。各地文庙祭孔仪程大致相同，以初献、亚献、终献为核心骨架，剩余程序只不过稍加损益而已。"正是通过文庙祭祀仪程的制定，历代皇权对孔子儒学的认同和推崇得到体现。"[1]定州文庙祭祀程序以时间节点可分为祭前准备和祭祀过程两部分。

祭前准备

由于祭祀礼仪的隆重与繁杂，祭前各项工作的准备就显得尤为必要。一般而言，祭前准备包括置办牲醴、摆放器物、乐舞排练、清扫庙庭、斋戒备敬等。不同等级的文庙，进入筹备状态的时间就不一样。国学释奠，祭日五天前须着手准备；州、县学释奠，祭日三天前才着手准备。

---

[1] 刘续兵、房伟：《孔庙释奠礼仪研究》，中华书局2017年版，第63页。

斋戒

祭前三日。献官、陪祭官及诸执事，咸沐浴更衣，散斋二日，各宿别室。致斋一日，同宿祭所。沐浴、斋戒是为了涤荡人间之污浊，以获得身心纯净，使祭者精神全部贯注于对祭祀对象的回忆与追思中，产生如见其人、如闻其声、如临其境的幻觉，进而能畅通无阻般最大限度地接近享祀人物。

设位与清扫

祭前二日。地方官率教官，清扫庙庭内外，填平沟壑，设县令以下位次于棂星门左侧，并于旁边置鼓。又在棂星门右侧偏东方向设榜亭一座。最后在下马碑东西二十步外，各列一牌，禁止人员往来。这样就给祭祀活动营造了安静与肃穆的氛围。

就位与演练

祭前一日。辰刻①，学官在掌器的带领下，从礼库中取出祭器，陈列于明伦堂前，设香案于神庖房外。

日午②，地方官携陈设官恭捧祝版，主祭、同祭各官，携执事生姓名榜、行礼位次图至学宫，并将祝版置放于祝案前。诣至圣先师神位前上香行一跪三叩首礼，之后至明伦堂前，查看祭器清洗与摆放情况。执事官聚集于堂之左右，工歌陈乐聚集于堂之前楹，乐舞生各具服装、执羽带钥，聚集于堂之阶下。

申刻③，主祭官至明伦堂升座，各官依次三揖后，主祭官起身，查看祭品、祭器，后进神庖检查牲畜情况。执事者将牲畜迁到香案前，查看体质并无异常后将其宰杀。各坛执事生将毛血盛放于毛血盘内，剩余毛血在祭祀结束后就地掩埋。之

---

① 中国古时把一天划分为十二个时辰，每个时辰相当于现在的两小时。辰刻相当于现在的早上七时。
② 相当于现在的中午十二时。
③ 相当于现在的下午三时。

后，主祭官复位，各官依次就座。在赞礼生的邀请下，按照祭祀当日程序演礼，而人员皆遣官替代。乐舞生也按照祭祀当日程序演乐。演出毕，主祭官起身行，各官随之而出。

由此可见，祭孔是一件十分严肃、庄重的仪式，在地方统治者的政治生活中可谓大事、盛事。只有精益求精、万事俱备才能呈现一场别开生面的祭祀大典。

祭祀过程

为了规范文庙的祭祀活动，从唐朝开始就颁布祭祀仪注。《大唐开元礼》中的四个释奠仪注，奠定了后世祭孔礼仪之根基。北宋大中祥符三年（1010年），"颁释奠仪注于诸路，太尉、太常和光禄卿充三献官"[1]。这提高了国学释奠三献官的级别，而州、县并无变化。明洪武十五年（1382年），朱元璋"诏天下通祀孔子并颁释奠仪注"[2]。这让天下文庙祭孔皆有章可循、有法可依。一般而言，国子监以祭酒、司业、博士为三献；省会府学文庙以总督或巡抚为正献，道元二人分献两序，知府、同知各一人分献两庑；其他府、州、县均以正官为正献，副官分献两序、两庑。祭祀当日，在城的大小文武官员都要陪祭。

定州文庙的祭祀程序与其相同等级的文庙大体相同，主要有以下六个步骤：

迎神

正祭日，正献官、分献官、陪祭官率僚属穿祭服、待正位。鼓[3]初严，遍燃庭燎香烛；各官立于牌位下；鼓再严，正献官、分献官、陪祭官俱起立，整理衣冠，面带微笑。赞引

---

[1] 耿素丽、陈其泰：《历代文庙研究资料汇编》第3册，国家图书馆出版社2012年版，第300页。
[2] 耿素丽、陈其泰：《历代文庙研究资料汇编》第8册，国家图书馆出版社2012年版，第297页。
[3] 鼓，摆放于阶上。入庙时先击三通为三严。奏乐时，随节奏击之。

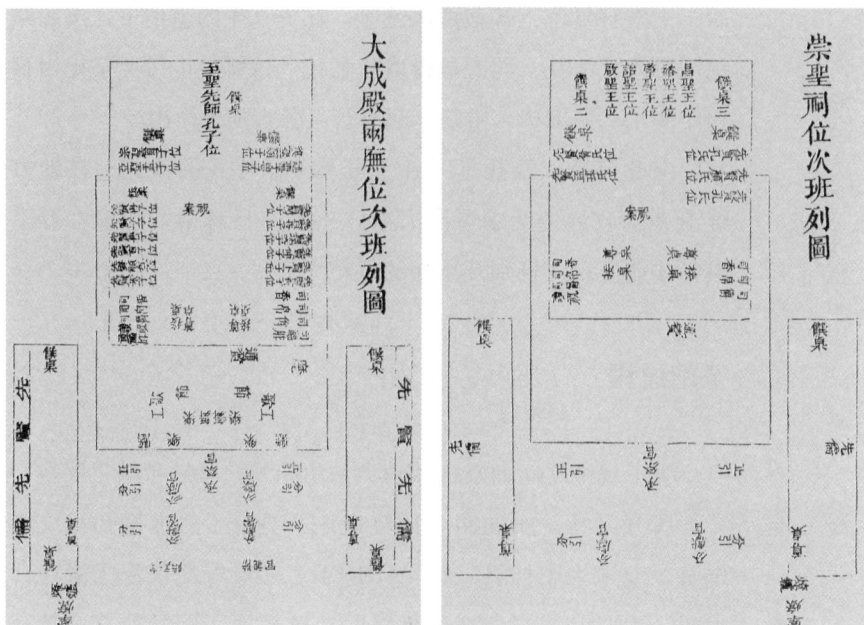

文庙大成殿、崇圣祠位次班列图

（图片来源：耿素丽、陈其泰《历代文庙研究资料汇编》第12册，国家图书馆出版社2012年版，第575、591页）

先入就位。各执事生依次序入，站于东西阶下。乐舞生序立于丹墀两侧；鼓三严，赞引、分赞、傅赞分别引导正献、分献及陪祭人员候于大成门外。文官至左门，武官站右门。通赞唱："乐舞生就位！"两司节分别引领三班佾舞生从东、西侧门进入，立于佾台之上。之后，两司节分别退至各班佾舞生之首，相向而立。通赞又唱："执事生就位！"执事生各就各位，各司其职。司尊者，就尊所立。助献生分东、西阶上，进殿左、右门，分侍拜次左、右后，立正。通赞再唱："陪祭官就位！"大小官员由傅赞引领，文左武右，由大成门入内，至拜位后，傅赞退。通赞又唱："分献官就位！"分赞引分献官从大成门入，文左武右，至拜位后，分赞退，东西相向立。通赞再唱："献官就位！"赞引领正献官至拜位后，赞引退，东西相向立。通赞唱："瘗毛血！"正殿执事生从中门入，四配、十二哲、东西两庑执事生由左右两门入，双手捧毛血盘，置于坎中，开启俎盖。通赞唱："迎神！"舞生右手执翟，左手执钥。[1]麾生举麾[2]。唱乐官高呼："举迎神乐！奏昭平之章！"随后传来悦耳悠扬、整齐划一、浑然天成、饱含深意的乐音。"大哉孔子，先觉先知。与天地参，万世之师。祥征麟绂，韵荅金丝。日月既揭，乾坤清夷。"通赞唱跪："跪！"正献官及以下皆跪，行三跪九叩首礼。平身后，献官俱拜毕。乐止，麾生偃麾，乐生击敔[3]。

初献

通赞唱："行初献礼！"捧帛者、执爵者至献官前。唱乐官高呼："举初献乐！奏宣平之章！"麾生举麾，乐生击柷[4]，司节扬节，歌声响起。工歌唱："予怀明德，玉振金声。生民未有，展也大成。俎豆千古，春秋上丁。清酒既载，其香始升。"唱乐官高呼："奏宣平之舞！"舞生执钥秉翟而舞。唱："诣盥洗所！"引各献官至盥洗所，司盥捧盆。唱："进水！进巾！"献官盥手，盥毕进巾。引赞唱："诣酒尊所！"引各献官至酒尊所。唱："司尊者，举幂酌酒！"执帛者捧帛，执爵者捧爵，引正献官由东阶上左门入大成殿。引赞唱："诣至圣先师孔子神位前！"麾生举麾。唱："跪！"各献官跪。唱："献帛！"捧帛者转身向西面跪下，进帛于献官，献官受帛后奠神位前。引赞唱："献爵！"司爵者转身向西面跪下，进爵于献官，献官受爵后进于神前案上。引赞唱："叩首！兴！诣读祝位！"引献官至庙中香案前祝位。麾生偃麾，乐生击敔，读祝者举祝版，跪。通赞唱："分献、陪祭各官皆跪！"众官皆跪。引赞唱："读祝文！"正献官宣读祭文：

---

[1] 待命时，翟，用右手纵执之；钥，用左手横执之。伴舞时，翟纵、钥横齐眉执之为"执"，起之齐目为"举"，平心执之为"衡"，尽手向下执之为"落"，向前正举为"拱"，向耳偏举为"呈"，钥、翟横两分为"开"，钥、翟纵两加为"合"，钥、翟纵合如一为"相"，分手向下为"垂"，两执相接为"交"。所谓"执钥秉翟"，右手在外，左手在内。

[2] 麾，起乐器。麾生执之，则升龙见；偃之，则降龙见。

[3] 敔，古乐器，每奏一曲之终，持籈于龃龉上横刮之。凡三次，以止众乐。

[4] 柷，每奏一曲之始，便举之撞底一声，次击左旁，再击右旁。凡三，以举众乐。

惟先师德隆千古，道冠百王。揭日月以常行，自生民所未有。属文教昌明之会，正礼乐和节之时，辟雍钟鼓，咸恪荐于馨香，泮水胶庠，益致严于俎豆。兹当仲（春）秋，敬修祀事。以复圣颜子、宗圣曾子、述圣子思子、亚圣孟子配尚飨。①

　　祭祀中的读祝为整个祭祀活动的点睛之笔，其将祭祀的主旨大意点出，使行礼者对享祀者的崇敬之情升华为对祭祀对象所倡导的儒家理论、所标榜的道德规范的深刻认同，从而引导后人见贤思齐。读祝毕，奏乐。麾生举麾，无伴唱。乐生接奏未终之乐。读祝者将祝版跪放于祝案上，退至堂之西面，立正。通赞、引赞同唱："众官皆兴！"众献官平身。引赞唱："诣复圣颜子神位前！"引领正献官于颜子案前立。唱："跪！献帛！献爵！"曾子、子思、孟子，礼仪如前。十二哲位、东西两庑分献官于正献官读祝后行礼。通赞唱："行分献礼！"各分赞领各分献官至神位前行礼，与正献官仪式相同。初献礼毕后，唱："复位！"引正献官自殿右门出，从西阶下。麾生偃麾，乐终击敔，司节伏节②，舞生罢舞。

亚献

　　亚献礼紧随初献礼进行。通赞唱："行亚献礼！"赞引诣献官前。唱乐官呼："举亚献乐！奏秩平之章！"麾生举麾，乐生击柷，司节扬节，歌声响起。工歌唱："式礼莫愆，升堂再献。响协鼓镛，诚孚罍斝。肃肃雍雍，誉髦斯彦。礼陶乐淑，相观而善。"通赞唱："奏秩平之舞！"舞生执钥秉翟，按节而舞。引赞唱："诣至圣先师神位前！"引献官至神位前献爵

① 定州市档案局编：《直隶定州志》卷17《政典·祭祀》，九州出版社2016年版，第27页。
② 节，领舞者，司节执之，引舞生分列东西，立于舞生之首。三献时，东司节扬节，乐起；西司节折节，乐止。

之礼。惟不献帛，不读祝文。四配、十二哲、东西两庑与前同。亚献礼毕后，通赞唱："复位！"引正献官、分献官复位，如前仪注。麾生偃麾，乐终击敔，司节伏节，舞生罢舞。

终献

亚献礼仪结束之后，通赞唱："行终献礼！"赞引诣献官前。唱乐官呼："举终献乐！奏叙平之章！"麾生举麾，乐生击柷，司节扬节，歌声响起。工歌唱："自古在昔，先民有作。皮弁祭菜，于论思乐。惟天牖民，惟圣时若。彝伦攸叙，至今木铎。"通赞唱："奏叙平之舞！"舞生执钥秉翟，按节而舞。引赞唱："诣至圣先师神位前！"引献官升阶，献爵如前仪。惟执爵者不出庙外，俱庙内两旁立，等候撤馔。通赞唱："饮福受胙！"进福酒者执爵，进福胙者捧盘，立于祝案东。执事者，取正坛羊左肩胙，置放于盘中。又令一执事立案西侧。引赞唱："引福受胙位！"赞引领正献官由左门入至祝位前。引赞唱："跪！"献官跪。引赞唱："饮福酒！"东面执事，手捧福酒，跪进于献官，饮毕。西面执事，双手捧爵，跪进于献官。引赞唱："受福胙！"礼仪同饮福酒。接胙者捧胙由中门出。值得一提的是，这里的"福"和"胙"已经不再是普通的食物，而是带有儒家神圣光环的文化符号。"赐福颁胙"将这一神圣性的物品传导给接受者，从而让接受者体会到儒家学说的博大精深与深刻内涵。引赞唱："叩首！"献官磕头。唱："兴！"献官平身。再唱："复位！"引赞领献官至原拜位。通赞唱："谢胙！"行一跪三叩首礼。唱："兴！"献官俱拜毕。

撤馔

终献礼完毕后，进入撤馔流程。通赞唱："撤馔！"唱乐官呼："举撤馔乐！奏懿平之章！"麾生举麾，乐生击柷作乐，舞生直执其钥而无伴舞。工歌唱："先师有言，祭则受福。四海黉宫，畴敢不肃。礼成告彻，毋疏毋渎。乐所自生，中原有菽。"执事者各于神案前将笾豆稍移，仍复原位。乐止，麾生偃麾，乐生击敔。

送神

通赞唱："送神！"唱乐官呼："举送神乐！奏德平之章！"麾生举麾，乐生击柷作乐，舞生直执其钥而无伴舞。工歌唱："凫绎峨峨，洙泗洋洋。景行行止，流泽无疆。聿昭祀事，祀事孔明。化我蒸民，育我胶庠。"司节在东者，至东班舞生之首；司节在西者，至西班舞生之首。举节朝上，分引东西舞生于甬道，东西依次，序相向立。通赞唱："三跪九叩首！"献官俱拜。唱："兴！"献官平身。麾生偃麾，乐生击敔，乐止。通赞唱："读祝者捧祝！司帛者捧帛！司馔者举馔！"读祝者先跪，取祝文。司帛者次跪，取帛。司馔者举馔，俱向外立。唱："各诣瘗所！"主祀由中门出，左配左哲由殿左门出，右配右哲由殿右门出，两庑各由其门出。之后，随执事生往瘗所，跪于瘗坎之西。通赞唱："望瘗！"麾生举麾。唱："诣望瘗位！"各赞引正献、分献、陪祭各官至瘗坎立。通赞唱："焚祝帛！瘗馔豆！"瘗坎东西各执事生举牲醴及馔向前，毛血瘗毕。通赞唱："复位！"众官复位。唱："乐止！"麾生偃麾，乐生击敔。通赞、引赞同唱："礼毕！"各官俱散。

值得一提的是，定州文庙崇圣祠的祭祀活动也颇为隆重和神圣，程序与祭孔一致，只不过由学官担任分献官，祝文

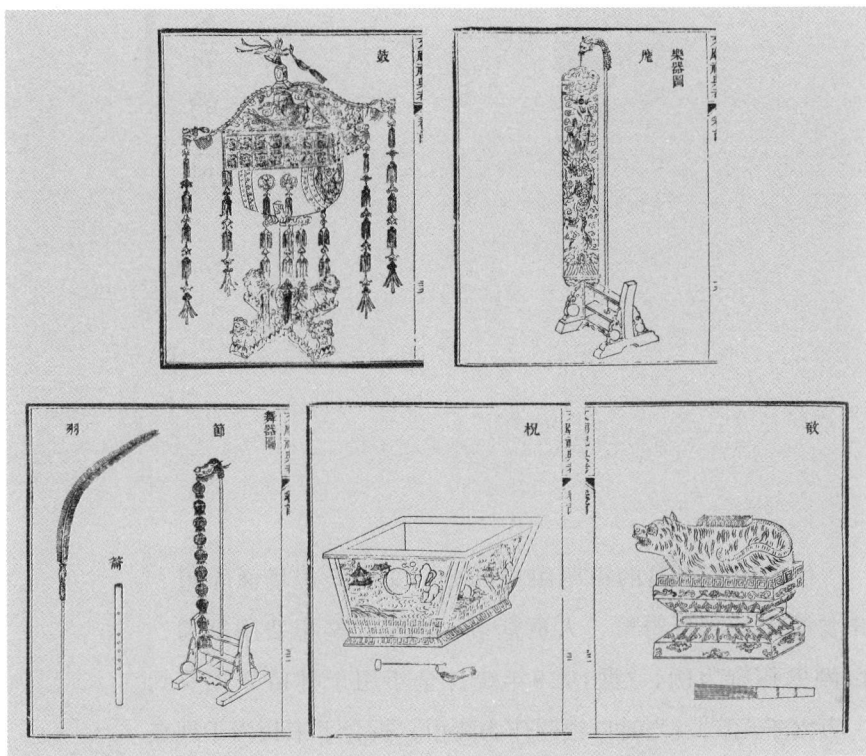

鼓、麾、箫、钥、节、枕、敔

（图片来源：耿素丽、陈其泰《历代文庙研究资料汇编》第8册，国家图书馆出版社2012年版，第86、
66、90、88、89页）

也改为褒扬各先圣之前辈矣。释奠礼结束后，定州学官还前
往魁星楼行二跪六叩首礼；分献官至名宦祠、乡贤祠和忠义
孝悌祠行一跪三叩首礼。此外，在春秋仲月上戊日，行献官
至节孝祠行一跪三叩首礼。可见，魁星楼和名宦祠、乡贤祠
等的祭祀更为质朴和简单。

祭
祀
的
费
用

作为国家祀典的重要组成部分，文庙祭祀场面隆重、声势浩大、名目纷繁、人员众多，因此，祭祀费用颇高，以阙里孔庙为例，"据1928年统计全年用于林苗祭祀费约一万六千元"[1]。当时以银圆作为货币，折合下来相当于现在的五六十万人民币，花费可谓惊人！相比于阙里孔庙，定州文庙祭祀规模较小，仪式较为简单，等级较低，故费用相对较少。据记载，"文庙春秋祭银四十两"[2]，然而，因康熙初年举全国之力平叛三藩，各处经费挪作军用，定州文庙祭银于康熙十七年（1678年）裁减一半，直到康熙二十二年（1683年）随着社会稳定和经济恢复，文庙祭银才恢复如初。有时候一些地方因财政困难，祭祀费用难以筹措，导致祭品简陋。本着"物丰尽诚"的原则，雍正十一年（1733年），世宗皇帝"于公银内拨补，以足原额务令盛丰"[3]。对祭祀费用的另行拨付，充分体现了雍正皇帝尊孔之诚意。一般而言，文庙祭祀费用自收自支，自负盈亏，主要由学产承担。学产作为经营庙学的物质基础，学产丰盈时，祭祀活动就能正常进

① [民国]孔德懋：《孔府内宅轶事》，天津人民出版社1982年版，第40页。
② [民国]何其章：《定县志》卷6《政典 赋役》，成文出版社1934年版，第393页。
③ 耿素丽、陈其泰：《历代文庙研究资料汇编》第3册，国家图书馆出版社2012年版，第456页。

行；反之，祭祀活动则难以为继，因此，学产经营的好坏自然影响到庙学祭祀活动的兴衰。学产按种类可以分为：贡士庄、义庄、店课及取息、乡音酒礼用田土、临时筹措、书版印赁、庙学罚金、学田收入等。[①]

学田收入

在庙学合一制度下，学田收入是祭祀最为主要、最为固定、最为稳定的经费来源。学田的种类主要有田、地、鱼塘、山荡等，沿海地区还包括海涂田地，沿江地区则有河涂田地。由于受统治者对教育的重视程度及多种因素的综合影响，不同时期的学田亩数不尽一致，多时可达上千亩，少时则只有几十亩。元延祐五年（1318年），定州学田总数达到五百五十八亩，而到了嘉庆二十四年（1819年），学田数仅为"八十七亩"[②]。按照学田来源的种类可以分为政府划拨、开垦荒地、捐赠等。

政府划拨。政府划拨为庙学学田的最主要来源，是指地方行政长官将田地以无偿的形式拨给文庙，学官按照土地质量的好坏，依据定额收取粮食或者租币。这样，田地租税便成为庙学收入的来源，例如：北宋熙宁八年（1075年），宋神宗下诏"赐田一百大顷，免其税课"[③]。皇祐元年（1049年），定州知州韩琦"割邑闲田亩一千计"[④]作为定州庙学学田，供献给师生。起初，以收取学田粮食来换取相关祭祀费用。纯货币地租出现在明代，之后学田租都以货币形式体现，不同时期的地租不尽相同。清嘉庆二十四年（1819年），定州学田每亩地租为"壹钱叁分贰里（厘）壹毫"[⑤]。到了民国十一年（1922年），则为"壹钱五分九里（厘）四毫四分八"[⑥]。

① 参阅：胡务：《元代庙学——无法割舍的儒学教育链》，四川出版集团巴蜀书社2005年版，第139—146页。
② 定州市档案局编：《直隶定州志》卷20《政典 赋役》，九州出版社2016年版，第12页。
③ 耿素丽、陈其泰：《历代文庙研究资料汇编》第8册，国家图书馆出版社2012年版，第262页。
④ 定州市档案局编：《直隶定州志》卷21《中山府学田记》，九州出版社2016年版，第71页。
⑤ 定州市档案局编：《直隶定州志》卷20《政典 赋役》，九州出版社2016年版，第13页。
⑥ ［民国］何其章：《定县志》卷5《政典 赋役》，成文出版社1934年版，第370页。

开垦荒地。开垦荒地是指地方长官或学官开垦本地的闲置荒田，以增加学田亩数，从而增加庙学收入。元大德五年（1301年）至大德六年（1302年）间，定州知府齐询"相城内及隍池之隙地，可治为田者，凡三百有七十亩，岁入租于学"[1]。这样就扩大了定州庙学的学田规模，更好地保障了文庙祭祀活动的顺利进行。

捐赠。捐赠是指热心教育的地方士绅、贤达、义士割己产相助，例如：元大德年间，定州郡民刘得一"纳大陈村私田陆地二百亩于学宫"[2]。

捐金纳银

捐金纳银是文庙最直接的收入，虽并不固定，却不啻为文庙一项重要的经费来源。

元代，曲阳县教谕王远等人"捐钱五百缗，月收其息，合供法食礼费"[3]。定州士绅、义士周源曾"输钱五千余缗"[4]。廉副杜侯和总吏官豪右也出资两千缗。这样，除了固定的学田收入外，文庙祭祀还有额外的收入保障。

免除徭役

免除徭役是指免除专门为文庙提供劳役佃户的各项差役，这可视为文庙祭祀间接的经费来源。文庙祭祀作为一项声势浩大的工程，涉及人员众多，有专服劳役的屠宰户、烧水户、喇叭户等；有采购实物的猪户、羊户、牛户等。据记载，定州文庙曾有"斋夫六名、膳夫二名"[5]。元大德年间，定州知府齐询为了能让佃户在文庙内安心服役，遂免除他们

① 定州市档案局编：《直隶定州志》卷21《中山府学田记》，九州出版社2016年版，第72页。
② 定州市档案局编：《直隶定州志》卷21《中山府学田记》，九州出版社2016年版，第72页。
③ 定州市档案局编：《直隶定州志》卷21《增修府学记》，九州出版社2016年版，第71页。
④ 定州市档案局编：《直隶定州志》卷21《增修庙学记》，九州出版社2016年版，第69页。
⑤ ［民国］何其章：《定县志》卷6《政典　赋役》，成文出版社1934年版，第393页。

的国家差役，从此"庙祀始有供，学宫弟子有给焉"①。

店课收入

店课收入是指文庙将多余的房屋、店面出租，从而开辟财源、充盈庙学祭祀费用。一般而言，交通便利、紧邻商业繁荣地段的店面才有人愿意租赁，而学宫往往地处偏僻幽静之处，因此，这种收入方式在学产中所占比例很小，例如：元大德五年（1301年），定州监府总督秃鲁迷失、同知僧奴、判官赵穆、推官王辅德、知事李岩、案牍韩守仁"以租直易瓦甓，新其门垣"②。还有就是民国三年（1914年），定县县长孙发绪占用文庙学宫后，将学校教场等地"以租入作为本校基金"③。

及至近代，定州文庙的祭祀活动已荡然无存。文庙经费的来源主要依靠政府财政拨款。民国十二年（1923年），定县知事何其章等人利用财政盈余重修文庙，"耗费四千圆有奇"④。现如今，作为全国重点文物保护单位的定州文庙所需经费依旧大部分依靠政府的财政性拨款。同时，作为定州儒家文化的象征，各界对文庙也愈加重视，为文庙的资金来源提供了民间渠道。

文庙祭祀历经两千多年的发展、流变与沉淀，已从家庙祭祀发展到国之祀典，并远播儒家文化圈。其所呈现的祭品摆放位置、乐舞表现形式、人物享祀待遇无一不是对儒家"礼"制的深刻阐释，对化民成俗具有强烈的导向作用。祭孔仪式不因朝代更迭而中断，一直昌盛不衰，历久弥新，展示了其强大的生命力和适应力，究其原因无非是它已成为中华民族传统文化不可分割的一部分代代相传，已熔铸于每位

① 定州市档案局编：《直隶定州志》卷21《中山府学田记》，九州出版社2016年版，第72页。
② 定州市档案局编：《直隶定州志》卷21《增修府学记》，九州出版社2016年版，第71页。
③ ［民国］何其章：《定县志》卷3《政典 学校》，成文出版社1934年版，第207页。
④ ［民国］胡振春：《重修文庙碑记》，碑刻现存于定州文庙大成殿西侧。

华夏子孙的精神世界。时事变迁、日新月异，文庙祭祀究竟应该以何种方式呈现在世人面前，值得我们平心静气地去思考、去探索、去实践。只有对古礼进行追本溯源的全面梳理，才能为后世礼仪的发展创新奠定坚实基础。

05>

定州文庙的学校教育

文庙建筑与装饰蕴含的教化元素

文庙明伦堂的教化传统

文庙祭祀的教化功能

文庙内的礼仪教化实践

文庙具有庙学合一的特征，既是祭祀儒家圣贤的场所，又是培养统治人才的基地；既鲜明地传播儒家伦理道德观念，又与儒生的学习生活紧密结合。儒家教化思想作为中国古代社会治国理政的核心理念，起源于周公制礼作乐、兴德育教，孕育于孔子的"德礼并立"，发扬于孟子的"善教优于善政"，至董仲舒的"独尊儒术"，周孔之教借助朝廷的力量被推行至全国，儒家教化思想逐渐成为中国古代社会主导的意识形态。

"教化"一词最早为分而用之。"教，上所施，下所效也。""化，教行也。"所谓教化即指通过伦理道德教育来感化人，从而实现移风易俗，转变世风。"教化"一词合并使用，最早见于《战国策·卫策》："治无小，乱无大，教化喻于民，三百之城，足以为治。"其主旨思想无疑是在表达教化在治国安民中发挥的重要作用。我国古代儒家圣贤皆高度重视教化之特殊功用。孔子曰："道之以政，齐之以刑，民免而无耻；道之以德，齐之以礼，有耻且格。"作为儒家思想创始人的孔子，将"以政""以刑"和"以德""以礼"的效果做出鲜明对比，突出表现教化通过引发出人们的羞耻之心，不仅可以使人免于刑罚，还能心悦诚服地服从统治者，被视为统治的最高手段。孟子从另一个角度提出教化的优势，只有"以德服人"才是发自内心的自愿与自觉，最为持久，也最为可靠。汉朝大儒董仲舒强调社会教化的极端重要性，要防范百姓"犯上作乱"，就必须营造社会教化的"堤防"，其作用远非刑罚可比。他认为，刑罚只能给人以肌肤之痛，并不能真正触及人们的内心、启迪人们的灵魂，而教化通过引发内心良知，凝聚人心，从而形成良好的道德氛围，使民耻于非。董仲舒从理论上将教化与政治紧密结合起来，随后又借汉武帝的诏令而付诸实践。由此可见，"儒家学者一贯认可教育的政治作用，不在于以法教民，使之不敢为非，而在于以纲常名教化民成俗，使之耻于非"[①]。

儒家教化思想作为中国古代社会治国理政的核心理念，起源于周公制礼作乐、兴德育教，孕育于孔子的"德、礼并立"，发扬于孟子的"善教优于善政"，至董仲舒的"独尊儒术"，周孔之教借助朝廷的力量被推行至全国，儒家教化思想逐渐成为中国古代社会主导的意识形态。文庙作为儒家文化的载体与象征，以实物的形式，借助由上至下、遍布寰宇的

---

① 毛礼锐、沈灌群主编：《中国教育通史》第2卷，山东教育出版社1988年版，第52页。

学校网络，将儒家教化思想渗透到芸芸众生心中，使他们在潜移默化中接受熏陶、形成认同并心甘情愿地将儒家思想付诸实践，因此，作为治国安民的重要手段——兴学设教，无疑是历代统治者施政的首要任务。明成化四年（1468年），明宪宗重修阙里孔庙时道出了政治性的儒学教化在治国理政、化民成俗中发挥着必不可少的作用。据记载：

> 朕惟孔子之道，天下一日不可无焉。何也有孔子之道，则纲常正而伦理明，万物各得其所矣。不然则异端横起，邪说纷作，纲常何自而正，伦理何自而明，天下万物又岂能各得其所哉？是以生民之休戚系焉，国家之治乱备焉。有天下者诚不可一日无孔子之道也。①

概言之，矗立于燕赵大地千余年的定州文庙，不仅传授知识、培育人才，还作养士风、使知礼仪，是实现移风易俗、政治昌明的重要保障。诚如定州学官王秉彝所言："盖治郡县，必本于学校，以正人心，以明人伦，以成人材。其公卿、大夫皆由是途出。人伦之在，天下不可一日废，废则国随之。"②

文庙具有庙学合一的特征，既是祭祀儒家圣贤的场所，又是培养统治人才的基地；既鲜明地传播儒家伦理道德观念，又与儒生的学习生活紧密结合。定州文庙虽由州帅卢简求始建于唐大中二年（848年），然直到北宋皇祐二年（1050年）明伦堂落成后，才开始发挥学校教化功能。历代定州守官上任伊始，即首谒庙学，以兴学重教为己任，发现建筑物倾圮都会大力修整，如北宋庆历八年（1048年），州牧韩琦"见其庙颓坏，命工葺之"③。定州文庙的学校教化功能体现在下文中。

---

① 耿素丽、陈其泰：《历代文庙研究资料汇编》第3册，国家图书馆出版社2012年版，第361页。
② 定州市档案局编：《直隶定州志》卷21《中山府庙学记略》，九州出版社2016年版，第71页。
③ 定州市档案局编：《直隶定州志》卷21《韩魏公治绩碑记》，九州出版社2016年版，第30页。

文
庙
建
筑
与
装
饰

蕴
含
的
教
化
元
素

　　从公元前478年鲁哀公将孔子故宅改为"庙屋三间"开
始，随着历朝历代统治者对孔儒及其思想的推崇，孔庙得以
不断增修扩建。唐太宗贞观四年（630年），"诏州、县学皆
作孔子庙"①。一时间，各州、县学皆以阙里孔庙为蓝本，以
庙学合一为特征，文庙遂遍布神州大地。及至明清，全国文
庙皆形成了布局规整、风格独特、大同小异的建筑模式，创
造了特有的建筑文化，沉淀着儒家思想。作为鲜活、生动、
具体的传播儒家文化的载体，定州文庙从建筑布局、建筑称
谓、建筑装饰三方面，通过潜移默化的方式，发挥着垂教万
世、教化万民的作用。

　　定州文庙的建筑布局充分体现出儒家的"礼"制观念，
将长幼有序、尊卑有别的等级制度表现得淋漓尽致，毫不夸
张地说，定州文庙就是践行儒家礼制的"活化石"。从横向
来看，定州文庙的各个建筑物都以恰如其分的主次关系各居
其位。大成殿、明伦堂、崇圣祠等高大宏伟之核心建筑分别
位于中、西、东三条贯穿南北的中轴线上；东西两庑、名宦

---

① 耿素丽、陈其泰：《历代文庙
研究资料汇编》第3册，国家图书
馆出版社2012年版，第278页。

祠与乡贤祠、东西廱舍等附属建筑以对称形式分列于主体建筑左右两侧,主辅建筑密切配合、相伴相生、相辅相成,组成了一个既能满足祭祀与教学需要又能表现出森严等级的古建筑群。从纵向来看,定州文庙以棂星门、大门为序幕,戟门、仪门为过渡,大成殿和明伦堂为高潮,学正宅与训导宅为尾声,这样主次鲜明、高低搭配、前后照应的建筑布局,以众星拱月的形式突出了大成殿和明伦堂的主体地位。

就建筑称谓而言,一方面极力宣扬孔儒思想的博大精深;另一方面则阐释儒家文化内涵的深刻寓意,如德配天地与道冠古今二坊作为各地文庙第一进院落的左右坊,赞扬了孔子之"道与德"与天地并齐,古今无二。大成殿的"大成"二字语出《孟子·万章下》:"孔子之谓集大成。集大成也者,金声而玉振之也。"其赞扬了由孔子创立的儒家思想集圣贤之精华,历经后世诸儒发扬光大后,升华成为封建社会的主导思想。再如礼门、义路的建筑称谓渗透了儒家"仁、义、礼、智、信"的道德信仰与社会规范,以悄无声息的方式要求进入文庙的人们的行为举止合乎儒家礼仪规范。泮池——入泮、过泮桥,体现了儒家"学而优则仕"的政治夙愿与"内圣外王"的政治理想。崇圣祠——表达了对先祖的崇敬之情,解决了"父在子下,子处父上"的伦理失序问题,体现了"君为臣纲、父为子纲、夫为妻纲"的儒家伦理道德。诸如此类的文庙建筑,其名称或取自于儒家经典,或暗喻儒家文化,无疑是对儒家礼制观念和中庸态度的最好诠释。

从文庙装饰来看,无论建筑的开间、屋顶的式样、斗拱的踩数,还是彩画的图案、建筑的高低,都散发着浓厚的儒家礼制气息,比如:定州文庙大成殿作为等级最高的核心建筑,高大宏伟、气势恢宏、面阔五间,而崇圣祠则相对低矮，只有面阔三间。一般而言，大成殿前都会有月台或佾台，为举行祭孔大典、表演祭孔乐舞的地方。月台是有等级规定的，一方面是双层月台高于单层月台；另一方面则是台基越高，等级也就越高，如阙里孔庙大成殿前月台，为台基高大的双层月台，颇有气势，而定州文庙月台相对低矮空旷。又如大成殿屋檐下为等级最高的和玺彩画，彰显了大成殿的核心地位，而崇圣祠则为第二等级的旋子彩画。再如定州文庙的主体建筑大成殿、明伦堂均为悬山顶，而东西两庑、名宦祠、乡贤祠均为低于悬山的硬山顶，这样就分别突出了教学区域的核心明伦堂与祭祀区域的核心大成殿。呼吸着这样的空气，沉醉于这样的氛围中，儒生会不自觉地受到儒家思想的熏陶与浸润。

再看文庙的匾额，悬挂于定州文庙大成殿孔子雕像正上方的"万世师表"匾额，为清康熙二十三年（1684年）圣祖仁皇帝在阙里孔庙祭孔时御笔所题。"万世师表"一语出自元成宗大德十一年（1307年）加封孔子大成至圣文宣王诏书："先孔子而圣者，非孔子无以明；后孔子而圣者，非孔子无以法。所谓祖述尧舜，宪章文武，仪范百王，师表万世者也。"[1]诏书中的"师表万世"，就是后来康熙所题"万世师表"的前身。康熙皇帝盛赞孔儒之教化，可永为人师之表率。康熙题字后，命令工匠将匾额悬挂于阙里孔庙大成殿，同时诏令全国各地府、州、县文庙以此为拓本，悬挂于孔子雕像正上方。除此之外，定州文庙大成殿还有嘉庆皇帝于嘉庆四年（1799年）御笔题书的"圣集大成"，其语出自《孟子·万章下》："孔子之谓集大成。集大成也者，金声而玉振之也。金声也者，始条理也；玉振之也者，终条理也。"这里用音乐的开始与终结比喻孔子集古代圣贤之大成于一身，

① 耿素丽、陈其泰：《历代文庙研究资料汇编》第3册，国家图书馆出版社2012年版，第331页。

教垂万世。还有咸丰皇帝于咸丰元年（1851年）御笔题写的"德齐帱载"，其语出自《中庸》："仲尼祖述尧舜，宪章文武，上律天地，下袭水土。譬如天地无不持载，无不复帱。"这表达了孔子个人的品德与学术思想可以经纬天地、无所不容、包罗万象。可见，由帝王御笔题写的匾额，大都出自儒家经诗典籍，具有极其深刻的文化寓意，让置身于文庙的儒生都能感受到儒家文化的内涵。

总而言之，作为由棂星门、大成殿、崇圣祠、明伦堂等建筑构成的传播儒家文化载体的文庙，传达着"君臣、父子、夫妇"的伦理道德准则，延续着以"仁"为核心的价值观念，彰显着"不偏不倚"的中庸处事方式。与单调、枯燥、乏味的儒家典籍相比，以建筑实体形式存在的文庙在传播儒家思想方面更鲜活、更直观、更具象。儒生置身于这个体量巨大且主题鲜明的"教育场"内，在视觉、触觉等直觉的触动下，更容易激发心理认同，促进实践行动。置身其中如鱼游于水，身心自如却浑然不知，正所谓"身与物接而境生，心与境接而情生"。

文庙明伦堂的
教化传统

明伦堂作为封建官学机构的代表性建筑，是讲习儒家经典、传播伦理道德、塑造士人灵魂、培养封建官吏的场所。入学的儒生均以熟读"四书五经"为业，以效仿儒家圣贤为志。诚如定州知州郭守璞所言："习举子业者，入庙而思虔，因文以见道，自涤磨以求无惭于圣人。"①作为推行学校教化的重要场所，教育教学既是文庙最基本的功能之一，也是区别于其他庙宇、寺院的最重要特征。

早在汉武帝时期，儒家典籍即开始与官学体系相融合。建元五年（公元前136年），汉武帝将儒家经典列为太学的必读书目，设五经博士。蜀郡太守文翁，为了改变当地文化落后的局面，选拔郡县优秀之士，遣至京师，学习儒经，对儒学在地方的传播与渗透具有重要作用，实乃开启儒家典籍在地方传播之先河。在魏晋南北朝长达三百余年的时间里，虽然玄学成风，佛道盛行，但儒家经学依旧是官学教育的主要内容。为了巩固政权，统治者非常重视儒经的作用，例如：曹魏建国后，曹丕即制定五经课试之法，大兴儒家经学，并

① 定州市档案局编：《直隶定州志》卷22《重修定州文庙碑记》，九州出版社2016年版，第16页。

依据读经的多少来授予太学生大小官职。前秦的苻坚曾亲临学校考场，询问学生儒经经义，问难五经博士。唐太宗为了加强统治，诏国子祭酒孔颖达等撰《五经正义》，几经审订，终颁于天下。其不仅是各级各类官学的统一教材，也是每年明经考试的重要依据。两宋时期，统治者极力抬高儒学地位，规定选用人才"需通经义，遵周孔之礼"。宋真宗还命人校对《论语》《仪礼》等七经疏义，随后又将《论语正义》《孟子正义》等合编为"十三经正义"，钦定为官学的法定教材。明朝时，文庙在传授"四书五经"的同时还增加了《御制大诰》和《大明律令》。到了清朝，官学教材以"四书五经"为主，还有《性理大全》《十三经》《二十二史》等。由此可见，研习以"四书五经"为代表的儒家经诗典籍，为官府所倡导，被社会所崇尚，被看成近可以塑造内心灵魂、远可以治国安民的正途。正如定州乡贤李守贞所云："心原有《易》，《易》尊则太极衷涵，而象数卜巫之数，陋矣；心原有《书》，《书》尊则精一旨契，而事功驰骋之迹，粗矣；心原有《诗》，《诗》尊则性情归于正，而吟咏篇什之末，鄙矣；心原有《春秋》，《春秋》尊则是非严于心，而年月记载之文，赘矣；心原有《礼》，礼乐尊则中和统于心，而节文之末，度数之繁，皆土芥矣。"[1]

文庙不仅传播儒家思想，还为朝廷培养人才。尤其是在明清时期，规定了"科举必由学校"的制度，形成了"郡县之学，与太学相维"的局面，定州文庙遂成为培养科举人才的重要基地和贡生入监的必要阶梯。所谓"故或取之为公卿大夫、郡县守长、百执事，皆能以其道，佐吾君、宜吾民"[2]。为了能给统治阶级输送大批忠诚且优秀的封建官僚，清朝统治者给予儒生的待遇之优厚、礼仪规格之高贵，史无

① 定州市档案局编：《直隶定州志》卷21《尊经阁记》，九州出版社2016年版，第76—77页。
② 定州市档案局编：《直隶定州志》卷21《宋韩魏公定州儒学记》，九州出版社2016年版，第21页。

定州文庙留存的孔子行教像

前例。清顺治九年（1652年），各地学宫明伦堂的卧碑文中曰："朝廷建立学校，选取生员，免其丁粮，厚以廪膳，设学院、学道、学官以教之，各衙门以礼相待，全要养成人才，以供朝廷之用。"[1]在功名利禄的诱惑和优厚待遇的保障下，儒生均勤勉刻苦、研习经书，在科举考试中取得了骄人的成绩。据统计，经定州文庙培养后高中进士的，唐朝有9人，宋朝1人，金朝5人，明朝16人，清朝9人；高中举人的，明朝有66人，清朝有57人；为国子监输送贡生的，明朝有188人，清朝有180人。[2]中华民国成立后，以明伦堂为核心的教学区域被新式学堂占用，延续着定州崇文重教的传统，求学于北平、天津、保定各地专门学校的定州士人人数众多，名流辈出。据统计，截止到民国十八年（1929年），"中等专门以上毕业生已有三百七十余人，以后审度情势且逐年增加"[3]。

① 定州市档案局编：《直隶定州志》卷19《政典　学校》，九州出版社2016年版，第3—4页。
② 数据依据定州市档案局编：《直隶定州志》卷15《人物　科举》，九州出版社2016年版，第1—15页整理而成。
③ [民国]何其章：《定县志》卷11《文献志　人物》，成文出版社1934年版，第631页。

文庙祭祀的
教化功能

绵延两千余年的文庙祭祀制度，是中华文明史上一种非常独特的现象。《礼记》曰："夫圣王之制，祭祀也。法施于民，则祀之；以死勤事，则祀之；以劳定国，则祀之；能御大灾，则祀之；能捍大患，则祀之。"由此可以看出，祭祀活动并非只是一种简单的参拜，也不仅是传承一项活动的使命，其内在本质功能在于教化，因此，祭祀和教育在本质上是一致的。从这点上来看，古今中外概莫能外，正如明朝侍郎程徐所言："天下祀之，非祀其人，祀其教也，乃祀其道也。"①

定州文庙拥有一个数量庞大且等级森严的祭祀体系，陶醉于歌、乐、舞于一体的祭祀礼仪，沉醉在庄严、肃穆、威严的环境中，士子在悄无声息与潜移默化中接受熏陶感化，深受"潜在课程"的影响。

大成殿里供奉的孔子为圣人，"孔子之为，万古一人也"②。其品德的高贵与学识的渊博，后人看似遥不可及，但脱胎于平日儒家经典，具象于生动鲜活的塑像或木主神位，

① [清]张廷玉等：《明史》卷139《钱唐传》，中华书局1974年版，第3982页。
② 耿素丽、陈其泰：《历代文庙研究资料汇编》第3册，国家图书馆出版社2012年版，第403页。

无疑会大大拉近儒生与圣人之间的心理距离，使原本高不可攀的圣人形象，变得近在咫尺，宛如就在身旁，让士子产生"道不远人"的亲切感、"道可追寻"的逐梦感、"道必遵守"的实践感，从而增强希贤成贤的理想和见贤思齐的信念。一般来说，在一定的场合、氛围、情景中，敬仰与信仰才会孕育而生。文庙祭祀活动正是通过这种方式，引发士人对儒学的信仰，例如：在文庙释奠活动中，香烟缭绕，神灵高坐，仪式隆重，舞乐悠扬，礼节诚敬，井然有序，一系列程序化的礼节都营造出一种庄严、肃穆的祭祀氛围，会对儒生内心产生极大的感染力与震撼力。置身于其中，儒生便会产生一种对祭祀的神秘感、对孔子的崇拜感以及对先贤先儒的敬畏感，从而深信不疑地树立起儒家道德观念。

孔子"删述六经，道冠古今"，对中华文化的传承与弘扬做出了重大贡献，设立以孔子为主祀的文庙，就是为了彰显国家对孔子、对儒教的尊崇。诚如州牧沈鸣皋所言："孔子之道，载在六经，垂诸万世。遵其道，则思妥其灵，此庙之所以立也。"[①]先贤、先儒配祀孔庙作为唐以来国家的重要祀典，蕴含朝廷正式肯定儒学传承和认定儒家道统人物的双重含义。在"崇德报功"原则的指导下，这个兼备政治主张和文教特色的制度，一方面表现了朝廷尊崇儒教并对弘扬儒道有贡献儒者的报答与褒奖；另一方面统治者借助其所认可的"真儒"，向全天下昭示主流的学术思想、道德准则与行为规范，从而影响舆论氛围与社会风气。这一点我们可以从元儒吴澄从祀、罢祀、复祀的沉浮经历管窥一二。

吴澄生于宋理宗淳祐九年（1249年），后于宋度宗咸淳六年（1270年）中乡贡，南宋灭亡时30岁。元世祖至元二十三年（1286年），定居于大都。元成宗大德末年开始入仕，曾

① 定州市档案局编：《直隶定州志》卷22《重修文庙记》，九州出版社2016年版，第13页。

任江西儒学副提举，国子监监丞、司业，官至翰林学士，参与过《英宗实录》的编修。他一生笔耕不辍，著书立说，数量惊人，在当时的政坛和学界均享有盛名。吴澄未能在元代获得从祀地位，入明以后，被认为有功于经学，为道统之真儒，终于宣德十年（1435年）获从祀之旨，然而，成化十七年（1481年），国子监祭酒邱濬引用《春秋》夷夏大防之意，指责吴澄"忘宋仕元"，成为后人抨击吴澄在儒家道统地位中的嚆矢。随着一浪高过一浪对吴澄的声讨，嘉靖九年（1530年）遂罢去吴澄的从祀地位。清乾隆二年（1737年），在异代同乡人李绂的建议下，朝廷恢复了吴澄的从祀地位，位于先儒赵复之后。

纵观吴澄明清两朝五百多年从祀、罢祀、复祀的历程，不止反映了不同时代对有功之儒的评价标准不同，更突出了明人仇视异族、反对元的心理情结，而统治者以罢祀吴澄为契机，宣扬内夏外夷的思想观念，从而向士人灌输精忠报国、忠诚死节的政治操守，这种思想在土木堡之变后显得更有意义。清廷之所以复祀吴澄，意在彰显异族政权的合法性与正统性，从而教化天下之俊秀，延续本朝之国祚。

成圣人难，为圣贤亦难。儒生若无法成圣成贤，可出仕为官，恪尽职守，造福百姓，殁后可以附祀在任职地的名宦祠和家乡的乡贤祠内；也可遵规守纪，孝顺父母，多行善事，死后附祀于家乡的乡贤祠内，如定州文庙名宦祠与乡贤祠内供奉有明嘉靖年间三科接连及第、曾任确山令的张镐；有"北方圣人"之称的宁波知府吴道直；曾任明朝左军都督府众事的施朝卿，等等。与孔庙其他地方的圣贤相比，作为鲜活、具体的"矮标杆"和成圣成贤的"阶梯式人物"，名宦、乡贤祠供奉的人物更亲近易为，更能触发油然心动的感觉，更能激发莘莘士子熟读经书、磨砺品性的激情，可在教化士人中取得事半功倍的效果。正如州牧沈鸣皋所言："乡先生没，可祭于社，后学感发兴起，谓非作圣之阶梯焉？"①

① 定州市档案局编：《直隶定州志》卷22《重修定州文庙碑记》，九州出版社2016年版，第16页。

文庙内的
礼仪教化实践

政治与礼仪的关系甚为密切，在素称礼仪之邦的中国，礼仪的教化作用深远且广泛。国家制定礼仪的最终目的是政治性的，即通过礼仪的制定与实行，来宣扬对某种行为准则的尊崇或是对某种价值观念的认可。同为治国安民的重要手段，在儒家看来，礼治为治政之本，政刑为治政之末，礼治的效果优于法治的作用。为达到尊孔崇儒、敬老宾贤、移风易俗的目的，在定州文庙举办的学礼主要有"乡饮酒礼"和"宾兴礼"两种。

乡饮酒礼

乡饮酒礼是起源于周代的一种嘉礼，它以敬老、宾贤、谦逊为主要内容，以选举人才、教化士人为主要目的，既在净化社会风气、稳定社会秩序方面具有重要作用，又蕴含着儒家所推崇的伦理道德。汉武帝以后伴随着儒学的政治化，乡饮酒礼逐步在太学和地方官学举行，如东汉明帝永平二年

（59年），"令郡、县、道行乡饮酒于学校"①。隋唐时期，随着科举制度的完备与繁荣，在学校举行乡饮酒礼成为定制，但只在科举时举行，作用不大。元朝废除了科举制度及与其密切相关的乡饮酒礼。即便元仁宗于皇庆二年（1313年）下诏恢复了科举，但乡饮酒礼的实行还是规模较小、范围较窄、影响甚微。及至明清，乡饮酒礼除了具有尊贤、敬老、礼让的传统功能外，又承担起宣传法制观念、稳定社会秩序、维护基层统治的重要作用。直到清朝晚期，随着鸦片战争的爆发和太平天国运动的兴起，软弱无力的清政府面对内忧外患的局面，不得不将有限的财力集中于军事方面，各地乡饮酒礼的费用被挪作军用，大规模的乡饮酒礼不得不停止，终成废礼。

据《雍正定州志·礼仪志》记载，乡饮酒礼每年正月望日和十月朔日于明伦堂前举行。及至行礼日期，知州率僚属选宾于学宫之外。成熟的乡饮酒礼对享礼人员的选拔标准、数量、位向及座次具有明确且严格的规定。选拔一位才能与德行较优的为正宾，位于西北；一位次之的为介宾，位于西南；再次者三人为众宾，位于正西；主人由府、州、县主官充任，位于东南；司正，以教官为之，主扬觯以罚、阐明乡饮酒礼的作用："恭惟朝廷，率由旧章。敦崇礼教，举行乡饮，非为饮食。凡我长幼，各相劝勉。为臣尽忠，为子尽孝，长幼有序，兄友弟恭。内睦宗族，外和乡里，无或废坠，以忝所生。"②除此之外，主人还要从官至大夫者中选拔一僎，位于东北，帮助行礼。宾位依照年龄大小而坐，主位依据职务高低而论。仪式甫一开始，诸生即读律令、读大诰，强化乡饮酒礼的主旨与目的。作为国家统一规定的礼仪制度，各地方财政均设固定经费，但依据文庙等级规格不

---

① 耿素丽、陈其泰：《历代文庙研究资料汇编》第3册，国家图书馆出版社2012年版，第263页。
② [清]毕麻哈、陈景：《三河县志》卷4《典礼志·乡饮酒礼》，乾隆二十五年刊本。

同与时事世风变化，经费数额不等且因故会有裁减，例如：定州曾规定乡饮酒礼的费用为十二两，康熙十五年裁减，二十二年复原。①康熙十二年（1673年），吴三桂高举反清复明的大旗，西南、东南诸省纷纷响应。康熙皇帝举全国之力，征讨三藩，遂将乡饮酒经费挪作军用。忤逆平叛后，社会稳定，经济好转，乡饮酒礼的费用也恢复如初。需要指出的是，作为匡正世风的乡饮酒礼并非一直肃穆沉重。据《雍正定州志》载，诸生读律令、读大诰后还有歌者吟唱鹿鸣之曲，以八佾舞伴之。可见礼仪之隆重与完备、官员之重视与体察。

由此可见，统治者大力倡导的乡饮酒礼，其仪程自始至终体现了儒家倡导的三纲五常伦理道德观念，彰显了"叙长幼、论贤良、别奸佞、异罪人"的教化实质，是践行儒家道德观念的重要实践，更是化民成俗、辅助地方治理、保障社会秩序的重要手段。

宾兴礼

宾兴礼起源于汉代"三年宾兴贤能"的乡饮酒礼。直到明洪武十六年（1383年），随着《明集礼》颁行于天下，"宾兴与乡饮判为两事"，宾兴礼正式与乡饮酒礼成为独立的科举典礼。作为府、州、县地方官员送别科举生员参加乡试、会试的送别仪式，宾兴礼与乡试后的鹿鸣宴、殿试后的琼林宴一同构成了完整的科举典礼体系。科举制废除后，曾在各地方轰轰烈烈举行的宾兴礼随之烟消云散。

总体而言，宾兴礼作为送别儒生参加科举考试的"践行礼"，承担着本地士人的期望与荣光，自然倍受地方官员重视。宴饮结束后，"主官步送出头门，僚属送至城门外揖

① [民国] 何其章:《定县志》卷6《政典志 赋役》，成文出版社1934年版，第394页。

别"①。对此礼仪的重视还体现在经费有专项保障上，然而，由于清朝初年的赋税政策改革使各地财政颇为紧张，宾兴礼的举行深受影响。据《雍正定州志》载，雍正年间裁撤了定州科举生员宾兴盘费花红酒席银三十四两。直到道光年间，随着定州财政取得盈余，遂恢复了举行宾兴礼的花红酒席银三十四两。②

由此可见，作为科举礼仪代表的宾兴礼，其教化宗旨无疑是宣扬科举考试的正统性与功利性，必然对一地崇文重教风气的形成具有重要作用。

① 定州市档案局编：《直隶定州志》卷19《政典　公仪》，九州出版社2016年版，第2页。
② 定州市档案局编：《直隶定州志》卷20《政典　赋役》，九州出版社2016年版，第27页。

06>

定州文庙的社会教化

营造兴学重教的风气

维持稳定的社会秩序

延续儒学道统之传承

加强传统文化的认同与自信

中国自古以来就十分重视社会教化的作用，早在西周时期就已形成了独特的教化传统。周公告诫周王要"敬德保民"，只有这样才能避免重蹈夏商两朝灭亡的覆辙，才能使臣民心甘情愿地服从统治、延长国祚。武王从谏如流，从礼、义、廉、仁四个方面重塑社会教化："昔武王既克商，散财发粟，使天下知其不贪；礼下贤俊，使天下知其不骄；封先圣之后，使天下知其仁；诛飞廉恶，使天下知其义。如此，则其教化天下之实，固已立矣。"[1] 此外，周朝还设司徒官一职，负责掌管"邦教"。《礼记·经解》曰："安上治民，莫善于礼。"可见，以"礼"制为手段的儒家教化在贯通上下、融洽内外方面发挥着重要作用。春秋战国时期，各派思想家与统治者均提出诸多有关社会教化的实施方案。齐国宰相管仲提出"教训成俗"的主张，要使"女无淫事""士无邪行"就要通过持久的"教训"，如此人们才能自行向善。秦朝"以法为教""以吏为师"，漠视潜移默化的社会教化在固邦安民方面的特殊作用，导致"其民见利而忘义，见危而不能授命，法禁之所不及，则巧伪变诈，无所不为"[2]。及至汉武帝"独尊儒术"，儒学正式成为官方正统哲学，儒家教化思想借皇权得以工具化。董仲舒以史为鉴，提出实现国家的长治久安，必由礼乐教化，所谓"教化立而奸邪止，教化废则奸邪出，刑罚不能胜"[3]。由此，他建议设立太学来培养贤士，担任各级官吏，以教化万民。因此，设立太学的最终目的是推行社会教化，以实现社会和谐稳定与国家长治久安。此后，各级各类学校继承了太学的教化作用，使之得以流传下来。文庙作为具有深厚历史底蕴的儒家文化载体，发挥着社会教化作用。

① 定州市档案局编：《直隶定州志》卷21《宋苏文忠公敦教化文》，九州出版社2016年版，第62页。

② 定州市档案局编：《直隶定州志》卷21《宋苏文忠公敦教化文》，九州出版社2016年版，第62页。

③ 转引自张长法主编：《资政类纂》，北京燕山出版社1992年版，第745页。

营造兴学重教的风气

　　风气乃一地绝大部分人普遍默认的道德准则和共同遵守的行为规范。作为以潜移默化方式影响人的外部因素，风气在塑造灵魂、构筑品性方面具有极特殊的作用。尊师重教的风气一旦形成，就会人人向学，士士向善，发挥"良币驱逐劣币"之功效，然而，一地向学、向善风气的形成并非一日之功，不仅需要久久为功的毅力与坚忍不拔的精神，更需要"敢为天下先"的魄力与担当。

　　宋辽对峙时期，定州位于边境前沿，历任守官皆认为定州为"用武之地，学非吾事，独慢而寝焉"①。此后，定州尚武之风日浓，而兴学之气愈衰。北宋皇祐元年（1049年），堪当大任的韩琦奉命知定州。一年内，他兴办官学、完善设施、祭祀圣贤，改变了"为儒而不知兵，为将而不知书"的文武对立观念，从此定州文风渐浓，为重文兴教氛围的形成打开了一把枷锁。之后的金、元、明、清皆有地方官员兴修文庙，如元大德五年（1301年），教授宋翼增修儒舍十楹于明伦堂前；明嘉靖十三年（1534年），王诏复修明伦堂。伴随着

① 定州市档案局编：《直隶定州志》卷21《宋韩魏公定州儒学记》，九州出版社2016年版，第20页。

官府以率先垂范的方式对文庙进行增修与扩建，彰显统治者重文兴教的坚定态度与决绝信念，定州社会的崇文之风日渐浓郁。及至明末，在浓厚的重教氛围的感染下，"卯角之童咸知执经问道，以最厥程……虽武夫、悍卒皆能歆艳向学而趋向之……"①

官学生员结构的完善及升补黜降规定的形成是体现兴学重教氛围的重要方面。定州官学生员由廪膳生、增广生和附学生三部分组成，其中，廪膳生30人，增广生30人，附学生无人数限制。各级生员依据岁科、科考两次成绩升补黜降，接受功过赏罚，这样就激发了生员的学习热情，此外，生员有着优厚的经济待遇和广阔的政治前途，如定州官学"免除其丁粮，厚以廪膳，各衙门官以礼相待"②。据记载，清政府为30名廪膳生提供"月粮银贰百捌拾捌两"③。从康熙至道光年间，清朝官银1两银重37克，288两共10656克，按照如今白银价钱换算，约6万元人民币，足见待遇之优厚，此外，随着兴学重教氛围的形成，定州官学教育日渐兴盛，选拔人才方式逐渐规范与完善，形成了五大贡举途径，曰：恩贡、拔贡、岁贡、副贡、优贡。顺治四年（1647年）规定，"定提学每岁将应贡生员，屡经科举者，一正二陪，严加考选，如遇年衰文谬不许滥充"④。将年轻聪慧、成绩优异的生员以岁贡方式送至国子监深造，着实为定州官学生员开辟了广阔的政治前途。民国成立后，定县教育之发达为他县所不及，不仅高等学校毕业生数量多，且多海外名校毕业生。胸怀拳拳赤子报国心的他们归国后逐渐成为各自领域的骨干力量乃至领导核心，例如：清光绪三十四年（1908年），毕业于日本早稻田大学的谷钟秀，民国初年任南京临时政府参议院议员，后被众议院选为宪法起草委员，在天坛祈年殿起草中华民国宪

① 定州市档案局编：《直隶定州志》卷21《知州项昌铭建学记》，九州出版社2016年版，第73页。
② 定州市档案局编：《直隶定州志》卷19《政典 学校》，九州出版社2016年版，第3—4页。
③ 定州市档案局编：《直隶定州志》卷20《政典 赋役》，九州出版社2016年版，第20页。
④ 定州市档案局编：《直隶定州志》卷19《政典 学校》，九州出版社2016年版，第8页。

法，所谓"天坛宪法草案者是也"①。民国五年（1916年），谷钟秀担任段祺瑞政府农商总长，此外，于宣统二年（1910年）毕业于日本千叶医药专门学校的谷钟琦曾任陆军部军医学校药科室主任。

在兴学重教氛围的影响下，定州官学的办学经费得到了有力保障。一方面将官学费用支出列入官府财政存留，通过学田租地、派发饷银、免征徭役等方式，保障官学经费的持续稳定。值得一提的是，为了不让一位生员因贫困而辍学，定州文庙还专门设立了廪生贫士学田，每岁可征银"壹拾壹两五钱"②。这充分表明了当时教育制度的完善，可视为当今贫困生制度的先驱。另一方面本地士绅普遍重视教育，在官银不足的情况下有力地保障了官学教育的正常进行。元朝义士周源以及附近县学教谕都有过捐金纳银的记载。

教官的选聘与任用更加规范。定州官学设学正1人、训导3人。从学官身份来看，定州学官主要由副榜举人、下第举人和岁贡生员担任。在重教兴学的氛围下，定州官学形成了一支业务水平精、道德素质优、学识水平高的学官队伍。以学正为例，终清一朝记录在案的共有25人，其中进士1人，举人15人。③与此同时，对学官的选拔条件、任职年限、岗位职责以及监督与考核方式都有明确而详细的规定，从师资队伍上有力地保障了官学教育的水平。

从古代衡量一地教育水平高低的重要标志——科举事业来看，定州官学培养的生员可谓名流辈出、群英荟萃。由上可知，经定州官学培养后高中进士的清朝有9人，高中举人的有57人，另外当时定州所属的深泽县高中进士7人、举人39人，曲阳县高中进士5人、举人16人。以清道光二十七年（1847年）定州有口"拾柒万捌仟叁佰柒拾伍"④为基准，约

① [民国]何其章：《定县志》卷11《文献志 人物篇》，成文出版社1934年版，第620页。

② 定州市档案局编：《直隶定州志》卷20《政典 赋役》，九州出版社2016年版，第21页。

③ 数据依据定州市档案局编：《直隶定州志》卷10《人物 职官》，九州出版社2016年版，第23—25页整理而成。

④ 定州市档案局编：《直隶定州志》卷20《政典 赋役》，九州出版社2016年版，第3页。

每8494人中就可产生1名进士，约每1593人中便可产生1名举人。及第比例之高，乃科举之盛事，实乃受定州兴学重教风气影响的结果。

民国十六年（1927年），由晏阳初倡导的中华平民教育总会由北平移驻河北定县。在他的带领下，从教人识字开始，通过"三大方式"解决"四大教育"问题，掀起了声势浩大、轰轰烈烈、风靡一时的乡村教育运动，共建造"平民学校四百十七处，前后毕业者多达万人以上"[①]。由此可见，民国时期定县学校分布广泛，学生数量众多，实乃深受崇文重教传统影响的结果。

综上所述，在兴学重教氛围的感染下，定州守官皆以兴修官学为己任，在财政保障、队伍建设、生员待遇及出路等方面给予大力支持，培养了众多优秀人才，有些则成为国之栋梁。

---

① ［民国］何其章：《定县志》卷3《政典 学校》，成文出版社1934年版，第219页。

维持稳定的
社会秩序

法治与德治是维持社会秩序、保障社会稳定的两种必要手段。两者相辅相成、相得益彰，犹如鸟之两翼、车之两轮。在儒家学派看来，道德教化具有苛政刑罚无可比拟的天然优势：一是，道德可以防微杜渐，而刑罚只能处恶行既发之后；二是，道德产生的功用比刑罚更持久、更深入、更广泛；三是，道德使人心向善，刑罚只能使人免于恶；四是，道德的作用是主动、积极的，而刑罚的作用是被动、消极的。正如苏轼在对比秦汉两朝的社会风气后，不遗余力地强调德治的重要作用：

秦汉之际，专用法吏以督责其民，至今千有余年，而民日以贪冒嗜利而无耻。儒者乃始以三代之礼，所谓名者而绳之！彼见其登降揖让，盘辟俯偻之容，则掩口窃笑；闻钟鼓管盘，希夷啴缓之音，则雅顾而不乐。如此，则欲望驱善远罪，不已难乎！①

---

① 定州市档案局编：《直隶定州志》卷21《宋苏文忠公敦教化文》，九州出版社2016年版，第62—63页。

因此，从儒家思想创立伊始，道德教化的理念便如影随形。孔子曰："道之以政，齐之以刑，民免而无耻；道之以德，齐之以礼，有耻且格。"孟子接续孔子言："以力服人者，非心服也，力不赡也；以德服人者，中心悦而诚服也。"汉代以降，以汉高祖"太牢"之礼祭孔为肇端，伴随着儒学的正统化和显性化，历代有国者皆认为孔子倡导的伦理道德规范为治政之本，故极力弘扬儒家道德的教化作用。正如曾任定州府学教授的朱德润所言："夫子以神道设教，遵之则治，违之则乱。汉高帝虽有安诗书之语，然所谓劝兴诗书合百次，太宰亲祀孔子于鲁，延祚四百余年，其明效灵验不信耶？自时厥后历代莫不尊崇之。"①文庙作为儒家思想的物化载体，在保障社会秩序、维持政治统治、延续政权等方面发挥着不可忽视的作用。

首先，定州文庙通过推崇、传播、弘扬儒家思想，以实现对民众的教化，从而达到保障社会秩序、维持政权稳定的效果。众所周知，作为官方正统哲学的儒家思想在中国传统文化中占有至关重要的地位。究其原因，一方面是儒家思想为统治者进行统治提供了理论支持，统治者借助政治化的儒家思想，通过各种形式向人们灌输封建宗法伦理观念。以"君为臣纲、父为子纲、夫为妻纲"为代表的儒家伦理道德是维护社会秩序的强有力的理论注脚。中国古代原始氏族社会的血缘关系自始至终从未被打破，是封建国家维系、运行的前提与基础。"家国不分、家国难分"是绵延中国数千年封建宗法制度的鲜明写照。在这一制度内，血缘之亲作为调整家庭与氏族内部等级关系的道德准则被广泛运用到国家和社会中，成为维持社会秩序的重要手段。另一方面，儒家圣贤提出的"民贵君轻""德政"等治国理念，通过强调"百姓

① [民国]何其章：《定县志》卷20《有元中山增修加号碑楼记》，成文出版社1934年版，第1126—1127页。

至上"的观点来麻痹与欺骗广大民众，让他们心甘情愿地服从统治，甚至可以为统治者奉献一切，这就从根本上保障了社会秩序的稳定。简言之，通过"安百姓"从而达到"稳江山"的目的。正如定州知州韩琦所言：

> 天与人，性不一，圣人欲率焉。而一之于善，非学不能也。三代之兴也，自国家以达乎乡党必有学，以教其民人，尊其性，使一之于善，以明乎君君、臣臣、父父、子子、兄兄、弟弟、夫夫、妇妇之道，然后安其分，而享国长久，大矣哉！学之有功于治也如此。[①]

其次，定州文庙通过祭祀人物的选择与更替，传达统治者所提倡的主流意识、价值观念与道德准则，从而将政治化的儒家思想播撒至民众内心深处，令其心悦诚服地服从于统治者，从而构建和谐稳定的社会秩序。唐贞观年间以左丘明、公羊高为代表的"传经之儒"从祀孔庙，反映出唐朝统治者对儒家经学的推崇。北宋神宗元丰七年（1084年），孟子、荀子、韩愈从祀文庙，以其为代表"传道之儒"的出现，直接体现了理学成为封建社会的主导思想。清朝尤其是后半叶，面对内忧外患、国纲颓废的乱局，统治者希望出现治世之能臣来力挽狂澜，扶大厦于将倾，遂将以诸葛亮、韩琦、方孝孺、顾炎武为代表的"行道之儒"从祀于孔庙。显而易见，文庙祭祀对象的选择具有明显的政治导向性或者说具有鲜明的时局适应性。选择何种祭祀对象，凸显统治者对他们所倡导的学说、思想，以及其所代表的某种品格、德行的认同，更在于圣贤身上的某些"亮点"为统治者所用，为时代所需。是否符合两者间的契合点，才是选择何种祭祀

[①]［民国］何其章：《定县志》卷19《重修儒学记》，成文出版社1934年版，第1047—1048页。

对象的重要标尺。自光绪十年（1884年）江苏学政陈宝琛疏请黄宗羲从祀孔庙始，至光绪三十四年（1908年）慈禧谕旨"礼部会奏遵议先儒从祀分别请旨一折，黄宗羲等均着从祀文庙"[1]终，二十余年关于享祀人物喋喋不休的争论，勾画出兼采政治变革与学术取向的无形轨迹。

黄宗羲1610年生于浙江余姚黄竹浦，号南雷先生，与其弟宗炎、宗会一时齐名。他早年曾参加东林党人反对以魏忠贤为首的阉党斗争。清兵南下之际，他率众积极开展反清斗争，在深山老林中与敌人周旋了八年之久。失败后，他著书立说，授业讲学，成书于1663年的《明夷待访录》闪烁着反封建、抗专制、轻君权的民主主义思想光芒，比法国民主主义启蒙思想家卢梭的《社会契约论》还早发表近100年。后人对此大加赞赏曰："《明夷待访录》一书尤兴，今预备立宪所行之新政，合先生能言于前明之时代。同时顾亭林、王夫之为王佐之才，如有用之三代可复洵，不愧大哲学家、大教育家也。"[2]此后，王在宣出于时局的考虑，无限放大其著作之弊端，称其"所著《明夷待访录》开《原君》一篇，实与西儒卢骚《民约》、孟德斯鸠《法意》二书所论不谋而合，故将新学者多称之，最易为革命党所借口"[3]。然而，黄宗羲从祀孔庙的最大阻力来自孙家鼐。他引用《明夷待访录》"君臣之义无所逃于天地之间"[4]，认为"黄宗羲既以汤武革命为臣民应尽之义务，其流弊不可胜言"[5]，势必造成"启奸雄窥窃之心，长俗儒浮嚣之习"[6]。随着政治局势的瞬息万变，慈禧太后在张之洞的建议下准黄宗羲从祀孔庙。

纵览黄宗羲饱受争议的从祀历程，可以发现里面夹杂着诸多时局因素，暗藏着统治者别有用心的企图。作为反清斗士的黄宗羲面对敌人的威逼利诱，以笔为枪，以墨为剑，锐

① ［清］顾炎武撰，华东师范大学古籍研究所整理，黄坤、严佐之、刘永翔主编：《顾炎武全集》22附录，上海古籍出版社2011年版，第499页。

② 耿素丽、陈其泰：《历代文庙研究资料汇编》第13册，国家图书馆出版社2012年版，第384页。

③ 转引自段志强：《孔庙与宪政：政治视野中的顾炎武、黄宗羲、王夫之从祀孔庙事件》，载《近代史研究》，2011年第4期。

④ 转引自段志强：《孔庙与宪政：政治视野中的顾炎武、黄宗羲、王夫之从祀孔庙事件》，载《近代史研究》，2011年第4期。

⑤ 转引自段志强：《孔庙与宪政：政治视野中的顾炎武、黄宗羲、王夫之从祀孔庙事件》，载《近代史研究》，2011年第4期。

⑥ 转引自段志强：《孔庙与宪政：政治视野中的顾炎武、黄宗羲、王夫之从祀孔庙事件》，载《近代史研究》，2011年第4期。

意著述，毫无情面地抨击君主专制制度。面对内忧外患的政局，光绪皇帝急需的是治世之能臣，以稳定乱局，维持统治秩序。这就难怪黄宗羲虽符合从祀孔庙的学术标准、道德准则，然其从祀孔庙的建议却一次次被无情地驳回。在浩浩荡荡的民主革命潮流的催化下，风雨飘摇的清政府将"新政"作为救命稻草，而朝野内外抨击宪政之声不绝于耳、甚嚣尘上，认为统治者以民主之虚，掩专制之实。这时，晚清统治者将宣扬民主思想的黄宗羲抬上孔庙神坛，树立风声，释涣群疑，既昭示朝廷民主立宪之决心，又预防民主革命之苗头，也挽救朝廷伪宪政之困局。简言之，黄宗羲的履历、观点、著作是否被时代所需、为统治者所用才是从祀孔庙的准绳，其余所谓"学术精纯""志节皎然""继承道统"的标准，只不过是统治者用以掩人耳目的名目罢了。

作为官方钦定的最高意识形态殿堂——文庙，通过一次次万众瞩目、声势浩大的祭祀活动，进行着一次次由浅入深、由微到著的社会教化。官员、儒生、民众等不同阶层的人每一次净心虔诚地站在儒教圣贤画像前，都会受到儒家思想的洗礼与教化，内心自然会产生对儒家思想的高度认同，不自觉地成为政治化儒家思想坚定的信仰者、忠诚的实践者、踏实的推广者，从而心甘情愿地充当维护封建统治秩序的马前卒与急先锋。正所谓"首善所被，文教昌明，故一二莠民亦能涤荡就栻，弗复创异说以惑众听。识者于是役之兴，亦足见民俗之善矣"①。

再次，历任定州守官任职期间均以身作则、以上率下，通过亲力亲为的方式来瞻仰与拜谒文庙，进而传播官方化的儒家思想，以求社会稳定。诚如元朝训导王秉彝所言："盖风化之原，由学校而作。风化明于上而民兴于下，可为得其为

---

① 定州市档案局编：《直隶定州志》卷22《重修文庙碑记》，九州出版社2016年版，第39页。

政之本。"[1]例如：定州知州韩琦每次行释奠礼，必率僚属及诸生"以一献之礼，奠诸祠，下邦人，感悦后遂为故事"[2]。在儒家学派看来，维持社会秩序要讲"为政以德"，即通过统治者的德行修养和身体力行，发挥对广大民众强烈的导向和示范作用，从而影响民风、民心、民德，以构建稳定的社会秩序。正如孔子所云："政者，正也，子帅以正，孰敢不正？"他将统治者的德行比作高悬于天际的"北辰"，发挥着圣明之光，只要"居其所"民众就会俯首"拱之"，所谓"为政以德，譬如北辰，居其所而众星拱之"。从汉高帝十二年（公元前195年）开始，"诸侯卿相至常先谒，然后从政"[3]。此后历代相沿，成为定制。每一位调任定州的守官首先要到文庙瞻仰，拜谒圣人后方可执政，例如：曾任定州知州的苏轼上任伊始，便首谒文庙，即"莅事之始，祗见庙下。居敬行简，以临期民"[4]。这样，通过地方官的率先垂范，表示对儒家思想物化载体文庙的尊崇与敬仰，在积极营造尊孔崇儒氛围的同时向广大民众渗透治国安邦的儒家理念，进而从根本上维持社会秩序。值得一提的是，为了防止出现明末书院师生讲会非议朝政、裁量人物、唤醒反清势力进而影响政权稳定的乱局，清顺治九年（1652年），朝廷诏令将九条学规刊刻于天下官学明伦堂之左，警示生员，注重言行。其云："生员不许纠党多人，立盟结社，把持官府，武断乡曲；军民一切利病，不许生员上疏陈言，如有一言建白，以违制论黜革治罪。"[5]儒生年轻气盛、思想单纯，容易被各种势力所利用，尤其是明末东林书院的讲会制度往往带有强烈的政治色彩，师生聚集成为偌大的政治集团，与朝廷大臣内外勾结、里应外合，严重影响了政权稳定。柳诒徵对东林书院浓厚的政治色彩颇有感慨："私人讲学之书院，赫然树一徽帜，风

① [民国] 何其章：《定县志》卷20《大元圣庙礼器记》，成文出版社1934年版，第1141页。
② [民国] 何其章：《定县志》卷19《韩魏公祠绘画遗事碑记》，成文出版社1934年版，第1081页。
③ 耿素丽、陈其泰：《历代文庙研究资料汇编》第3册，国家图书馆出版社2012年版，第262页。
④ 定州市档案局编：《直隶定州志》卷21《宋苏文忠谒文庙祝文》，九州出版社2016年版，第60页。
⑤ 定州市档案局编：《直隶定州志》卷19《政典 学校》，九州出版社2016年版，第5页。

靡宇内，左右朝政，师儒行谊及讲习心性之微言，固足以独成学派，而其同志之进退存亡，昭然有关天下之大，遂以书院之名，被政党之目，合宋元明清四代江苏书院衡之，盖无有过于东林书院者矣。"①因此，为了防止生员聚众作乱，危及统治，统治者通过整饬学风来重塑政风。苏轼在任定州知州期间曾曰："夫圣人于天下，所恃以为牢固不拔者，在乎天下之民可与为善，而不可与为恶。"②可见，社会的稳定与国祚的延续取决于民心的"向善"与"向恶"，然而，"善"与"恶"并非以社会公约和道德准则来判断，而是以能否顺应统治者的统治意愿来决定。"恶"是可以转化为"善"的，从这一点来看，统治者利用自身的影响力，躬身垂教，以上率下，让官方化的儒家学说走进民众的头脑与内心，实现了从"恶"到"善"的转化，社会也就"牢固不拔"了。

最后，就是通过对儒家思想的信奉转化为对政权的认同，这一点在战乱频发、政权无力的动荡年代表现得尤其明显。经孔子之手继承发扬而来的蕴含着"一统天下"观念的西周礼乐文化，被孔门弟子以润物细无声的方式灌输给了各国君主。受此影响，不论"合纵"还是"连横"，各国君主都以"问鼎中原"为最终目的，都想成为拥有"九鼎"的主人，而非偏安一隅。及至清末，率先完成工业革命的英国在坚船利炮的威逼下，打开了古老中国尘封已久的国门。面对日益严重的民族危机，一代代有志之士开始了艰难探索救亡图存的道路。从"师夷长技以制夷"的睁眼看世界到"中学为体、西学为用"的洋务运动，从"开民智、兴民权"的戊戌变法到"民主共和"的辛亥革命，勾画出了中国人上下求索的艰难历程。在这山河破碎的动荡年代，优秀的儒家思想具有凝聚人心的向心力，虽饱受战乱，屡经变革，华夏统

① 转引自章柳泉：《中国书院史话——宋元明清书院的演变及其内容》，教育科学出版社1981年版，第29页。
② 定州市档案局编：《直隶定州志》卷21《宋苏文忠公敦教化文》，九州出版社2016年版，第61页。

一的政权自始至终从未分崩离析。

中华人民共和国成立以后，虽然对文庙的教化价值有过曲折的认识，但从未中断对文庙的保护与维修。改革开放以来，尤其是党的十八大以来，党中央积极倡导富强、民主、文明、和谐；自由、平等、公平、法治；爱国、敬业、诚信、友善的社会主义核心价值观。文庙责无旁贷地作为培育和践行社会主义核心价值观的重要文化阵地，对引导人们坚定不移地走中国特色社会主义道路，构建社会主义和谐社会，具有重要的文化价值。

延续儒学
道统之传承

　　儒学道统思想，汲历朝历代思想之精华，与中国社会相伴相随而始终，成为中华民族传统文化源远流长、绵延不绝的重要因素。

　　道统思想由来已久。根据相关学者追述，道统思想起源于伏羲、神农和黄帝，经尧、舜、禹、汤、文、武，直到周公提出周公之道，为道统理论的形成奠定了初步基础。孔子继承周公之礼，开创性地提出"仁道"学说，经孟子发展为"仁义之道"，成为道统论的理论根基。之后又经荀子、董仲舒等后世诸儒的阐释与弘扬，道统思想日益完善、内涵日益丰富。随着佛、道思想的广泛传播，以韩愈的《原道》问世为标志，儒学道统理论正式形成。宋明理学家以"二程"、朱熹为代表，集道统思想之大成，将道统思想提升到一个前所未有的高度。康熙二十六年（1687年），《御制孔子赞碑》将儒学道统渊源与流弊描绘得清清楚楚："尧、舜、禹、汤、文、武，达而在上，兼君师之寄，行道之圣人也。孔子不得位，穷而在下，秉删述之权，明道之圣人也……尧、舜、文、武之后，不有孔子，则学术纷淆，仁义湮塞，斯道之失传也久矣。"①由此可见，作为传承儒家学说根本精神的道统理论，主要是由儒学内部圣贤来承担的，然而，面对不同的社会环境与历史背景，圣贤便会产生不同的道统思想。尤其是佛、道盛行的魏晋南北朝时期，寺庙星罗棋布，道观遍布寰宇，儒家道统面临着前所未有的挑战与冲击，崇儒之风有所弱化。于是，与佛教设立寺庙祭祀始祖释迦牟尼、道教建立道观祭祀始祖老子一样，以传承儒家道统为己任的诸儒将儒教始祖孔子与历代儒家圣贤奉祀于文庙。正所谓"孔子之道，载于六经，垂诸万世。遵其道，则思妥其灵，此庙之所以立也"②。人们虔诚地向圣人遗像行香参拜，正是对儒家学说的尊崇与信仰。"祭祀的对象，自从被推上受人顶礼膜拜的圣坛之后，无论是圣人还是贤者，都已经不再是简单的血肉之躯，而是道德的载体，道统的象征和文化的符号。"③文庙作为承载与传承儒家文化的物化载体，对延续儒家道统更直观具象、更具感染力。不同于口耳相传叙述的失真和尘封于文本文字的枯燥，活跃在文庙庙堂上的一尊尊圣贤塑像将抽象化的儒学统序展示得淋漓尽致、了然于目。置身其中，儒生自然会了解儒家学派发展、流变、融合过程中的圣贤事迹，从而发自内心地产生对儒学的认同。诚如州牧沈鸣皋所言："诸人士瞻谒庙貌，当思所以昭六经，垂万世者，何在于以感发兴起。"④以朱熹为代表的程朱理学就是一个非常典型的案例。朱熹字元晦，徽州人。他承接周敦颐、"二程"之说，为理学之大成者，其所宣扬的程朱理学成为封建社会后期统治者重要的思想工具。他所宣扬的理学上采尧、舜、周、孔之论，下依"二程"、陆王之说，集百家之所长，使由孔子创立的儒家学说在南宋得以新的方式呈现。随着康熙

① 耿素丽、陈其泰：《历代文庙研究资料汇编》第3册，国家图书馆出版社2012年版，第402—403页。
② 定州市档案局编：《直隶定州志》卷22《重修文庙记》，九州出版社2016年版，第13页。
③ 徐梓：《书院祭祀的意义》，载《寻根》2006年第2期。
④ 定州市档案局编：《直隶定州志》卷22《重修文庙记》，九州出版社2016年版，第15页。

五十一年（1712年）增补朱熹为文庙第十一哲，具象化的儒家贤者位于庙堂之上，彰显着统治者对继承孔子衣钵道统人物的认可，也给儒生提供了领略新阶段道统的精神场所。一代代儒家继承人接连不断、井然有序地陈列于庙堂之上，他们流传下来的精神血脉与学术源泉经过后人的虔诚祭祀和日常传道产生了强大的儒家学说认同感，这正是对文庙延续儒家道统的最好佐证与诠释。

值得一提的是，道统作为儒家文化的主流，反映了中华文明的发展趋势，然而，为了接续圣人之道，强调儒学的正统性，有时会对其他思想进行排斥。我们应正视道统思想对弘扬传统文化的利好，发扬海纳百川、有容乃大的精神，利用文庙这一重要的物质载体，提升国人对主流文化及其他文化的认同。

加强传统文化的认同与自信

文化作为人类社会的特有现象，内涵广泛、蕴意深邃。古今中外，关于文化概念的界定众说纷纭、莫衷一是。教育学者一般认为："文化有广义、中义与狭义之分。广义的文化指人类在社会生产、生活过程中创造的一切，包括物质生产与精神生产的全部内容；中义的文化指与政治、经济有别的全部精神生产的成果；狭义的文化专指文学艺术。"①

传统文化是指一个民族在历史过程中形成、发展、演变、流传下来的物质与精神文化的总和，是国家的精神脊梁、民族的精神血脉、人民的精神基因，具体表现为人的生活方式、风俗习性、价值取向、审美情趣等。中华民族的传统文化则是指由生于神州、长于华夏的各族人民创造，为炎黄子孙继承发展，具有鲜明的民族特色，博大精深的优秀文化。

一个国家或是民族的传统文化是其历史生命与精神寄托所在。随着我国经济社会的深刻变革，对外开放日益深化，互联网与新媒体快速普及，各种思想文化不断碰撞与融合，更促使我们寻找属于自己的民族之根、文化之魂。中华民族

---

① 王道俊、郭文安：《教育学》，人民教育出版社2009年版，第55页。

传统文化蕴藏着中华民族最深沉的精神追求，包含着中华民族最根本的精神血脉，代表着中华民族最独特的精神气质，给中华民族源远流长、生生不息、日益昌盛提供了丰厚的道德沃土与持久的思想涵养。诚如马一浮先生所言："国家生命所系，实系于文化。"[1]的确，传统文化是一个国家或民族安身立命的基础、身份所属的标识，根植于传统血脉的文化一旦消失，国家只能徒有虚表，没有内心灵魂，哪怕现代化程度再高，也只能随波逐流，没有自己的精神寄托和文化支柱。

2013年11月26日，中共中央总书记、国家主席习近平在山东考察时，曾专程前往孔府和孔子研究院考察，在听取有关专家、学者对中华优秀传统文化研究情况的汇报时，他强调："一个国家、一个民族的强盛，总是以文化兴盛为支撑的，中华民族伟大复兴需要以中华文化发展繁荣为条件。"[2]文运兴则国运旺，文脉昌则国脉盛。纵览五千多年中华民族发展史，既遭受过朝代更迭、外族入侵、文化侵蚀的严峻考验，又创造过遥遥领先、辉煌灿烂的盛世，但中华民族能够在顺境中从容淡定、在逆境中奋进崛起，正是中华优秀传统文化持久滋养的结果，尤其是贯穿其中的理想信念、传统美德与行为规范，为中华民族生生不息、繁荣昌盛提供了强大的精神动力。

儒家思想作为中华优秀传统文化的杰出代表，历史上对形成大一统的政治局面、维护统一多民族国家、激励中华儿女反抗外族侵略、赢得民族独立都发挥过重要作用。及至当下，"儒家学说所倡导的讲仁爱、重民本、守诚信、崇正义、尚和合、求大同等思想……对于解决当今社会存在的道德失范、礼仪缺位、诚信缺失等问题仍然具有积极的借鉴意

[1] 刘梦溪主编：《中国现代学术经典》，河北教育出版社1996年版，第43页。
[2] 新华社：《认真贯彻党的十八届三中全会精神 汇聚起全面深化改革的强大正能量》，载《人民日报》2013年11月29日。

义"①。

文庙作为传承、培育、实践儒家思想的重要载体和阵地，其流传下来的礼仪文化与祭祀文化是中华民族传统文化的重要组成部分，是崇德报功、效法先贤的具体表现。《礼记·文王世子》曰："凡始立学者，必释奠于先圣先师。"毫无疑问地说，正是开学之际对先圣先师的祭祀，营造出一种庄严肃穆的场景，使人们对先圣先师的尊崇之情升华为一种神圣情感，令儒生自始至终地坚定对儒家文化的认同与信仰。要使儒家文化真正在儒生心中落地生根、开花结果，祭祀无疑是最好的方式。"信仰的产生，往往需要一定的场合、氛围、情景"②，而文庙祭祀活动正是通过这种方式，营造特定的场合、氛围与情景，强化对儒学的认同。与以诵读或讲授的方式来宣扬"四书五经"相比，祭祀对培育文化的认同更为直接、生动，具有立竿见影、潜移默化、深入血脉的效果。正如康熙三十八年（1699年）皇帝东巡阙里、观看祭孔典礼后所说："祗将祀事，睹其车服礼器，金石弦歌，盖徘徊久之而不能去焉。"③

定州文庙举行的祭孔大典由前期准备和正式环节组成，诸如：准备祭品、布置场所、鞠躬、跪拜、献礼、诵读祝文。配合着金声玉振、娓娓动人的古典乐舞，一系列典雅优美、婀娜多姿的肢体动作逐渐地走进儒生脑海，进而长久地占据着他们的记忆空间，强烈地暗示着人们要遵循古典礼仪、继承祭祀文化，在此过程中对儒学的认同得以形成。文化认同是形成文化自信的基石。只有深入了解传统文化形成的历史进程和发挥过的重要作用，才会产生发自内心的信奉，只有保持强烈、持久的认同感，才会产生优越于他人的自信感。正是在这种自信感的支持与感召下，中华民族在国

① 周洪宇：《实施儒家文化遗产保护利用工程 推动优秀传统文化传承发展》，载《人民政协报》2017年6月28日。

② 肖永明、唐亚阳：《书院祭祀的教育及社会教化功能》，载《湖南大学学报》（社会科学版）2005年第3期。

③ 耿素丽、陈其泰：《历代文庙研究资料汇编》第3册，国家图书馆出版社2012年版，第413页。

际舞台上展现出强大的生命力、创造力、影响力，中华民族亦得以屹立于世界民族之林，绽放出夺目的光彩。

当前，我们比任何时候都更加接近中华民族伟大复兴。中华传统文化则是实现文化复兴的关键所在，是实现中华民族伟大复兴中国梦的思想基础。只有立足于生于斯、长于斯的这片土地，传承中华优秀传统文化，执着地坚定文化自信，中华民族才能赢得朝气蓬勃的未来。

文庙藏书
文庙碑刻
文庙楹联
文庙匾额

07>

定州文庙的
文化传承

古巴比伦、古埃及、古印度、古中国是举世公认的四大文明古国，昔日前辈们创造的无与伦比的灿烂文明，给世界各地文化产生与发展注入了源头活水、带去了强大动力。然而，为何只有中华文明生生不息、薪火相传且愈加昌盛？究其原因，一方面是中华民族的传统文化有着博大精深的价值体系和海纳百川的开放态度；另一方面是国人注重传统文化的传承、延续与创新。儒家文化作为中华文明的精神源泉和中华民族的精神基因，深深地滋养着每一位中华儿女的内心，影响着每一位炎黄子孙的价值取向。诚如作家刘亚伟所说："任何历史都没有远去。今天，孔子的思想已经潜入每个东方人的心灵，凝聚为中华民族优秀文化的精华，熔铸为中华民族的个性与品格，成为一种无与伦比的凝聚力和人类社会共同的精神财富。"[1]如果将散落于世界各地的文庙比作传承儒家文化的"活化石"，那么留存于文庙内的藏书、碑刻、诗联就是其中的"纹理"与"质地"。漫步于定州文庙，欣赏着一件件承载着儒家文化、代表着儒家思想的文物，了解其中所蕴含的文化蕴意与价值传承，我们不禁会被五千多年源远流长的中华文明折服，更为博大精深的儒家文化感到骄傲与自豪！

① 刘亚伟：《远去的历史场景：祀孔大典与孔庙》，山东文艺出版社2009年版，第85页。

文庙藏书

　　中国古代学校的藏书活动由来已久。早在商周时期，大学①就已经储备了相当数量的藏书。《礼记·文王世子》载："春诵夏弦，太师诏之；瞽宗秋之礼，执礼者诏之；冬读书，典书者诏之。礼在瞽宗，书在上庠。""庠"是中国古代学校的代名词，"书在上庠"显示学校已具备收藏功能，"典书者"则是指掌管图书收藏的人员（相当于如今的图书馆馆长）。自汉武帝"罢黜百家，独尊儒术"后，儒家经诗典籍成为官学机构的主要收藏对象，辟雍、东观、兰台、石渠阁等等，都是重要的藏书之所。随着国子监在隋朝成为最高学府和教育管理机关，以国子监为代表的中央官学藏书体系也正式确立。两宋作为最为重视文教的朝代，府、州、县学内多建有藏书阁，并以"尊经阁"作为地方儒学体系中的藏书机构名称，这种称谓与功能一直延续到清末。

　　众所周知，自汉武帝儒家学说成为正统的官方哲学后，以儒术治理国家就成为历代统治者的必然选择。儒家典籍作为承载儒家文化的重要载体，彰显着鲜明的政治色彩，承担

① 商代出土的甲骨文中就有"大学"的名称，殷人尚右尚西，故将大学设在西面。西周时，大学教育具有严格的等级性，一般只有贵族子弟才能入学，而平民子弟要经过严格筛选。教育内容以"六艺"为主。

着繁重的教化任务，因此，建立贮藏经诗典籍的"尊经阁"被定州守官视为一项重要的政治任务，也是繁荣一地文化的重要举措，更是衡量一地教育发达与否的重要标志。诚如御史李守贞所言："彰之教，俾多士崇尚经术，无悖圣学者，师之职，多士之责也……阁之弗建，郡国之缺也，有司之责也。"① 儒家思想是支撑封建帝国的思想基石，选拔封建官僚的科举考试以"四书五经"为应试之纲，写满"忠义孝悌""礼义廉耻"的儒家经书成为治国理政的重要手段。所谓"国家以科目取士，治科之义，未始外于六经"②。为了加强对儒生的思想控制，以稳定政权，定州文庙内的尊经阁藏书不仅有儒家经典，还有皇帝的御制诸书、钦定律令。据《雍正定州志·学校》记载，文庙尊经阁藏有《朱子全书》《诗经》《书经》《春秋》《康熙字典》《周易折中》《性理》《驳吕留良四书》《礼器乐器图》，还有《大义觉迷录》《上谕全部》《圣谕广训》《御制训饬士子文》《圣谕文物和衷》。由此可见，无论是代表德治的儒家经诗典籍，还是象征法治的朝廷典章律令，统治者以软硬兼施的手段，利用从上到下、由内及外的庙学系统，将这些具有浓厚意识色彩的文字读本灌输到每位儒生心中，给封建国家机器运转提供强有力的思想保障。

① 定州市档案局编：《直隶定州志》卷21《尊经阁记》，九州出版社2016年版，第76页。
② 定州市档案局编：《直隶定州志》卷21《尊经阁记》，九州出版社2016年版，第77页。

文庙碑刻

为记录当年事情的原委，旌表历代执政者的功绩，给后人留存珍贵的史料，先人往往将文庙兴修缘由、修复记录、沿革情况刊刻于碑文之上。这些亘古不变、历久弥新的碑文是研究定州文庙的宝贵资料，具有极高的书法艺术和科学研究价值。它们见证文庙兴衰，传承儒家文化，诉说着往事沧桑。

北宋碑刻

北宋初年，宋太祖为了抑制藩镇割据势力，实行"兴文教、抑武事"政策，重视发展礼乐教育，推崇儒学。大中祥符二年（1009年），宋太祖感于先师孔子之伟大，遂"诏文宣王庙，木圭易以玉，赐桓圭一，加冕九旒，服九章，从上公之制"[①]。随着三次兴学运动的展开，出现了"今天下郡邑必有学，学必有庙"的盛况。北宋一朝，定州官学正式宣告成立，庙学合一制度得以确立。时任定州知州的韩琦对定州官学的成立做出了巨大贡献，民众为缅怀先人伟大业绩，重温

① 耿素丽、陈其泰：《历代文庙研究资料汇编》第8册，国家图书馆出版社2012年版，第255页。

圣贤高尚品格，于元丰三年（1080年）在文庙西立韩忠献祠堂，以示崇敬。见证文庙千年沧桑的记碑如今依旧矗立在文庙第二进院落内。由时任定州州学教授郭时亮撰写的碑文如下：

元丰元年十月，颖川韩公自并门拜命，以建雄之节来镇中山。公至，行政恺悌，临事果断，宽猛适中。民爱且畏，而相与语曰："我公之于政，疾恶好善，大概似魏忠献公也。魏公，亦韩姓也。惟我中山之民思魏公之深，而欲为之堂宇，像其容貌，四时祭享，以厌吾思也久矣。每惟官府之弗与，故不敢为之。今观我公之所存，有似魏公，又况乎姓氏之同，是岂不爱魏公之为人，而欲见其仿佛也。吾侪虽卑，亦当告其所志，宜若我公与之也。"乃属其士子之在学者，愿见我公而请焉。既而公果临学，奠谒先圣先师，士子因得序进于前，乃请于公曰："昔魏公之守中山，凡五年矣。方其下车，卒伍之众，玩习偷惰。前为郡者，徒务姑息，至是骄悍，恬不以约束号令为意。其闲往往构为奸宄，摇惑党类，居民震恐，日不遑宁。魏公皆按以法。由是奸党丧魄，莫敢动气，民始能以相保。继而境内饥馑，河水决溢，须堤防材用；而又大农每岁出金币，使民均售，有司拘文责办，而不以饥馑为恤。众方患其无备，而复有流离之虞。于□魏公开仓廪，赈乏绝，因献策于朝，请自中山以北皆为边防州郡，愿罢去一切科调，使藏于百姓，以待缓急。朝廷从之。而此邦之人遂大和会。乃训练卒伍，劝课农桑。兵强民富，政尚宽简，则又建立学校，诱诲其为士者。自彼时至今，民得安堵，而蒙被朝廷之惠泽，又得教其子弟而学先王之道者，皆魏公之力也。

魏国韩忠献公祠堂记碑

愿为堂宇，像其容貌，四时祭享，以厌其思。"公喟然叹曰："德之在人，有至于此！吾闻善为政者，上以禀君之命而不欺慢，下以从民之欲而不敢拂。今民诚思魏公，而所欲如此，况在教令之不禁，其听尔为之。"众闻之喜曰："信乎！我公之恺悌也。"乃聚材鸠工。未几，堂成像立。公谓时亮曰："宜有以记斯民之志也。"时亮辞不获命。盖闻之，昔召伯茇于甘棠之下，羊公憩于岘山之上；及其往也，民思其人，则有爱甘棠而戒以勿伐，即岘山而因以立庙。彼诚有以格民之心，而使之久而不忘也。若诗人之美，史氏之褒，岂欺我哉！矧魏公弼亮之勋，无替于古人。语其大，则定策推圣，光绍帝绪；语其小，则镇抚方国，勤施犹训。其严于祭享，则有英宗庙廷之配侑；其铭于金石，则有上主圣作渊懿。若乃斯民之思慕，他人之称述，岂足以明魏公之善也。然民服道化而能不忘旧德，则不可以不书也。愚于是喜顺民之信厚，而乐颍川韩公之不拂其民也如此。故取其民所请之意详记之。元丰三年正月十九日建[1]

韩琦字稚圭，相州安阳人（今河南安阳人）。北宋仁宗时知镇、定二州，他廪治武库、劝农兴学、为相十载、辅佐三朝，离任知州时，民众莫不哭泣挽留。北宋熙宁八年（1075年），韩琦去世，享年68岁。宋神宗赐"尚书令"，追谥号"忠献"，配享英宗庙庭。清咸丰二年（1852年），文宗皇帝谕内阁："宋臣韩琦历任三朝，劝业彪炳。其生平学问，经济原本忠孝。"[2]遂从祀文庙东庑，位于陆贽之后，以旌表忠诚，宣扬实学。

时任定州知州韩绛，听从民众建议，将韩琦戍边保民、

① [民国]何其章：《定县志》卷19《魏国韩忠献公祠堂记》，成文出版社1934年版，第1064—1068页。
② 耿素丽、陈其泰：《历代文庙研究资料汇编》第8册，国家图书馆出版社2012年版，第200页。

开仓救灾、设立官学等事迹逐一刻于碑上，表达了后人对韩琦的无限思念及治定功绩的认可。

元朝碑刻

元朝虽为蒙古族建立的政权，依然采用"尊孔崇儒"的治国理念，故对各地文庙保护、修缮有加，例如：至元三十一年（1294年），元成宗甫一登基，便诏中外尊崇孔子。又诏曲阜孔庙，上都、大都、诸路、府、州、县、邑庙学、书院供给学田以供春秋释奠，修葺庙宇。从此，"天下郡邑庙学无不完葺，释奠悉如旧仪"[1]。在浓厚氛围的影响下，定州文庙在元朝有五次明确的修葺记录。令人感到遗憾的是，只有大德十一年（1307年）元成宗加封孔子"大成至圣文宣王"的碑刻流传下来，至今仍保留在文庙院内，只是碑刻中的文字在风雨侵蚀下已模糊不清、无法辨认。此碑身长184厘米，宽88厘米，座长96厘米，宽56厘米，高41厘米，碑额雕刻盘龙纹，碑阳元加封孔子大成至圣之诏旨。

有元加号大成之碑

据《民国定县志》记载，该碑分为上下两节，上节为14行蒙古文字，下节为14行汉字，每行皆为13个字。碑文记载如下：

> 上天眷命皇帝圣旨，盖闻先孔子而圣者，非孔子无以明。后孔子而圣者，非孔子无以法。所谓祖述尧舜，典章文武，仪范百王，师表万世者也。朕续承丕续，敬仰休风，循治古之良规，举追封之盛典，加号大成至圣文宣王，遣使阙里祀以太牢于献父子之亲，君臣之义，永惟圣教之尊，天地之大，日月之明，奚罄名言之妙，尚资神化，祚我皇元，主者施行。[2]

① 耿素丽、陈其泰：《历代文庙研究资料汇编》第8册，国家图书馆出版社2012年版，第281页。
② [民国]何其章：《定县志》卷20《有元加号大成之碑》，成文出版社1934年版，第1125页。

元朝皇帝将"千古一人"孔子谥号推向无以复加的程度，其创立的儒家思想集尧、舜、文王、武王之精华，对维护封建伦理道德和实现社会教化具有重要意义，因此，后世历代统治者为巩固朝纲、延续国脉，一直沿用这种做法。

清朝碑刻

清朝为少数民族建立的最后一个封建王朝，是文庙大发展、大繁荣时期。统治者将儒学推向了一个前所未有的高度，对文庙的礼仪制度进行了统一规定，在建筑形式、建筑名称、建筑色彩等方面为全国颁布了统一标准。现存各地的文庙基本都经过清朝的维修与扩建。如今定州文庙南院节孝祠内留有一碑刻，但早已文字漫漶。据《道光定州志》记载，其文描述了移建节孝祠的原因、兴修概况、建筑规制、入祠条件以及在社会教化中所起的作用。州牧宝琳撰写的碑文如下：

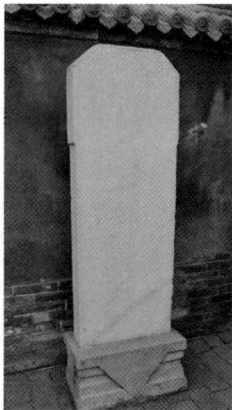

移建节孝祠碑

　　今使女士必求于诗礼之家、缙绅之族，何以桑枢蓬户不乏完贞，蚕娘转多微行乎？大抵人生节义事，所以得于天者有异也，所以成于俗者不浅也。定州地介燕赵间，士夫固多慷慨好义，女子虽以柔顺为质，而性习相济，亦能柔而不靡，顺以为正。况我国家敦崇名教，整肃风化，巾帼而丈夫之者，更无间于富贵寒贱哉！定州前志载节烈妇女不及百人，厥后之题请旌表及闻于学，使牧守给予匾额者，已过于前志之数。本年重辑州志，犹恐奇贞苦节湮没于乡曲僻处者不少，亟选公正绅士，分按城乡，切实访察。访察既得，则仍令保洁如例，其稍有不合者，削去之。盖节孝一事，采访不可不博，博则少所遗；查核不得不严，严则俞可重。半载以来，又实得贞洁妇女二百余人，合之旌给匾而未入志者，至三百余人，可谓盛矣。今夫阐幽光而维圣化宣国恩，守土之责也。既续汝诸妇女于志，乘即举其未邀旌典者，汇案详情题奏，并捐廉设餐馆、备纸笔，不使胥吏辈从中稍有取索，务使贞魂地下普沾日月之光，孤影灯前早慰冰霜之志惟是。定州节孝祠向立于衙署东，近市而隘陋，益以续祀者数百，尤虑不足以容。今夏四月改择地于文庙棂星门左，经营捐建。门北向，石为之，框期坚致也。入门西折而北，为重门。门内正楹三，南向。旁楹各三，东西向。其木材砖瓦工役，仍令前督文庙工者董之，必使宏敞高洁，整饬稳固，可以垂百年不敝而后者已。工竣后，则吉入韦主而祭告之。呜呼，凡为节孝者亦具有荣乎。夫妇女而必以节孝称，亦妇女之不幸也；孝而身披恩荣，享春秋祀，则不幸之幸也。阐扬所至，民俗更新，荆布之俦益操贞洁，龙无吠而少感悦之人，鼠有牙而绝穿墉之事。次邦风土不且继二南而高三辅也哉。是为记之。[①]

民国碑刻

　　民国以降，人们曾狭隘地认为中国之所以落后挨打就是因为传统文化封建、保守、落后，因此，便把满腔怒火对准了儒家文化创始人孔子。一时间，作为儒家文化载体的文庙有的被蚕食，有的被焚烧，有的被拆毁，甚至屡有砸毁孔像事件。民国二十二年（1933年），定县县长何其章见到文庙日益倾圮颓败，遂率僚属将其修葺一新。州人胡振春撰写的碑文如下：

① 定州市档案局编：《直隶定州志》卷22《移建节孝祠记》，九州出版社2016年版，第49—51页。

民国重修文庙碑

自清季惯于教术，神徂圣伏，沈冥于□盲否塞之秋，而举世泯棼流而为，肆无忌惮之俗论，称无鬼而语不及神。虽君亲父师且泛泛如萍梗于江湖而谪相值，而天地、山川、风雷、日月、社稷、群神之祀，一切置焉。不问，则圣人神道设教之意，遂等于茫渺而不根甚，且谤圣毁天欲胥。孔孟之命而草之，而何有于庙乎？定之文庙创始于唐之大中二年，范阳卢公简，真儒吏称首，历宋、金、元、明以迄，有清儒师贤牧颡，皆踵功浩大，赓续前修。宝公梦莲，复为陈祭器、演乐舞。孔堂之金石、丝竹阅数千载而如闻其声于勣盛矣。然谪值重道，崇儒稽古，右文之世，肇称殷礼，咸秩无文钏。至圣先师，生民未有，故度宏规而大起世增饰，以崇麓承流，布化不难，缔造之一新。盖其时之大，可为也。近世至道，榛无异学，簧鼓风移，世变几疑，天之欲丧斯文也。一旦倡议，兴修而群焉鼓舞，无论同声之相应即漠视孔教者，靡不乐兴从事焉，乃以信。圣道之通行，不独溢中国而施蛮貊而浸浸乎。普及于五大洲者，为不言至也。于南夷见圣焉，师若弟神，游炎洲，语中邦，以水患而别风淮雨后。不闻灾，不徒波澄海衡，南郊草木识文明也。于北夷见圣焉，圣彼得艺学，格治阔洽，教于俄京，而雪窖冰天，政俗一变，不徒冠裳礼乐，拓跋世族震中华也。于东夷见圣焉，海岛东京膜拜曲阜，吾圣之春风化雨，霪淋披佛，荒大东也。于西夷见圣焉，英伦谊士，翻译群经，吾圣之诗书六艺，纷纷挥霍泰西也。大圣人之德教，中土乱其真，而衰外洋师，其意而盛，岂徒百王之模范，实为万国之薪传。凡有血气，莫不尊亲子思，子非虚言矣。故值屏庙之毁

废而幡天际地。孔庙迤肖然独存则向之，藩拔级夷，剥
佟不治，儿童走卒，亵渎神庭者，特文明一朝之劫而
规。恢腾迹别白而定一尊，益以见中土教术之非，而背
圣反经之无，当于治也。定之诸绅，慨儒学之寝微，睹
圣庭之窈废。尽然，伤夫不足，以揭虔妥灵也。请知县
何公建言，修复用是，鸠工庀才，而殿庑、桥门、厅
壁、祠宇，以次兴筑，丹漆金碧，轮焉奂焉。费计四千
圆有奇，咸资财政盈余，而不累一民，不劳烦大众，凡
六月而告成焉。虽祭器、乐舞之备尚有待于徐图，而儒
士振废起衰之感已于是乎昭然若发矣。扬子云云："为可
为于可为之，时则从余以为，为可为于，不可为之，时
则亦未始不从也。"①

民国初年，儒学被推向了深渊，却对儒家文化圈内"东
夷""西夷""南夷""北夷"的政治、经济、文化产生广泛且
深远的影响。知县何其章慧眼看到儒学依旧发挥的重要作用，
在不劳烦大众的情况下率僚属将殿庑、桥门、庭壁、祠宇等建
筑修葺一新。虽然祭孔活动在当时严峻的环境中并未恢复，但
此次兴修对文庙古建筑的保护起到了至关重要的作用。此外，
在碑阴还有王思棠撰写的碑文：

时局变而政日繁，昔文庙基金悉被搜攫以去。其仅
存者惟西街关帝庙后地二段。一段长三十五丈七尺，南
横四丈三尺，北横二丈五尺；一段长十一丈九尺，横七
丈九尺五寸。两段地共三亩三分余，系租户隐匿儒家
学田，经看守张冠军查处归入。庙内者，又近时查明东
围墙，外有四尺通街道一条。此外，大殿前柏有六十七

① ［民国］胡振春：《重修文庙
碑记》，碑刻现存于定州文庙大成
殿西侧。

株，槐一株；戟门前柏十株，槐十二株；泮池南北柏一百零二株，皆所谓饩羊硕果也，不可以不记。①

综上所述，在"毁庙兴学"的氛围下，作为文庙重要经济来源的学田多被侵蚀，甚至还有租户隐匿学田的事件发生。有识之士为了维持文庙正常运转，遂将学田归入文庙，这给文庙教学活动提供了坚实的物质保障。

其他碑刻

除以上介绍的碑刻外，还有散落于文庙内的残碑，它们或已模糊不清或已被蚕食，后人无法辨识其内容，但同其他碑刻一样，作为历史的见证者、文庙的守望者，它们日夜与文庙为伴，经历过沧海桑田，感受着日新月异，是定州文庙不可遗失的文化符号与记忆感知。

文庙内遗留的碑文

① ［民国］王思棠：《重修文庙碑后记》，碑刻现存于定州文庙大成殿西侧。

文庙楹联

作为封建礼制性建筑，文庙主要建筑房门两侧都设有楹联，表示建筑的功能与用处，彰显出浓郁的儒家文化内涵。定州文庙自创立至今历经风雨沧桑，但楹联内容无一例外地都是在传承与弘扬儒学这一主题。按照建筑物主次顺序，定州文庙楹联如下：

大成殿楹联

外楹联：　觉世牖民诗书易象春秋永垂道法
　　　　　出类拔萃河海泰山麟凤莫喻圣人
内楹联：　气备四时与天地鬼神日月合共德
　　　　　教垂万世继尧舜禹汤文武作之师

大成殿内外共有楹联两幅，外楹联描述孔子搜寻、整理、记录、删述六经的故事。昔日周王室衰微，诸侯叛乱，挑衅不断，周王室所保存的《诗》《书》《礼》《乐》《易》《春

定州文庙大成殿匾额及楹联

秋》等典籍也难逃战乱的冲击与毁坏。中华礼乐文明经过史前数千年乃至上万年的演进与积淀，面临着被拦腰截断的危机，礼乐制度和文化传统可能荡然无存。所幸孔子肩负起承前启后的文化传承使命，开创了以儒家文化为核心的中华文明。正如朱熹所言："天不生仲尼，万古长如夜。"的确，没有孔子的贡献，作为中华文化基石的五部经典文献，其命运恐怕也逃不出灰飞烟灭的局面，中华文明可能就是断断续续的了。鉴于孔子在传承中华文化上做出的巨大贡献，泰山、麒麟、凤凰等中华民族公认的吉祥图腾都无法与之媲美。

内楹联由康熙皇帝为曲阜孔庙大成殿所撰，乾隆皇帝题写。该楹联赞扬孔子品德高山仰止，学识博大精深，尤其盛赞孔子提倡的"知其不可而为之"的自强不息精神，"老有所依，幼有所长"的仁爱精神，"有教无类"的平等精神，"己所不欲，勿施于人"的忠恕精神等。它们万古流芳、历久弥新，至今仍熠熠生辉。

明伦堂楹联

传道授业解惑育英才诲人不倦

修身齐家治国平天下求知愈勤

明伦堂作为文庙教学区域内的核心建筑，其楹联彰显了主体建筑的功能与作用。传道、授业、解惑语出韩愈《师说》："师者，所以传道、授业、解惑也。"其点明了教师的职责与本分。修身、齐家、治国、平天下出自《礼记·大学》："古之欲明明德于天下者，先治其国；欲治其国者，先齐其家；欲齐其家者，先修其身；欲修其身者，先正其心；欲正其心者，先诚其意；欲诚其意者，先致其知，致知在格物。物格而后知至，知至而后意诚，意诚而后心正，心正而后身修，身修而后家齐，家齐而后国治，国治而后天下平。"儒家学派认为具有崇高德行与高尚品格的贤人，才能经国济世、安定天下，这体现出"内圣外王"的入仕理念。

定州文庙明伦堂匾额及楹联

文庙匾额

匾额作为封建礼制建筑的重要组成部分，展现着建筑物的性质与功能，蕴藏着深刻的文化意蕴。定州文庙匾额集书法艺术、语言艺术、雕刻艺术于一身，不仅彰显统治者对儒学的尊崇，也暗示儒家文化博大精深与孔子德高望重。

"万世师表"

定州文庙大成殿孔子雕像正上方悬挂"万世师表"匾额。"万世师表"一语出自元成宗大德十一年（1307年）加封孔子大成至圣文宣王诏书："先孔子而圣者，非孔子无以明；后孔子而圣者，非孔子无以法。所谓祖述尧、舜，宪章文武，仪范百王，师表万世者也。"①诏书中的"师表万世"，就是后来康熙所题"万世师表"的前身。康熙二十三年（1684年），康熙皇帝东巡阙里，召孔氏子孙曰："至圣之德与天地日月同其高明广大，无可指称。"②特御笔题写"万世师表"四个大字高挂大成殿中，不只是"阐扬圣教"，更是"垂示将来"。康

---

① 耿素丽、陈其泰：《历代文庙研究资料汇编》第3册，国家图书馆出版社2012年版，第331页。

② 耿素丽、陈其泰：《历代文庙研究资料汇编》第8册，国家图书馆出版社2012年版，第147页。

大成殿中"万世师表"匾额

熙题字后，诏令全国各地府、州、县文庙以此为拓本，悬挂于孔子雕像正上方。

"圣集大成"

在大成殿"万世师表"匾额西侧挂有清嘉庆三年（1798年）御笔题书的"圣集大成"额。嘉庆三年（1798年），仁宗睿皇帝亲临辟雍行讲学，行释奠先圣先师大礼，"御书圣集大成额于太学、阙里及天下文庙"[1]。定州文庙将此匾额保留至今。"圣集大成"语出《孟子·万章下》："孔子之谓集大成。集大成也者，金声而玉振之也。金声也者，始条理也；玉振之也者，终条理也。"这里以音乐的开始与终结比喻孔子集古代圣贤之大成于一身，教垂万世。

大成殿中"圣集大成"匾额

"德齐帱载"

在定州文庙大成殿"万世师表"额东侧还挂有咸丰皇帝于咸丰元年（1851年）御笔题写的"德齐帱载"额。咸丰元年（1851年），文宗皇帝"颁御书德齐帱载额于太学、阙里及天下文庙"[1]。"德齐帱载"语出《中庸》："仲尼祖述尧舜，宪章文武，上律天地，下袭水土，譬如天地无不持载，无不复帱。"赞扬孔子个人的品德与学术思想，可以经天纬地、包罗万象。

"德配天地"与"删述六经"

据《道光定州志》记载，州牧宝琳于道光二十九年（1849年）在文庙西侧建坊，东向曰"德配天地"，西向曰

① 耿素丽、陈其泰：《历代文庙研究资料汇编》第8册，国家图书馆出版社2012年版，第199页。

大成殿中"德齐帱载"匾额

"删述六经"。"德配天地"语出《庄子·田子方》:"夫子德配天地,而犹假至言以修心,古之君子,孰能脱焉?"此为庄子引用孔子赞美老子的言辞,隐喻孔子道德可与天地匹配,至高无上、完美至极。"删述六经"体现了孔子对传承中华文明做出的巨大贡献。没有孔子就没有六经的传承,没有六经的传承中华文明就不能成为完整的中华文明。

"道冠古今"与"乘意万世"

州牧宝琳在文庙西侧建坊的同时还在东侧建坊,西向曰"道冠古今",东向曰"乘意万世"。这里的"道"指的是"修身、齐家、治国、平天下"之道。此道不仅显示出古人出仕的重要途径,而且对提升世人的道德修养具有重要借鉴意义。只不过饱含深邃寓意的东西二坊现已不存在了。

08>

定州文庙的「人」与「物」

定州文庙的相关「人」

定州文庙的相关「物」

定州文庙自唐大中二年（848年）由州帅卢简求创建以来，历经宋、元、明、清四朝始终矗立于城之西北。经历过千年风霜雨雪和世事变幻，它早已与这座城市的灵魂融为一体，与当地民众的愿景心心相印，成为这座古老城邦的文化地标和百姓的精神家园。绵延千年而形成的崇文重教、比学赶超的向学精神，薪火相传，生生不息，为中山故国积累了深厚的文化底蕴，营造了浓重的文化氛围，传承了悠久的文化血脉，因此，自唐以来定州始终为"英贤辈出，炳耀史乘，人才翼翼之地"①。即便清末"新政"以来，"庙"与"学"自此分离，一以贯之且持久不衰的文脉血统让"定县教育发达为他县所不及，故中等以上学校在平、津、保定各地无不有定县人侧身其间"②。民国初年，在定县开办的新式教育种类繁多、门类齐全、层次清晰，包括官立中学、男女师范学校、乡村师范学校、乙种职业学校、女子高等小学，尤其是高等小学的设立更是"于直隶为最早"③。

同时，在文庙营造的崇文重教氛围下，定州逐渐成为区域教育中心，现如今留有的以贡院、书院为代表的封建科举考场和教育组织形式就是最好的佐证；另一方面，民国十六年（1927年）晏阳初主导的"平教会"以定县为实验区，"共成立平民学校四百十七处，前后毕业者达数万人"④。针对旧中国国民"愚""贫""弱""私"的顽疾而发起的平教运动以定州为中心，前所未有地减少了当地百姓的文盲率，提高了民众素质，进一步营造出强烈的崇文重教氛围。一处处珍贵的古迹，一个个真实的故事，都是定州尊师重教的历史记录，是定州文教地位的鲜明写照，是定州文教昌明的历史积淀。

---

① [民国] 何其章：《定县志》卷11《文献志 人物》，成文出版社1934年版，第561页。

② [民国] 何其章：《定县志》卷11《文献志 人物》，成文出版社1934年版，第630—631页。

③ [民国] 何其章：《定县志》卷3《政典志 学校表》，成文出版社1934年版，第203页。

④ [民国] 何其章：《定县志》卷3《政典志 学校表》，成文出版社1934年版，第219页。

定
州
文
庙
的
相
关
『
人
』

　　科举制是通过分科考试的办法选拔官吏的制度，以"公平竞争，择优录取"为特点，被认为是中国的第五大发明，对东亚文化圈内国家影响至深，并对西方文官制度产生了重要影响。它肇基于隋，形成于唐，完善于宋，成熟于明，衰落于清，绵延1 300余年，为封建社会培养了大批人才。作为河北省创建时间较早，影响力较大的地方官学，定州文庙培养的生徒可谓名流辈出、群英荟萃。据记载，高中进士的唐朝有9人，北宋1人，金朝5人，明朝16人，清朝9人；高中举人的，明朝有66人，清朝有57人。[1]在绵延不断的历史长河中，产生了一批又一批的文武将才和治士贤能。下面就定州文庙培养的杰出人才简要概括如下：

郝浴

　　郝浴（1623—1683），字冰涤，号雪海，后更号复阳，清直隶府定州（今河北省定州市）唐城村人。他"少有异禀"[2]，

① 数据依据定州市档案局编：《直隶定州志》卷15《人物　科举》，九州出版社2016年版，第1—8页整理而成。
② 转引自李奉佐主编：《银冈书院》，春风文艺出版社1996年版，第1页。

"生而机警，负异才"①，"少有志操，负气节"②。十四五岁时，即能通六籍百家之言，注重时务，高自期许，讲求古今治乱兴亡之故，而慕诸葛忠武、李邺侯之为人。崇祯十五年（1642年），他的家乡遭遇兵乱被毁，但仍读书不辍，探寻义理。顺治三年（1646年），中举人。顺治六年（1649年），中进士后先授刑部主事，旋改"御史巡按四川"③。其间，他心系百姓，牵挂苍生，微服私访战后的蜀中，"一望丘墟，城郭内外鞠为茂草"④，遂建议免除牛租，照籍屯田。当他在保宁城"监临乡试"时，恰逢南明刘文秀率大军前来偷袭。此时的平西王吴三桂部被刘文秀打得退守绵阳，逡巡而不敢进。郝浴派人一夜飞檄七次，严正警告吴三桂及其军队"务要其必归"⑤，否则"不死于贼，必死于法"⑥。吴三桂知其为刚正不阿、性情耿直之人，惧怕受到圣上追责，遂统大军支援保宁。在郝浴的正确谋划和积极发动下，大破刘文秀部，解保宁之围，并趁机收复四川全境。

然而，早有反叛之心的吴三桂"忌其忠鲠，欢其柄用，摘浴前疏，诬为冒功"⑦，并派人买通朝臣。顺治十一年（1654年），世祖皇帝听信谗言，郝浴被流放到盛京之崇阳堡，随后投奔位于铁岭的好友。辽宁世代为边陲重镇，常年为征战之地，铁岭更为蒿草丛生、瓦砾遍地的荒芜之地，"教育远不足征"⑧。为了实现自己"澄清斯世""解救苍生"的平生夙愿，他决心收徒讲学，培养学生参与国事。他将自己的书房辟为讲堂，亲书"致知格物之堂"的匾额悬于门楣上。当地民风剽悍，崇尚武力，民众以读书为耻，他谆谆告诫曰："人不通古今，牛马而襟裾。有守书苦吟者，藏万卷书而当下不能粥辨一事者。汝知之乎？"⑨郝浴谪居铁岭十八年，"讲学授徒，说礼乐，敦诗书，文化渐开，士知向

① 上海书店编：《清朝野史大观》3《清人逸事》卷5，上海书店印行1981年版，第195页。
② [民国] 赵尔巽等：《清史稿》卷270，吉林人民出版社1995年版，第7888页。
③ [民国] 何其章：《定县志》卷13《文献志 人物》，成文出版社1934年版，第757页。
④ 转引自李奉佐主编：《银冈书院》，春风文艺出版社1996年版，第5页。
⑤ [民国] 何其章：《定县志》卷13《文献志 人物》，成文出版社1934年版，第758页。
⑥ [民国] 何其章：《定县志》卷13《文献志 人物》，成文出版社1934年版，第758页。
⑦ [民国] 何其章：《定县志》卷13《文献志 人物》，成文出版社1934年版，第758页。
⑧ 黄世芳、陈德懿：《铁岭县志》卷5《教育序》，成文出版社1974年版，第409页。
⑨ [清] 郝浴：《郝雪海先生笔记》，中华书局1985年版，第26页。

学"①。在辽北小城创建的银冈书院，为辽宁乃至整个东北地区培养了诸多文人学者和治士能臣。既有戴遵先、戴盛先等文人骚客，还有徐元弼等知名教育家，使铁岭三百年来文运昌盛，绵延不绝。"人文蔚起，科第连绵，或穷经术，或究理学，或攻经济，或擅词章，代有传人，称文风之盛。"②正所谓"记吾冈下所种桃李，皆数度开花而成实矣。所举二三犬子亦衰然冠而似丈夫矣"③。银冈书院作为清代东北地区久负盛名的书院，是五大书院之一，在东北教育史上具有举足轻重的地位。正如曾任奉天府尹的屠沂在《重修银冈书院记》中所云："兹铁岭片石，即与嵩阳、白鹿、岳麓、石鼓四大书院而五焉奚不可也。"④由诗人商其果所作的《书院榆树》赞美书院桃李芬芳，世有传人："老树婆娑满院阴，每当风雨做龙吟。三春铸得钱无数，飘落人间总不寻。"

铁岭人民从未忘记过这位给他们带来儒学正统教育和文明的定籍人士，他们编"郝浴歌"，设"郝公祠"，唱歌和曲，供奉其牌位，悬挂其塑像，并在春秋两季焚香祭祀，这种现象一直延续到民国。

值得一提的是，宣统二年（1910年），来铁岭投奔父亲和叔父的周恩来曾就读于银冈书院小学部。虽只有短短的半年时间，却让成长在封建教育下的周恩来第一次接触到西方启蒙思想，从某种意义上讲，正是银冈学院开放的学术风气和先进的教育思想，帮助周恩来迈出了革命的第一步，是他人生道路上的一个重要转折点。正如周总理1946年9月同美国《纽约时报》记者李勃曼谈话时所言："十二岁的那年，我离家去东北。这是我生活和思想转变的关键。没有这一次的离家，我的一生一定也是无所成就，和留在家里的弟兄辈一样，走向悲剧的下场……我在铁岭入了小学，从受封建教育

① 转引自李奉佐主编：《银冈书院》，春风文艺出版社1996年版，第19页。

② 黄世芳、陈德懿：《铁岭县志》卷5《教育序》，成文出版社1974年版，第409页。

③ [清] 郝浴：《银冈书院记》，见李奉佐主编：《银冈书院》，春风文艺出版社1996年版，第184页。

④ 屠沂：《重修银冈书院记》，见李奉佐主编：《银冈书院》，春风文艺出版社1996年版，第189页。

转到受西方教育，从封建家庭转到学校环境，开始读革命书籍，这便是我转变的关键。"[1]

谷钟秀

谷钟秀（1874—1949），字九峰，定州东马家寨村人。他天资聪颖，敏而好学，熟读以"四书五经"为代表的传统儒家经典。清末，以优贡身份由定州文庙选送至国子监肄业。清光绪二十七年（1901年），赴日本早稻田大学攻读政治经济专业。其间，与孙中山先生结识并深受其民主共和思想影响。归国后，任直隶高等师范教员，旋任直隶督署秘书。辛亥革命后，各省选派代表赴武昌组织临时共和政府，谷钟秀当选直隶省代表赴汉参会。民国成立后，与同籍道光举人王振垚共同当选南京临时政府参议院议员，谷钟秀又被推选为委员长。在民国二年（1913年）召开的中华民国众议院会议上，先后当选众议院议员和宪法起草委员，在天坛祈年殿起草中华民国宪法，所谓"天坛宪法草案起草者也"[2]。民国三年（1914年），创办泰东书局并兼任总编辑，创办《中华新报》。尤其是担任《正谊》杂志主编后，他积极宣扬民主共和思想，反对袁世凯个人独裁，主张实行责任内阁制度，带头打破舆论界万马齐喑的沉闷局面。

民国五年（1916年），谷钟秀参加护国战争，任段祺瑞政府农商部总长兼任全国水利总裁。就职前夕，他于众幕僚前发表就职演说，从农业、商业、林业、矿业、渔牧等几个方面分析当时所面临的困境和机遇，并提出针对性的建议，勉励全体主事同仁要"得尺则尺，得寸则寸，持之以渐，必有可观"[3]。民国十二年（1923年），任收回铁路筹备处总办，筹

① 中共中央党史研究室编：《中共党史资料》第1辑《周恩来同志谈个人与革命的历史》，中共中央党校出版社1982年版，第6页。
② ［民国］何其章：《定县志》卷11《文献志·人物》，成文出版社1934年版，第620页。
③ 华辰：《北洋政府农商总长谷钟秀就职演说辞》，载《民国档案》2005年第2期。

办胶济铁路续路等事宜。民国十五年（1926年），任河北省政府委员兼井陉矿务局局长。民国十六年（1927年），任西北军阀冯玉祥的顾问兼陕甘豫三省建设委员会主任。民国二十二年（1933年），在以冯玉祥为首的抗日同盟军任军务参赞。1945年后曾任北京市参议会议长、河北省民政厅厅长、河北省通志馆馆长。著有《中华民国开国史》《世界地理》等。

经定州文庙培养的人才涉及各行各业，数量众多，他们已成为这座城市上空闪烁的启明星，照亮后学奋进的路程。

定州，地处华北平原腹地，西依太行，东临渤海，北连京师，南达中原，自古就是兵家必争之地。诚如曾任安徽省教育厅厅长的谢学霖所言："定县当豫晋之权纽，京汉之中权，负山带河，于天下形势为要地。"①因此，历代朝廷对于定州守帅一职"未尝轻易属人"②。自唐以来，以苏轼、韩琦为代表的一批又一批卓越人才、朝廷重臣都曾镇守过定州，他们励精图治、尊师重教，和定州文庙一起留下了一段又一段美谈佳话。下面就几位知州和定州文庙的故事略论一二。

韩琦

韩琦（1008—1075），字稚圭，相州安阳人（今河南安阳市人）。北宋庆历八年（1048年），资政殿学士韩琦充定州路都部署并安抚使兼知定州军州事。辽宋对峙时期，定州为军事重镇，国之门户，其稳定与否事关北部边境乃至全局，为国之大事。定州"地形坦易，无陂泽之阻，敌骑入寇，必驱是疆"③，因此，北宋历代均"聚重兵，择名将，以制其横"④。虽然庆历四年（1044年）宋仁宗下诏州郡皆立学，

①［民国］何其章：《定县志》序，成文出版社1934年版，第21页。
②［清］王大年、魏权：《直隶定州志》卷9《艺文》，雍正十一年刊本，第1页。
③［清］王大年、魏权：《直隶定州志》卷9《艺文》，雍正十一年刊本，第2页。
④［清］王大年、魏权：《直隶定州志》卷9《艺文》，雍正十一年刊本，第2页。

但绝大部分守官对皇帝的圣旨置若罔闻。他们固执地认为地处两国边境的定州，文教事业的发展不值一提。韩琦甫一上任，便亲自前往文庙行释奠礼，以率先垂范的方式展现尊师重教的意图。随着皇祐元年（1049年）宋辽边境的暂时稳定和社会经济的持续改善，韩琦命令礼宾驻泊都监张君挑工选将，将遗留破旧的文庙修葺一新后，增扩文庙北隅并将明伦堂、射圃皆建于此。他还将一千亩闲置田地作为学田拨付给学校，为师生生活、教学和祭祀活动提供有力的物质保障。经过两年艰苦卓绝的努力，截至皇祐二年（1050年），定州文庙"以规以度，不陋不侈；讲授有堂，肄习有斋，庖厨井溷，日用之具，无不备足"①。从大到小、由内到外被韩琦革故一新的文庙受到时人高度赞誉："庠序之盛，为当时河北最。"②

韩琦不仅是定州文庙建立的奠基者，更是定州崇文重教风气的开拓者。一方面，他兴建宣化圣教之地的明伦堂于文庙后，与前面大成殿形成前庙后学的布局形式，正式确立庙学合一制度。正所谓"定学之建始于魏公，定之诸生稍克就学"③。由此迎来了定州文庙第一次辉煌——"中山郡庙学甲天下"。更为重要的是，他改变了定州"为儒而不知兵，为将而不知书"的文武对立观念，引领"为政必知本，文武一道也"④的文武兼备施政理念，开定州兴办官学教育之先河，从此以后定州崇文重教之风日渐浓郁。受其感染，历代继任者均以崇文教为己任，文庙虽经数次朝代更替和战争兵燹，但都被留存下来。及至明末，"丱角之童咸知执经问道，以最厥程……虽武夫、悍卒皆能歆艳而趋向之……"⑤正由于此，定州百姓向学之风蔚然兴起，学先王之道义，蒙朝廷之恩惠。为了深切缅怀韩琦在定期间的功绩，恰逢文庙修建好三十年

① 定州市档案局编：《直隶定州志》卷21《宋韩魏公定州儒学记》，九州出版社2016年版，第21页。
② 定州市档案局编：《直隶定州志》卷21《中山府学田记》，九州出版社2016年版，第72页。
③ ［清］黄开运：《直隶定州志》卷10《左春坊谕德傅瀚重建定州儒学记》，康熙十一年刊本，第52页。
④ 黄彭年：《畿辅通志》卷153《重修文庙记》，凤凰出版社2010年版，第460页。
⑤ 定州市档案局编：《直隶定州志》卷21《知州项昌铭建学记》，九州出版社2016年版，第73页。

后的，元丰三年（1080年），民众于文庙西自发为韩琦设祠画像，春秋祀之。

韩琦奉命调离定州时，民众莫不争相挽留，官员皆下跪哭泣，哭声震动四方。此后，他为相十载，辅佐三朝，实乃朝之股肱之臣。熙宁八年（1075年），韩琦驾鹤西去，享年68岁。宋神宗赐"尚书令"，追封谥号"忠献"，配享英宗庙庭。咸丰二年（1852年），文宗皇帝告谕内阁："韩琦历任三朝，勋业彪炳。其生平学问，经济原本忠孝。"[1]由于学识渊博、功勋卓著且忠心耿耿，文宗朱批准其从祀于文庙东庑，位于陆贽之后，以旌表忠诚，宣扬实学，从而表现出内忧外患的清政府对真才实学人才的渴望。

韩琦具有极高的文学造诣，在定州期间创作了大量众人耳熟能详的诗篇，如《众园春·七律》《寺底遇大雨寄呈二运使》等。此外，清朝编纂的《四库全书》中收录其《安阳集》。

苏轼

苏轼（1037—1101），字子瞻，号东坡居士，世人称苏东坡、苏仙，眉州眉山（今四川省眉山市）人。北宋著名的政治家、文学家、书画家，在诗、词、散文、书画等方面均取得杰出成就。与其父苏洵、其弟苏辙合称"三苏"。其诗善用夸张手法，与黄庭坚合称"苏黄"；其词雄健奔放，与辛弃疾合称"苏辛"；与同时代的欧阳修皆为"唐宋八大家"之一。

元祐八年（1093年），随着高太皇太后的离世，失去政治靠山的苏轼在党争中不得不辞去礼部尚书一职。他以端明殿学士、侍读学士的身份知定州。虽被贬谪，但他始终心系天

① 耿素丽、陈其泰：《历代文庙研究资料汇编》第8册，国家图书馆出版社2012年版，第200页。

下百姓疾苦和国家前途命运。一方面他指出，天下"治"与"乱"产生的根源在于能否做到上下级间交融和谐、通畅无阻。通则治，阻则乱。在他给皇帝的奏议中将此事利弊描绘得清清楚楚："上下交而其志同，上下不交而天下无邦。夫无邦者，亡国之谓也。上下不交，则难有朝廷君臣，亡国之形已具矣。"[①]遂建议上下级政府间力争做到上传下达、下呼上应、通畅协调、无所阻碍，方能聚四方之力，汇八方之气。另一方面，他始终坚持认为大兴文教虽"身不利于当时，而有不朽之余荣"[②]。与汉朝"以儒为师"的做法相比，秦朝"以法为教""以吏为师"，忽视了社会教化在固邦安民方面发挥的基础性、全局性和内在性的作用，遂导致"其民见利而忘义，见危而不能授命，法禁之所不及，则巧伪变诈，无所不及"[③]。从以上两点来看，苏轼不愧为一位见识独到、深谋远虑的政治家。

根据汉高帝十二年（公元前195年）对王侯将相形成的不成文规定，"诸侯卿相至常先谒，然后从政"[④]。苏轼在定州上任伊始即怀揣恭敬虔诚之心拜谒文庙，以示尊师重教之意，宣扬君臣、父子、夫妻之间等级鲜明的儒家伦理道德，进而从根本上稳定军事重镇定州的社会环境。诚如学官王秉彝所论："人伦之在，天下不可一日废，废则国随之。"[⑤]拜谒期间，苏轼还祭拜配享文庙的兖国公颜渊，对其敏于事而慎于言的处事原则和贫贱不能移的远大志向赞赏有加。在他亲自创作的《告颜子文》中曰："德无穷通，古难其人。惟公能之，循世离伦。富贵不义，视之如云。饮止一瓢，不忧其贫。"[⑥]这充分表现出作为知州的苏轼对以孔子为代表的儒家学派伦理道德的大力推崇，此外，他还在棂星门和大成门围成的廊院内亲手种植槐树一对，表达苏轼对亡妻的无限思

① [清] 王大年、魏权：《直隶定州志》卷9《知定州奏议》，雍正十一年刊本，第7页。
② [民国] 何其章：《定县志》卷19《苏公谒圣庙文石刻》，成文出版社1934年版，第1084页。
③ 定州市档案局编：《直隶定州志》卷21《宋苏文忠公敦教化文》，九州出版社2016年版，第62页。
④ 耿素丽、陈其泰：《历代文庙研究资料汇编》第3册，国家图书馆出版社2012年版，第262页。
⑤ 定州市档案局编：《直隶定州志》卷21《中山府庙学记略》，九州出版社2016年版，第71页。
⑥ [民国] 何其章：《定县志》卷19《告颜子文》，成文出版社1934年版，第1085页。

念，后人称为"东坡双槐"。现在，其主干虽已干枯，但两旁侧生新芽，东槐"葱郁如凤舞"，西槐"虬枝如神龙"，一龙一凤，相映成趣。

虽然受到以王安石为代表的新党势力的强烈打压，仕途黯淡，回京无望，苏轼在定州期间依旧保持积极乐观的精神状态，不改诗人自身特性，创作出大量反映当地文化特色的歌词曲赋，如：蔑视当朝权贵的《书丹元子所示李太白真》，赞扬定州美酒的《中山松醪赋》，同情当地百姓疾苦的《刘丑斯诗》，描绘定州美景的《开园三春》等等。可惜的是，这样的杰出人物64岁时病逝于常州，宋高宗追赠其为太师，谥号"文忠"。

定州文庙的
相关『物』

贡院是科举考试的专用考场，俗称贡士院、贡场、考棚等。贡院作为"抡才重地"是科举考试专门化、制度化、标准化的象征，是士子通往文职殊遇的必经之路和实现光宗耀祖的必经之门。

在科举考试早期，并未形成专门的考试场所，相关考试往往借用官学中的廨舍或者号舍举行。换句话说，早期的官学同时具备培养人才和选拔人才的双重职能。唐朝出现科举考试专用考场——贡院之后，贡院承担起官学选拔人才的职能，这也是科举制度走向成熟的重要表现。

科举考试肇始于隋大业元年（605年），此时的科举考试属于草创阶段，体系尚未完备，标准尚未确立，也没有专门的考试场所。

唐玄宗开元二十四年（736年），始置礼部贡院，启用专门的印玺，开启了贡院的职能。宋沿唐制，在中央一级设置贡院，为省试专用场所。然而，大部分时间内，由于战乱频发和国力不济，贡院并无固定场所，起初在礼部，后移至武城王庙，或在太学，或在开宝寺。直到南宋徽宗时，"礼部贡院已成为辟雍的一个组成部分，并向着建立一个独立的贡院过渡"①。虽然此时的贡院依然寄篱于中央官学外学——辟雍，但已经展示出自身的独立性，具有很强的标志性意义。

随着参加科举考试的人越来越多、科考项目设置得越来越细，南宋一些地方开始设立贡院。宋徽宗政和二年（1112年），"从董正封建请，令诸州遍立贡院"②，然而，随着王安石变法的失败，大部分贡院随"三舍法"一起被废，直到南宋后期，贡院才成为每一座城市中常见的建筑。这不仅有利于维护科举考试的严肃性和权威性，更体现了采用"分科考试，选贤任能"方法的受众性。

明清的科举考试更趋于程序化、制度化和规范化，一方面促使各府、州、县都建立起贡院；另一方面促使贡院规制标准化、统一化和成熟化。

据《雍正定州志》文庙图介绍，定州文庙存有号房三十楹，据笔者推测当时文庙兼为科举考试提供考场，很长一段时期定州没有属于自己的专属科举考场。这一情况直到清乾隆年间才发生变化。清雍正二年（1724年），升定州为直隶州，领曲阳、新乐二县。每逢科举考试，三地童生均需赴正定府应试，正定和定州之间的距离虽不及二百里，但"行礼往来，期会先后，应试者难焉"③。清乾隆二至三年间（1737—1738），州牧王大年"以贡院之缺然未建，乃具诸生之辞请于台宪，而与士民出资创修之"④。道光十四年（1834年），州牧王仲槐率众对贡院进行重修，历时两年之久。该项目包括在号舍前增建魁楼一座，以供奉魁星，祈文运昌盛；后楼两旁各增建耳楼一座，加高一层，以检阅武考生。东、西文场各加宽五尺，主楼起高一层，并添建了大门外的

① 何忠礼：《北宋礼部贡院场所考略》，载《河南大学学报》（社会科学版）1993年第4期。
② ［清］傅增湘原辑，吴洪泽补辑：《宋代蜀文辑存校补》第4册，重庆大学出版社2014年版，第1737页。
③ 定州市档案局编：《直隶定州志》卷22《重修贡院碑记》，九州出版社2016年版，第26—27页。
④ 定州市档案局编：《直隶定州志》卷22《重修贡院碑记》，九州出版社2016年版，第28页。

兵房、执事、仪仗房。仪门外建高楼三座，为考前点名之场所。还将各建筑物围墙改为条砖砌筑，增加号舍和号板的坚固性、耐用性，从而奠定贡院如今的规制。

1905年，随着学部成立，正式宣告绵延一千三百余年的科举制度被废除，贡院中曾经的狂喜与悲怨亦戛然而止。1926年，由晏阳初主导的平民教育促进会由北平移驻河北定县，并将办事处设在贡院。也正是因为有"平教会"在此办公，贡院才得以在数次风波中保留下来。

1956年，贡院被列为河北省重点文物保护单位。1997年，定州市电器设备厂将占用的贡院用地移交给定州市文物保护管理所，魁楼号舍和后楼一直被当作仓库使用，受损严重，但贡院由此重获新生。此后，河北省文物局、国家文物局和定州市政府先后拨专款对贡院进行了大规模维修。2001年，定州贡院被批准为全国重点文物保护单位。

如今的定州贡院位于中山东路的草场胡同内，其设施完备，布局规整，规模宏大，气势雄伟，既为当时州县级贡院之冠，又是目前我国北方地区唯一保存完好的州属科考场所。

贡院由东、西两组院落组成，为中轴对称式古建筑群。西侧院落较大，坐北朝南中轴对称式布局，由南至北依次坐落着影壁、大门、魁阁号舍、大堂、后楼。东侧院落较小，四合院式布局，中轴式二进院式样，主要建筑有跑马道、演武厅、文昌宫、后宫。由此可见，定州贡院是兼具文、武两科考试的场所。

进入贡院，首先映入眼帘的是位于中轴线最南端的长22.25米，高6.1米，厚1.27米的气势雄伟的影壁。其下部为条砖砌筑而成的须弥座式样，上部为砖叠涩垒砌，出挑檐，带正脊，挂垂兽。它不仅有遮蔽和装饰的作用，还是考后揭榜

定州贡院内的魁楼号舍

之处。

　　大门既是进出考场的必经之路，也是验明正身的重要场所。面阔三间长10.06米，进深一间宽4.68米，硬山布瓦顶，木梁架为三柱五檩，梁架上雕刻双面驼峰，图案花纹，各式各样，主要以荷花、榴花装饰而成。

　　魁阁是贡院的主体建筑，也是考试的正式考场，给人以威严、壮观之感，显示出清代建筑的高超设计艺术。明间为半四角攒尖①，四层出檐的形式，与悬山卷棚顶的号舍相连，呈"品"字形排开，势态雄伟，恢宏大气。魁阁是整个贡院建筑的精华所在，体现了定州贡院别具一格的独到之处。

　　号舍为木结构建筑，占地面积近900平方米，面阔七间，进深九间，悬山卷棚顶。考试期间，考生的饮食起居、笔试答题、休息安寝都在里面完成。原本由挡板隔成众多狭小空间。"平教会"占用时期，为了方便授课，将各"号"之间的挡板抽去。定州市电器设备厂占用时期，在号舍内加砌机砖

---

① 明间最高，两侧依次降低，瓦顶也随之分为四层。

墙，改变了号舍的内部空间结构。

　　大堂是考官议事，储存试卷的场所，面阔三间长11.72米，进深两间宽10.89米。瓦顶前部为卷棚硬山顶，二柱六檩，后部为硬山顶，三柱六檩。梁架上所使用的角背和驼墩上都刻有复杂而精致的花纹，用材考究，技术精湛，细致规整。

　　从大堂往北走大约三十米便是后楼，此为考官宿舍，又称"揽胜楼"。面阔五间长11.72米，进深二间宽10.89米。为单檐硬山顶楼式建筑，带正脊，挂垂脊。后出廊，下设两层木栏看台，登临可观看比武场景。东西各建有一座高二层的耳楼，硬山顶，面阔、进深各一间。整体而言，贡院建筑群为坐北朝南中轴式布局，建筑布局高低起伏，错落有致，有张有弛，有急有缓，疏密相间，不仅给人一种森严之感，同时也具有艺术美感。

定州贡院内的揽胜楼

定州文庙的复兴之思

09>

硬件方面：加大投资，优化环境

软件方面：传承文化，延伸教化

文庙是祭祀、缅怀儒家圣贤的重要场所,是宣传、弘扬儒家思想的重要基地,是表现"以儒治国"景况的重要空间。始建于唐大中二年（848年）的定州文庙历经宋、元、明、清发展至今,经过多次拓建与增修,以"中山郡庙学甲天下"之盛名享誉天下。纵览文庙上千年发展变化史,我们可以清楚地看到,不论文庙的规模大小、等级高低、规制形状,总是即毁即修、换羽新生。究其原因,最重要的一点就是儒家文化是中华民族源远流长、薪火相传的精神内核,是炎黄子孙生生不息、繁荣昌盛的精神基因。文庙作为儒家文化的载体与象征,自然备受士人的推崇与膜拜。正如习近平总书记所言:"儒家思想同中华民族形成和发展过程中所产生的其他思想文化一道,记载了中华民族自古以来在建设家园的奋斗中开展的精神活动、进行的理性思维、创造的文化成果,反映了中华民族的精神追求,是中华民族生生不息、发展壮大的重要滋养。"①随着历史车轮滚滚向前,文庙原有功能已经基本消失或不再处于主导地位。作为传统文化的象征,文庙应如何与现代文化相适应、与当代社会相协调呢?这一课题在弘扬中华民族优秀传统文化、提倡"四个自信"、增强国家文化软实力、建设社会主义文化强国的氛围下显得尤为重要,也很有意义。

　　定州文庙作为地方文化、民族文化、圣贤文化的载体,集历史价值、艺术价值和科学价值之精华于一体,是古中山的文脉所在,也是新定州的精神家园。笔者认为,要实现定州文庙的复兴,可从软、硬件两方面着手。

---

① 习近平:在纪念孔子诞辰2565周年国际学术研讨会暨国际儒学联合会第五届会员大会开幕式上的讲话. 新华网2014年9月24日电, http://www.xinhuanet.com/politics/2014-09/24/c_1112612018.htm

硬件方面：
加大投资，
优化环境

定州文庙始建之初位于偏僻、幽静之处，然而，随着人口膨胀带来的城市扩张，定州文庙已位于城之中心。目前，饱经千余年风雨沧桑的定州文庙虽经过多次修复，基本恢复了道光时期的布局形式，但个别单体建筑破损失修、碑刻风化腐蚀、"三防"设施简陋，无法达到国家文物保护法的相关规定。传统、古典、大气的文庙建筑与现代、流行、时尚的都市建筑显得格格不入。应以定州实施古城恢复改造工程①为契机，重塑文庙建筑周边环境。地方政府应严格划定文庙古建筑群保护区，对域内建筑进行搬迁或是对其建筑风格、墙面色彩、装饰样式进行调整，还要注意文庙广场的规划与利用。只有这样，文庙才能在古代建筑和现代建筑的冲突中和谐发展。

加大对文庙保护、利用的支持力度

随着人们逐渐认识到国学在沉淀民族精神、传承民族血

---

① 据了解，定州古城恢复改造工程以恢复古城、改造旧城、建设新城为指导原则，以开元塔和贡院为核心，打造一个集特色商业、文化旅游、休闲娱乐于一体的综合性文化园区。

脉方面发挥的重要作用，中央政府高度重视以文庙为代表的儒家文化遗产的保护与利用。2016年7月26日，国家文物局下发了《关于开展文庙、书院等儒家文化遗产基本情况调查的通知》，其中明确指出："以文庙、书院等文物为代表的儒家文化遗产，是中华优秀传统文化的珍贵物质载体，也是我国独具特色的文物类型。……充分发挥文物的公众文化服务和教育功能，让优秀传统文化融入当代社会、厚植道德沃土。"国家以政策法规的形式表明了以文庙为代表的儒家文化遗产的突出地位与特殊功用，标志着儒家文化遗产保护利用工程正式启动，为文庙日后发展指明了方向、开辟了道路。2017年1月25日，中共中央办公厅、国务院办公厅印发《关于实施中华优秀传统文化传承发展工程的意见》，针对文化遗产明确表示要"坚持保护为主、抢救第一、合理利用、加强管理的方针"。这样，中华优秀传统文化的保护、开发、利用工作已上升为国家战略。

顶层设计出台后，定州市委、市政府应顺应形势、紧跟潮流，积极部署开展这方面的工作。首先，要切实加强组织领导，整合各级各类资源，调动全方位力量，推动形成党委统一领导部署、党政群协调推进、有关部门各司其职、全社会共同参与的文庙保护、开发、利用新格局。其次，要加大对文庙的资金投入，将文庙支出列入每年政府财政预算。同时，成立文庙保护基金会，拓宽资金来源渠道，从而解决文庙发展的后顾之忧。最后，可利用现代多媒体技术，将文庙所藏文物、文献、资料等进行数字化整合，让饱经沧桑的珍贵遗产得以永久地收藏起来，让文物古迹活起来、展现开、传下去。

注重构建文庙内外环境

如今的定州文庙位于中心城区偏北，南侧的白色高楼与枣红色棂星门显得格格不入；东侧的公共厕所和小吃门脸让文庙景区大煞风景；北侧冀中职业技术学院的学生宿舍破坏了大成殿的天际线，因此，笔者建议可以从以下三个方面着手，重塑内外环境。

首先，要划定文庙保护区域，位于其中的建筑在层高上不得高于大成殿，一般来说应在三层以下；在颜色上应与文庙红墙相映衬，增强建筑间的协调性与统一性，烘托传统文化氛围；位于保护区域500米内的建筑风格应与文庙建筑风格相一致，促进文庙区域整体协调发展，维护文庙建筑群的艺术性与整体性。文庙作为祭祀孔子的场所，从内部环境来看应该是庄严、肃穆、神圣的，因此，在文庙甬道和海墁的铺装中，应以传统石材和古典青砖为材料，用古代孔庙常用的铺装形式进行设计。文庙内植物应体现苍古、高雅的特点，可以多种植松柏、银杏等树种，通过儒家宣扬的比德文化，体现环境韵味及意蕴。除此之外，还可以将破损文物结合绿化装饰进行展示，提升文化品位与档次，优化参观环境。

再次，利用定州市委搬迁的重要机遇，可以将原有大院改建为文庙文化广场，其规制应与孔庙"中轴"对称布局一致，可将特制的孔子圣迹像安放于南北中轴线正中，富有年代感的特质石材传递着时代的声音，真实地体现出儒家文化的深邃内涵。铝制坐凳上刻有孔子诸多名言，给人以生活的启迪与灵感，让人们在轻松、愉悦的氛围中感受到儒家文化的博大精深，此外，应注重广场夜间照明，运用中心草坪灯和四周射灯的组合，衬托出优美、典雅的气息；还宜合理设计交通规划，实现人车分流、有主有从、有开有合。

最后，要加强基础设施建设。文庙内多为传统木质结构建筑，缺乏必要的现代化基础设施，这给文庙的发展与维护带来了诸多不便与隐患，因此，文庙在修复中应根据实际需要添加防火系统、排水系统、防盗系统、电力电信系统以及防雷系统、防虫措施等，利用现代化数控管理体系，做到人防与技防的统一结合，实现传统与现代的有机统一。

整合周边景区，开发旅游资源

定州文庙虽为河北省规模最大、保存最为完好的文庙古建筑群，但和市内其他景区相比，宣传力度小、知名度低、游览宾客少。定州文庙管理处应以正在实施的古城恢复计划为契机，融合开元寺塔、定州贡院、中山博物馆、晏阳初故居等代表定州地域特色的景点，整合区域文化旅游资源，深入挖掘文庙遗产价值，弘扬定州崇文重教传统，其中，可以文庙和贡院为核心共同打造儒家文化体验区、科举制度展览区。例如：定州市旅游局联合交管局可在文庙和贡院之间专门开设一条儒家特色旅游线路，游客上午在文庙当"儒生"，聆听圣人教诲，感受圣贤功绩；下午便去贡院当"考生"，身临其境地体验科举考场，感受"朝为田舍郎，暮登天子堂"科举及第的喜悦与快乐。这样，既可将孤立的景点统一结合起来，也可增添景区的文化气息，提高城市品位与内涵。与此同时，还要建立相关配套设施，如景区服务中心、停车场等。还可开发高附加值的旅游产品，如周边可配合开设文房四宝、孔子布衣像等旅游纪念品商店。

软件方面：
传承文化，
延伸教化

定州文庙的复兴除了要复原古典建筑形态、重塑内外环境、整合周边景区、适度开发旅游资源外，还应恢复传统释奠礼仪，延伸社会教育功能，从而提升民众的参与度及社会影响力，进一步增强对儒学乃至传统文化的认同感，提高文庙的知名度与受众性。

恢复传统释奠礼仪

祭孔活动伴随文庙绵延两千余年，是展现高山仰止的儒家圣贤品德的重要形式，是重温博大精深的儒家圣贤思想的重要载体，是缅怀儒家圣贤道冠古今的功绩的重要方式。然而自五四运动以来，定州文庙祭孔活动即戛然而止、荡然无存，时至今日也未恢复，因此，恢复传统释奠礼仪显得尤为必要。

首先，要端正祭孔态度，充分认识释奠礼仪的重要意义。孔子殁后第二年，祭孔活动便在其弟子的自发组织下展开。随着统治者认识到儒家思想在治国理政中的重要作用，文庙释奠礼仪也愈加规范化、制度化。近代以来，激进的知识分子狭隘地将中国饱受山河破碎、列强凌辱的原因归咎于以孔子为代表的传统文化的落后与保守。时至今日，诽谤诋毁孔子及释奠礼仪、反对传统文化的声音依然不绝于耳，甚至有愈演愈烈之势。为此，学术界与政治界对祭孔与传统文化的关系达成了共识：祭孔仪式的恢复绝非食古不化，而是对先圣先贤的敬畏与膜拜，是对以儒家文化为代表的中华传统文化的认同与传承。正如钱穆先生所说："不论任何时代，都不应该对历史文化采取一种偏激的虚无主义态度，既不可妄自菲薄，更不能以为自己站在以往历史最高之顶点，不能将我们当身种种罪恶与弱点，一切诿卸于古人，应当对自己的历史与文化抱有一种温情与敬意，应当尊重自己的历史文化。"因此，定州市政府要充当传统文化的继承者、引领者、倡导者，为全社会形成尊重历史、尊重民族、尊重传统文化的良好氛围奠定基础。同时，还要抱有海纳百川的态度与情怀，善待一切外来文明，汇四方之气，聚八方之力，从多元文化中择优取之。

其次，借鉴相关研究成果、深入细致地挖掘释奠知识。1986年，位于孔子故里的曲阜市，集中相关部门，深入挖掘《圣门礼志》《阙里志》《阙里文献考》以及电影资料，编订祭孔乐舞、礼仪程序，全程再现了祭孔盛况。较好地保留中华传统文化的台湾于1968年组织相关力量，聘请专家学者，组成礼仪、服装、乐舞、祭器四个研究组，并于1970年试行并沿用至今。定州市政府可以联合各有关部门在深入细致地挖掘《康熙定州志》《雍正定州志》《道光直隶定州志》《民国定州志》《中国历代孔庙雅乐》等有关文献图谱的基础上，借鉴国内外最新研究成果，抽调精干力量，结合时代特色，编制祭孔乐舞，让释奠礼仪有可以参照的蓝图与模本。

最后，寻找适当时机恢复释奠礼仪。在端正祭孔态度、编订释奠蓝图后，便可寻机恢复文庙绵延千余年的释奠礼仪。从祭祀日期来看，依照中国传统生则庆、死则祭的习惯，在农历2月11日或是公历4月11日举行祭祀孔子活动。从祭祀人员来看，由定州市市长担任主献官、定州市教育局以及知识界精英担任分献官，条件允许的话，可以聘请孔子后裔担任奉祀官。从祭祀等级来看，可以分为大祭和小祭两个等级。大祭由政府主导，全社会共同参与，一年大祭一次，享祀对象包括孔子以及诸位圣贤；小祭由民众开展，不限祭祀次数，每年在享祀对象祭日举行。从祭祀礼仪看，要依据古礼编制富有年代气息和时代特色的祭孔礼仪，例如：祭文应基本固定，只是将天干地支、岁月时辰依时变更，不应年年更新。除此之外，定州文庙可以参加"全球同祭孔活动"①，与众多海内外文庙、书院、儒学机构、孔子学院一同祭奠先师孔子及诸位圣贤，弘扬中华传统文化，传播中国好故事。

延伸社会教育功能

文庙自古以来便是知识精英的聚集地，政治精英的培育地，社会精英的集散地，发挥着崇德、报本、教化的社会功能。如今，要使"远居庙堂之高"的传统活动融入现代社会生活中，就要通过"礼下庶人"的方式，将精英化的文庙转变为大众受教之地，将古朴、典雅的传统活动转变为生动、鲜活的现代活动。自此，定州文庙即成为普通民众的教育圣

---

① 由中国孔子基金会倡导的全球同祭孔活动自2016年开办以来，得到了众多文庙、书院等儒学机构的积极响应和大力支持。目前，现已有曲阜孔庙、衢州孔庙、长春文庙等全国20多家文庙为会员单位。此外，韩国成均馆、中国澳门孔教会、美国东山山东同乡会等海外知名儒学机构也纷纷加入。

地和精神家园。

　　首先，大力开展国学宣传普及工作，弘扬社会主义核心价值观。当前，针对社会上出现的礼仪失范、道德失序、诚信缺失等问题，政府已从公民、社会、国家三个层面宣扬继承国学精华的社会主义核心价值观。习近平总书记指出《大学》中的"八个条目"与"社会主义核心价值观"具有历史继承性。他强调："从某种角度看，格物致知、诚意正心、修身是个人层面的要求，齐家是社会层面的要求，治国平天下是国家层面的要求。我们提出的社会主义核心价值观，把涉及国家、社会、公民的价值融为一体，既体现了社会主义本质要求，继承了中华优秀传统文化，也吸收了世界文明有益成果，体现了时代精神。"① 文庙作为社会主义核心价值观的承载摇篮和实践基地，要因地制宜，因时而异，开展一系列传承、弘扬国学的活动，比如：在国学取其精华、去其糟粕的基础上，"设计一套适合在文庙讲诵和展示的文本及图片，让传统和文化在这里得以传承"②。还可以开设国学班、国学经典诵读、国学学术论坛与研讨会、国学夏（冬）令营等活动，例如：北京孔庙开设的国学班设置《弟子规》《千字文》和《三字经》等课程。上海文庙的国学讲堂自2007年开办以来，先后邀请多名国内外知名学者讲授中华传统文化，取得了较大的社会影响力。值得肯定的是，在定州文庙西院、中院分别建立的中华民族传统美德教育研究中心和乡土教育中心是充分发挥文庙当代价值的积极探索与有益尝试，为传统文庙融入当代社会贡献着定州智慧与定州方案。2019年1月20日，定州市文化广电和旅游局主办的文庙释奠礼暨国学文化传播第一届活动正式启动，来自定州市实验小学的100余名小学生身着汉服佩戴儒巾，在司礼官引导下行祭奠礼，体验

① 习近平：《青年要自觉践行社会主义核心价值观》，载《人民日报》2014年5月5日。
② 赵国权、周洪宇：《游走于传统与现代之间：对文庙再定位的几点思考》，载《河南大学学报》（社会科学版）2017年第5期。

古老的传统文化。在定州文庙内开设以儒学为代表的国学活动，让文庙更加贴近实际、贴近生活、贴近群众，最大限度地实现传统文化资源共享与现代性内涵解读，势必提高民众践行社会主义核心价值观的自觉性和主动性。

其次，利用人生节点，开展传统礼仪教育。中国自古就是礼仪之邦，然而由于历史和现实的某些原因，很多承载着中华民族人文品格和精神气质的传统礼仪逐渐被现代人所遗忘。文庙自古就是祭祀伟大教育家孔子的场所，也是开展学校教育活动的基地，因此，文庙是举行开笔礼的绝佳之处。"开笔"俗称"破蒙"，是古代读书人成长过程中接受的首次大礼，一般在开学第一天举行，礼成之后即意味着儒生正式进入学习生涯。现如今，全国范围内的很多文庙已举行过开笔礼仪式。以开展时间较长、社会影响较大的番禺学宫为例，定州文庙可以借鉴。其程序设置为：1. 番禺学宫话开笔；2. 平步青云游泮池；3. 少年才俊聚学宫；4. 以水为镜整衣冠；5. 朱砂开启读书"智"；6. 孔子像前授启蒙；7. 敲钟鸣志小少年；8. "学业进步"落笔尖；9. 开笔证书赠学童；10. 举茶感恩奉双亲（师长）；11. 手握乾坤步步高；12. 放飞梦想许心愿。开笔礼作为对学生进行崇德立志的启蒙式教育仪式，对洗涤心灵、启迪智慧具有积极意义，尤其是在呼吁传统文化回归、礼仪教育重建的当今中国社会具有重大现实意义，此外，还宜利用文庙深厚的传统文化积淀、浓郁的人文传承氛围举办成人礼。通过成人礼意味着青少年具备了进入社会的资质，是告别稚嫩走向成熟的重要标志，也表明他们即将肩负起家庭、社会与国家的责任。定州文庙可以根据古代传统礼仪并结合时代特色编制成人礼，例如：2018年26名青年在长春文庙举行仿古成人礼，程序包括企盼（过泮桥）、正途（过棂星门）、敬圣、大成（过大成门）、参礼（成人礼）、谢恩和祈福祝愿。一系列严格审订的程序无一不是希望参礼者能励志勤勉、尊贤重礼、修身养德、成就美好人生。再者，还可利用文庙原有的乡饮酒礼传统，通过策划授拐杖、呈蟠桃、献红茶、洗双脚等仪式，继续发扬尊老、敬老、爱老、助老的中华传统美德，此外，还可效仿台湾举行的"过葱门"活动。定州文庙管理处可在学宫前设立一个用青葱搭建或是挂满青葱象征着聪明与智慧的拱门。游客从"葱门"路过时，拔下一棵葱苗，祈福孔子，希望考试名列前茅。通过这些有趣的活动，祭孔活动变得更加亲民，更具有现代性。事实已反复证明，以"礼"为核心的人文教育形式，是进行国学教育和德育教育的重要手段，是利用文庙遗产的有益尝试。置身于文庙这座神圣、庄严的古老殿堂中，体验中华传统教育仪式，接受中华传统文化洗礼，切身感受博大精深的中华文化，能够增加对传统文化的认同感、自豪感和凝聚力，从而提升社会成员整体的传统文化素养。

再次，丰富展览内容，创新陈设形式。随着社会的发展和人们生活水平的提高，民众的文化精神生活日趋丰富多样。博物馆作为人们终身受教的场所，是学校教育的有益补充和重要拓展，是满足人们精神需求的重要方式。文庙博物馆作为民众直接面对昔日儒家圣贤的地方，是跨越时空重温历史记忆的场所，然而，长时间地驻足于单调乏味的文字画像前，势必影响民众参观文庙的热情，进而影响文庙的知名度，因此，丰富展览内容与创新陈设形式就显得尤为必要。首先，建立馆校共建平台，成立学生实习基地。可以在中小学开学之前，组织学生来文庙进行新生入学教育，领悟孔子"仁德"思想，增强学生的文化认同感与自信心。还可以将文庙列为学生社会实践场所，成为他们运用知识、服务社会的平台。其次，可举办民间收藏展，利用博物馆专业平台，联合民间收藏协会，展出内容丰富的藏品，扩大文庙的社会影响力。再次，可举办"高考学子祈愿周"活动。定州文庙可以祭拜至圣先师孔子为形式，开展"孔庙祈福"活动，疏导考生和家长的焦虑情绪，提升金榜题名的信心。为此，定州文庙管理处可制作祈福专用门票，正面印上孔子行教像和文庙全景图，背面是泮池跃鲤瑞兆图，祝福莘莘学子金榜题名、如愿以偿。最后，可利用空余馆舍，开设专题展览。可以举办《孔子圣迹图》展，将孔子一生浓缩为一张大图和诸多小图，向游客展出，从而让民众整体了解孔子一生的成长轨迹、思想形成以及所取得的重大成就，此外，还可以通过触摸屏的形式，让游客自己动手，查阅世界孔庙分布以及孔子学院建设情况。需要注意的是，要配合声、光、电等现代科技手段，让民众既能体会到中华传统文化的内涵，又能受到艺术美的熏陶。

总而言之，文庙作为定州的文化遗产，是定州市的文化符号、历史基因、地域标志、城市的灵魂，决定着定州的品位，体现着城市的内涵。定州文庙作为历史留给后世子孙的宝贵遗产，只有融入现实生活，积极发挥当代价值，方能实现可持续发展。

附 录：

历代定州文庙

碑刻记文

宋韩魏公重修儒学记

　　天与人性不一，圣人欲焉而一之于善，非学不能也。三代之兴也，自国家以达乎乡党必有学，以教其民人，导其性，使一之于善，以明乎君君、臣臣、父父、子子、兄兄、弟弟、夫夫、妇妇之道，然后安其分而享国长久，大矣哉！学之有功于治也。如此上之二十有二年，图讲万化，益穷元本，思迹三代所治之道，以仁寿其民，始诏州郡皆立学。差赋以田，俾资其用，守臣从风，竞自崇饬，冀有以副天子首善之意。而定处北边，承诏者不知其本，以为用武之地，学非吾事，独慢而寝焉。又四年，琦忝命来守。未几仲秋之上丁，始躬行释奠礼于夫子之庙。阅旧记，始于大中末，州帅卢公简求以庙本会昌所废天佑佛寺，其制犹若浮屠氏所居，乃更而大之。至天祐中王公处直，本朝开宝中祁公廷义，祥符初李公允正，皆能于兵厄之余，因其既废而复兴焉。后之为此者，不能继四人者之用心，故日复隳削至是，屋宇、垣墉颓坏殆尽，由阈以内鞠为污菜。夫子之堂以巨材坚壮，不能摧挠，而上覆穿敝，泄落风雨，升降荐献，几无所容。属岁方大禐，诏停土木之役，退而歉愤，志期必葺。后二年，农里屡丰，边陲无事，乃命礼宾驻泊都监张君，选督工徒，以新庙宫，凡再逾月而庙完。于是，即庙建学，市垣之北地，通而广之。以规

259

以度，不陋不侈，讲授有堂，肄习有斋，庖厨井湢，日用之具，无不备足，较其功费复倍庙焉。又再逾月而学成。乃以七月十九日甲辰具羞醴，率僚属，以告于先圣，而延诸生焉。噫！夫子之教天地也，凡为人者孰不戴履之。舍天地将安之乎？故文武一道也，恶有二焉？昔夫子亦尝学焉，然后识其一者。故曰："我战则克。"晋列国也，犹用诗书礼乐之治卒霸诸侯。是知为儒而不知兵，为将而不知书，一旦用之，则茫然不知其所以克之之道，而败辱随之。其所谓用武之地学可无事者，是真不知其本者也！今上之广学者也，将养育天下士之秀者，使各正其性，以明乎三代教之之道，内充于已以待用。故或取之为卿大夫、郡县守长、百执事，皆能以其道佐吾君、宜吾民，交修乎大小之职，以至于海内大治，而上得以高拱而无为。如未用也，则使宗族称其孝，乡党称其贤，朋友服其忠信，乐天知命，守死善道而已。若其破碎经史，掎摭声韵，专以篆刻之技，苟窃仕进，不思蓄已之学，时而发之，则非天子所以迹三代所治之道，以仁寿吾民之本意。学者其勉之！谨记。（《道光直隶定州志》卷21《金石》上）

增修庙学记略

［元］兀纳罕

元统癸酉七月，高阳张从先来任师儒。首谒圣庙，观其摧敝，泊阙郲、沂二国公配位，甚有感激于心而念念不忘。越明年春，乃计学租之入，师廪之余，先为创二配享位，东西列序，冕服南向。独圣殿无力完葺，谋于义士周源，源闻而喜曰："愚虽里闬细民，幸苟完美。"常以歉岁，出米数千石济饥，蔑有难色。至今会斯盛事耶，遂前后输钱五千余缗。其董役者，实教授张公之良能也。治政有成，化民趋事者，监府也列不干。知府尹吉、贰尹桑儿加思、通判尧坚撒里、推官王从理、知事王从直、案牍韩好义，皆一时之贤俊良吏之最乎。事既毕工，阖郡绅老师成省、陶有道、安喜县教谕陶善道、乡贡进士刘克诚等，持行宝谒予，愿祈文志于石，以示将来。余虽不敏，观斯善行，敢不竭狂斐而揄扬其美乎？遂援笔而为之记。（《道光直隶定州志》卷21《金石》上）

增修府学记略

[元] 宋翼

中山郡庙学甲天下。国初，焚毁殆尽，荒基零础，仅存故物。前守齐询籍城地滕三百五十七亩有奇，岁入租于学。继以曲阳教谕王远等，捐钱五百缗，月收其息，合供法食礼费。大德五年，监府总督秃鲁迷失、同知僧奴、判官赵穆、推官王辅德、知事李岩、案牍韩守仁，以租直易瓦甓，新其门垣，众谋筑室，以处鼓箧之徒。廉副杜侯、总吏豪右，输钱余两千缗，以相构事。六年夏，考斋十余楹于西东。傅先刘清又以安喜大城村左田二百亩，愿资学之恒产。于是，士子之气廪治，藏修游息之所粗备。学故多石刻，今存者四焉。唐则高讽、宋则兼隶、金则李之翰，皆载纪兴修之事。至元中，国子司业滕安上主君，教书前后，守土官优庙学者，碑于庑下，发明义理，开示来者。至矣，翼借以无词缀师儒之列，宁不知愧盖欲题好义者之名于左云：大德六年立。（《道光直隶定州志》卷21《金石》上）

中山府庙学记略

[元] 王秉彝

至正戊子夏，宣政院判官石公郁来知中山府。首谒庙学曰："此实本院风化之地，而废弛忍若是耶？"即日，会议于郡之读书院室，克践其义。若儒者贾寿、陶善道、田克庸，郡人王彬、刘士贞、王游、刘元英等，皆忻然嘉允。于是，门庑、堂斋、垣墉，翠飞相望，皆公与监府韩伯不花勉率兴举之功，暨同知观音好、判府山童、推官韩仲敬、知事王守端、案牍张琬，诸公赞助之力也。盖治郡县必本于学校，以正人心，以明人伦，以成人材，其公卿大夫，皆由是途出。嗟夫！人伦之在，天下不可一日废，废则国随之。然则有国者之学校，可一日忽哉？圣朝开统以来，崇忠尚敬，留意教养，浮华过实者不可取，二公勉力兴举之，而三代之学亦不越是也。已不可勉哉？（《道光直隶定州志》卷21《金石》上）

中山府学田记

[元] 王理

宋宰相韩魏公，尝以节度典兹兵民，始大启州学，割邑闲田亩一千计，供献享，给学者，庠序之盛，为当时河北最。厥后毁于兵，庙仅存而其田尽没矣。春秋为献之品，取具于民，弗吉弗益。至元中，知府齐询，大隮弗克，承兹茂典，相城下及隍池之陈地可治为田者，凡三百有七十亩。募民能艺者，薄其租，蒲苇菡萏，皆赋之。庙祀始有供，学宫弟子始有给焉。于今殆四十年矣。民益埋其余为己利，不登其数而辄私相贸易。泰定三年，府教授海禄丁君得其匿亩，左验言于监府安博斛。知府彭寅亮询君状，君曰："方田之法，步二百四十为亩，广勾股架，以是为准。盖城下之地，皆学地。城四面，面各十里，池之半皆垦地。今止得三百七十亩，录于故书中。得延祐五年，府扩学田，因比今为亩多二百六十五。朱德润者，与民为市，匿其成业，但存旧亩而已。佃农刘义今有状，惟审察之。"咸曰："教授言具有迹，可听。"召知事颜遵议状，俾安喜主簿封从植括之，于是得亩一项八十有奇，与旧亩总为五百五十八。蒲苇菡萏，水泽所居者，不在是数。初大德中，郡民刘得一纳大陈村私田陆地二百亩于学宫，至是凡水路之田七百五十八亩云，戊辰岁之七月也。明年八月，府牒下，俾以新旧田籍租数为永久。君曰："始匿案市，括田为利者，乃刻石以诬后人。今若不刻示，则我代去或将以旧刻诬后来者。兹具石书其亩与户及其租入之数，因著其废兴之始末云。"（《道光直隶定州志》卷21《金石》上）

知州项昌铭建学记

[明] 赵逵

六籍载道，日月经天。纲维万世，永永无厌。皇帝宅天，下诏中外立学，选师授徒，责以实效。由是教化翕然大行，卯角之童咸知执经问道，以最厥程。洪武九年，谪项公昌铭由利津令为定州，学有源委，事神治民，一本于诚，不为表暴边幅。至官邸，谒庙庭，顾瞻咨嗟惕然曰："惟兹郡酷于兵燹，而庙学岿然独存，益知圣人过化存神之妙。虽武夫、悍卒皆能歆艳而趋向之，况学者乎？兹讲堂卑隘，上漏旁穿，师生不能以庇寒暑，且榱无不剥，几坠教基，罔获承事，将力以新之。"十三年庚申春，公政用告最，乃度材庇徒，辇瓦磐石，二月二日癸亥征工，越二十三日甲申而克有成。建正堂，其楹六；辟肄习之地，其斋四；爨有厨，膳有室。中人以下不知材之自出，工之合散。缭以垣墉，布以阶阤，树表列署，廓然大辟。观游翼翼，登降旋辟，有庆其逢。又曰："学之西，旧有韩苏二祠，宜像以配。"既事，题曰"二忠之祠"。岁之十一月丁亥朔，公用牲劳。老老嗟嗟，咸愿有述来征记。遂曰："惟孔子之道，尊而明，天地设位，而斯道行乎？其中未有去斯道而能自立者。或者役于有司，罔肯究厥绪。"惟公知崇道，本遵有国之典，政绩既著，乃劝勉学事，以自讫工，可谓劳也。已作息之岁月，不可无纪。是为记。

（《道光直隶定州志》卷21《金石》上）

知州韩文重修庙学记

［明］刘吉

昔者圣王致治，一本于人伦，故人极立天道、平地道、成世底。雍熙后世，杂以权谋术数，刑名功利，而又有鼓其诞喙，如老佛者，以坏乱其间。于是，三才淆而世治污矣。有天下者，何可不知所重哉？知所重，必先于明人伦，明人伦必先于尊圣教。孔子之教，以三纲五常为本，以诗书六艺为文，修齐治平为用，学者必由是斯为善学，教者必由是斯为善教，治者必由是斯为善治。当民安治极之时，苟不玩愒以自偷，知庙学之当务，则其政事自有过人者。若今韩侯盖庶几焉，当成化庚寅知州李谔因其民习趋正，士心向学，而先圣庙颓圮，不足以称瞻仰。欲撤而新之，无几，谪以陞职部属去，仅立柱础。及韩侯继至，勤政爱民，慨然曰："庙学之修，有司先务，吾职于是可不厥职是究乎？"即鸠工度材，首建大成殿五楹，斗拱井藻，丹碧辉炫。次建两庑，曲廊四十有二间，内外宏敞，阶阤端邃。又次筑墉以缭之，中塑圣贤像并祭品供具。又以其余力修饬讲堂、斋庐、庖湢、廪馔之处。

始工辛卯，迄丁酉，事克就绪。学正张顺辈具录始末，请书其成。予惟天生斯民，其道之大，惟在明人伦而已。往古圣君贤臣皆不外此为治。自当圣朝丕阐文教之日，使定之学者继自今仰体朝廷育才之心，并侯劝相之力，益勉于学，益修其孝悌忠信，将见倡于乡，必乡多善俗；用于国，必世有良才。其于圣治不大有裨益哉？苟不务此而直仕录之谋，非侯之意也。侯名文，自新乐令擢知是州，久处剧要，屡有政声。予故不辞为之记云。（《道光直隶定州志》卷21《金石》上）

定州修学记略

［明］张涣

龙溪王侯以名进士来守是邦，三念与兹，谋于贰守俞镒等曰："庙学渐不能支，神明不妥，非虔也；泮池未凿，丹雘大洼，非制也；师不得所，士不获业，非处也。吾辈将何辞焉？"乃以贩镪代资，余旷代力，积助代粟，择廉总纳，授能董工，庀材市料，种种可纪。如墀，辇土堰基，筑高尺许，周围凡三十余丈。殖殖其庭，瞻拜垲矣。池则浚深一尺，甃石一十五丈，环以雕栏，跨以玉梁。夹道植槐，森蔚成深，荡荡如砥，神路通矣。大殿、两庑前后双阙，启圣、名宦、乡贤哙正哕冥，风雨攸除，神人安矣。棂星、戟门、明伦、重门将将严从，风树表矣。三斋馔堂，翼翼翚飞，分教会谦，各有所依，不逊经义，治事之备焉。诸号舍鳞次鹭聊，长廊如画，藏修游息，士业得专。燕间四宅，厅寝厨厩，居处笑语，乐育之心自油然以生。敬一、雪浪二亭业不可复者，同一鼎新。是役也，屋以间计者，殆百数，计资数百金，粟凡二百石。工毕于六年二月朔日，迄于七年二月二十四日。凡由斯居，可徒借光于轮奂，不思媲美其莘采哉。（《道光直隶定州志》卷21《金石》上）

重修定州文庙记

［清］王大年

士自束发读圣人书，当求所为宗仰之旨，内治身心，外以均平天下国家者。

安在乃能向上达一路而超然不坠于歧趋。余以雍正五年冬，奉命守定州，越二年，营田就绪，催科弗烦，四野清和，养立而教是图，爰有文庙之役。而必先以建坊为颜，其外曰"仰之弥高"，内向曰"宫墙万仞"。内外昭于日月，宣畅士风，固一举目可得者也。当日颜氏子天分绝高，方入手时便思夺取最上一层而未能速化，辄喟然曰：仰之弥高，深知大圣人阃域难跻而无行不与外，尝显暴颜氏而外。颖悟莫如子贡，宫墙之喻，谓道隆德崇，凡有目者，仰万仞焉。宗庙，百官之美，富则外也。而内积之徜昧斯旨，循宗仰之虚文，思上达之途径，是登梯者之越次，陟巅者之舍麓也，匪踣蹢则却阻矣。定人士姿性多朗达，有喻予额坊之意者，其学行渐向上达。予嗣于雍正十年修茸崇圣祠，冀仰惬先师妥侑前人之意。今十一年，又以殿角为风雨侵蚀，自露台外至四周垣墉，积秒等，培塿滋之草蔓，亟待疏别。其棂星门倾欹将圮，次第鸠工营治。自门墉达堂庑，皆傅以物采，自是殿庭阶阼门阃墙庑之间，中通外朗，焕乎蔚然，用克与坊相称焉。昔欧阳公云，学校政之本也。宋室当河北用兵之际，韩忠献以儒臣帅定州之三年，大新庙宫，自为记云：将使士之秀者，各正其性，以明乎三代。教之之道，内克于已待用。若其专以篆刻之技，苟窃仕进，非三代仁寿其民之本意。其言内外毕该仰而企之，是在有志者，予之悉心毕力于此。诚仰体圣天子尊崇学校至意，期不谬于欧韩二公之言。如第曰旧坊之址，于庙廖远，气脉不属，移而属之，为定人士文明兆。是正谊明道而犹不比夫计功谋利，次形家之说，识趣自应尔尔，非圣门宗旨矣。是役也，学正崔君启、训导陈君芝兰、国学生王鸣珂、生员李素、王之杜、乡老甄选一等，或勤襄厥事，或输钱币以从法得并寿诸石，时雍正十一年癸丑之月。（《道光直隶定州志》卷22《金石》下）

重修文庙记

[清] 沈鸣皋

孔子之道，载在六经，垂诸万世。遵其道，则思妥其灵，此庙之所以立也。唐以前，州、县有学无庙。贞观四年，诏天下学皆立庙，而庙始与学并重。定之文庙创于大中二年，至宋庆历时，韩忠献公锐意兴葺，市地拓学，规度大备。当是时，公以重臣帅定州，军旅倥偬，犹汲汲以兴学校，崇文教为己任。今考其修学记云，为政必知本，文武一道也。呜呼！若公者，其识量超卓不已过人远甚哉！厥后世距代更修废不一。位斯土者，各殚心力营治，虽不乏人而规模犹未尽善。且自雍正庚戌修葺以后，数十年来，风雨之所摧残，埃霾之所污秽，入而敬者不免过而悯焉。余以乾隆乙酉春奉命来守是邦，谒庙伊始，恻然欲更新之。第下车未久，又历奉公委于外，耿耿此衷不遑及也。是年秋，鞅掌稍暇，集人士众议之，固不踊跃从事，遂捐俸为之倡。庀材鸠工，不数月而告竣。计修正殿五楹，瓦墁缔筑，坚丽于前。两庑旧址卑隘，今东西各增置二楹，复增高五尺。大成门旧有碑三，蠧杕阆间，今悉移置阶圮之外，俾中通外朗，无所阻塞。泮池左右，垣墉计长二百余丈，皆磊筑崇固。明伦堂倾圮尤甚，撤而新之。其他若祠、若坊、若池、若桥，靡不依次修举，内外如一。自经始迄成功，其资费出入，遴绅士公慎者掌之，而官与吏不与焉。当其初，民若不知其有与作也者，及其成，则向之过而悯者，无不入而敬焉矣。此固，人士好义，急公克勤，厥事，抑亦我夫子之灵阴若相之也。且予又闻学校之兴废，系乎人文之盛衰，方今文运昌明，诸人士瞻谒庙貌，当思所以昭六经，垂万世者，何在于以感发兴起，仰副圣朝崇儒重学之深衷，其于圣治文运不均有裨益哉？如谓兴学校崇文教，余之为是举也。庶几于韩忠献所云，为政必知本，计者或有当焉。余则何敢？（《道光直隶定州志》卷22《金石》下）

重修定州文庙碑记

［清］郭守璞

　　且自虞廷有司徒之命，而万古之教，法在一家。我国家崇学右文，特隆至圣先师春秋释菜之典。则观于夫子庙堂，非徒流连其车服礼器，毕乃事也。定州学宫之建，始于唐大中二年，至北宋韩魏公，市地拓学，规模愈大，其后亦时有补修而不无毁于兵燹。至我朝顺治以来，乃次第复其旧规。雍正八年，王公大年，乾隆三十五年沈公鸣皋，两次建置增改，厥功尤称懋焉。然而，历年久远，上雨旁风，无以全其美好。迄于今，围墙颓矣，泮池坠矣，诸祠之蓍瓦隳漏矣，照墙之根蚀矣。倘不及时敬理，后将何及？夫圣庙之修，非以饰观美巳也。凡人莫不有性，而能尽之者圣人。苟知尊奉圣人之道，反而求之心性之间，义利之心辨，而苟贱不廉之行绝于一身；尊卑之心严，而嚣凌诟谇之习消于一家；礼教之心倡，而丧纪用优伶，戚谊与讼狱之风化为以乡，要其本，孝悌而已矣，忠信而已矣。圣人固尝谆复言之，人特习而不察耳。或者以二论为举业之务，而未尝实按之日用之间，行事之实耳。试入庙而惕然，思憬然悟，则作圣之基在是矣。且中山名流辈出，功业昭人耳目者，姑置弗道。于隋则若贾公琼，文中之高第也；于唐则有若谏议大夫杨公，人且薰其德焉；元之王敬甫，傅鲁斋问心之语；明之张督堂，杜门孝养，朝士争识其面，而雪海先生之在开元，颜其堂曰格物致知之。数人者，谓非圣人之徒焉？乡先生没，而可祭于社，后学感发兴起，谓非作圣之阶梯焉？定州庙规最为宏敞，而中横来往通衢，非宜体制，乃相地势，特于崇圣宫后开辟一径，西通明伦堂，南达于街，棂星门外对设门栏，务令宫墙、坊池一气相通。今者，巍然焕然，以肃以整，庶几有以媲美前贤之缔造矣乎？吾愿兹土之隶胶庠，习举子业者，入庙而思虔，因文以见道，争自涤磨，以求无惭于圣人。朝廷举以行，扬以言，微斯人其谁与归？若谓作庙翼翼是为文明之兆，而妄意巍科，则非董子所谓正其谊不谋其利，明其道不计其功之意也巳。时乾隆五十九年岁次，甲寅季夏，诰授奉政大夫，知定州直隶州事，隶属保定大名府事，潍水郭守璞撰文。（《道光直隶定州志》卷22《金石》下）

重修定州文庙碑记

[清]宝琳

夫圣人者，合天下万世之人而人之者也。人受天地之中以生，即赖圣人之教以立，悦奇邪而行隐辟，将不自命为人矣乎？古者立教，有大学、国学、乡学，厥后，州、郡、县之有学，则视诸乡与国之间。定州本用武之地，唐大中范阳卢公始立学，北平王王处直增修之。宋韩忠献从而式廓之规模，盖宏远矣。后人增田舍，益制度，迄元明数百载，或传或不传。国朝顺治初，重建立于兵燹后，更陈董诸公而旧制始复。雍正间，大年王公；乾隆间，沈、郭二守，踵加修改，厥功甚巨。琳下车后谒庙，惕然见坊表之摧落，门垣之朽坏，而崇圣宫、魁星阁更穿泄欹斜，有颓圮虑。诘韦士，韦吏曰："及今不修治，将奈何？"众人唯唯。又曰："官物外州之士，庶能急公出财力，共襄此举乎？"亦唯唯。丁未春，始召四境之士之能者，审量度，酿货财曰："惟民力之是视。"选材鸠工，综出纳载之簿曰："必敬必慎。"二月望，越七日，行祭告礼与工役者。首，崇圣宫，次，魁星阁，先所急也。自殿而庑而桥而门垣而坊表，权其等也。不可完者，革之。敝者，葺之；仆者，植之；阙且穿者，实之；黝者，白之；暗者，朱之碧之；深者，浚而加之；崇者，翼之；宽广者，辟之。工日千百指不少辍，越十有三日而毕事。凡用钱八千八百贯有奇。奕奕焉，煌煌焉，未识唐宋以来为奚若，亦足以壮观瞻而焕文物矣。夫定州土瘠而民劳，终岁勤苦，惟衣食之是力，无新奇华丽以夺其耳目，以荡其心志。秀而为士者，耕且读，率敦谨无浮薄、陵竞气，故皆易于为善，踊跃急公，知崇圣人之教。其地在畿南五百里，而近州之董胄学业成均者常不乏人。首善所被，文教昌明，故一二莠民亦能涤荡旧忒，弗复创异说以惑众听。识者于是役之兴，亦足见民俗之善矣。然而，浑全为体者，性也；相观而善者，习也。伦物明于上，礼俗兴于下，敦孝悌、重廉耻、戒争构、息讼狱，服圣人之教而贲天地，生成之德者，不尽由于学乎？岂曰苟能是，是已足哉？监修官为州学正清丰刘麟度、训导青县戴国治、吏目香山刘荣熙。始终其事者为州绅士李常瑢、耿玉珠、张莲亭、王瑞年、王百祥、张书丹、张四术、张四达、张谦、田树谷、李希贤。时道光二十有八年岁次，戊申三月，知直隶定州事长白宝琳，谨撰。直隶定州同知会稽劳沅恩丹书。（《道光直隶定州志》卷22《金石》下）

主要参考文献

（一）古籍与文献档案

[1] 唐执玉，李卫. 畿辅通志. 清雍正十三年刊本.

[2] 王大年，魏权. 直隶定州志. 清雍正十一年刊本.

[3] 黄开运. 直隶定州志. 清康熙十一年刊本.

[4] 毕麻哈，陈景. 三河县志. 清乾隆二十五年刊本.

[5] 孙毂. 古微书. 上海：上海古籍出版社，文渊阁四库全书影印本.

[6] 宝琳，劳沅恩. 直隶定州志. 台北：成文出版社，1934.

[7] 汪鸣和，王榕吉. 直隶定州续志. 台北：成文出版社，1934.

[8] 何其章. 定县志. 台北：成文出版社，1934.

[9] 皮锡瑞. 经学历史. 北京：中华书局，1959.

[10] 司马迁. 史记. 北京：中华书局，1959.

[11] 班固. 汉书. 北京：中华书局，1962.

[12] 范晔. 后汉书. 北京：中华书局，1965.

[13] 黄世芳，陈德懿. 铁岭县志. 台北：成文出版社，1974.

[14] 张廷玉. 明史. 北京：中华书局，1974.

［15］魏收. 魏书. 北京：中华书局，1974.

［16］欧阳修，宋祁. 新唐书. 北京：中华书局，1975.

［17］赵尔巽. 清史稿. 北京：中华书局，1977.

［18］许慎撰，段玉裁注. 说文解字注. 上海：上海古籍出版社，1981.

［19］马端临. 文献通考. 北京：中华书局，1986.

［20］杜佑. 通典. 杭州：浙江古籍出版社，1988.

［21］河北省地方志编纂委员会办公室. 河北通志稿. 北京：北京燕山出版社，1993.

［22］赵尔巽等. 清史稿. 长春：吉林人民出版社，1995.

［23］王聘珍. 大戴礼记解诂. 北京：中华书局，2008.

［24］黄彭年. 畿辅通志. 南京：凤凰出版社，2010.

［25］顾炎武. 顾炎武全集. 上海：上海古籍出版社，2011.

［26］毛亨传，郑玄笺，孔颖达疏. 毛诗注疏. 上海：上海古籍出版社，2013.

（二）资料、传记、回忆录

［1］舒新城. 中国近代教育史资料. 北京：人民教育出版社，1981.

［2］孔德懋. 孔府内宅轶事. 天津：天津人民出版社，1982.

［3］中共中央党史研究室编. 中共党史资料. 北京：中共中央党校出版社，1982.

［4］郝浴. 郝雪海先生笔记. 北京：中华书局，1985.

［5］国家文物事业管理局编. 新中国文物法规选编. 北京：文物出版社，1987.

［6］孔元措. 孔氏祖庭广记. 济南：山东友谊出版社，1989.

［7］孔传. 东家杂记. 济南：山东友谊出版社，1990.

［8］闫立英. 保定教育史料选编. 保定：河北大学出版社，2012.

［9］耿素丽，陈其泰. 历代文庙研究资料汇编. 北京：国家图书馆出版社，2012.

［10］傅增湘原辑，吴洪泽补辑. 宋代蜀文辑存校补. 重庆：重庆大学出版社，2014.

［11］顾明远总主编. 中国教育大系. 武汉：湖北教育出版社，2015.

［12］成一农. 古今图书集成·庙学资料汇编. 北京：中国社会科学出版社，2016.

（三）专著

[1] 张智睿. 新注四书白话解说. 上海：六艺书林，1923.

[2] 李景汉. 定县社会概况调查. 北京：大学出版社，1932.

[3] 刘敦桢. 河北省西部古建筑调查记略. 北京：京城印书局，1936.

[4] 龙溪，吕子振，羽仲氏辑，鹭江杨，鉴晓谭重校. 中国家礼. 台北：乐天出版社，1941.

[5]（英）李约瑟. 中国科学技术史翻译小组译.中国科学技术史. 北京：科学出版社，1975.

[6] 杨荫浏. 中国古代音乐史稿. 北京：人民音乐出版社，1981.

[7] 章柳泉. 中国书院史话——宋元明清书院的演变及其内容. 教育科学出版社，1981.

[8] 王其亨. 风水理论研究. 天津：天津大学出版社，1992.

[9] 张长法主编. 资政类纂. 北京：北京燕山出版社，1992.

[10] 顾颉主编. 中国神秘文化典籍类编. 重庆：重庆出版社，1993.

[11] 一丁，雨露，洪涌. 中国古代风水与建筑选址. 石家庄：河北科学技术出版社，1996.

[12] 李奉佐等. 银冈书院. 沈阳：春风文艺出版社，1996.

[13] 刘梦溪. 中国现代学术经典. 石家庄：河北教育出版社，1996.

[14] 毛礼锐，沈灌群. 中国教育通史. 济南：山东教育出版社，1988.

[15] 梁思成. 中国建筑史. 天津：百花文艺出版社，1998.

[16] 骆承烈. 历代帝王与孔子. 济南：山东友谊出版社，1999.

[17] 江帆，艾春华. 中国历代孔庙雅乐. 北京：中国国际广播出版社，2001.

[18] 傅崇兰，孟祥才，曲英杰等. 曲阜庙城与中国儒学. 北京：中国社会科学出版社，2002.

[19] 阎国华，安效珍. 河北教育史. 石家庄：河北教育出版社，2003.

[20] 陈传平. 世界孔庙. 北京：文物出版社，2004.

[21] 范小平. 中国孔庙. 成都：四川文艺出版社，2004.

[22] 高明士. 中国中古的教育与学礼. 台北：台湾大学出版中心，2005.

[23] 胡务. 元代庙学——无法割舍的儒学教育链. 成都：四川出版集团巴蜀书社，2005.

［24］李定信. 四库全书堪舆类典籍研究. 上海：上海古籍出版社，2007.

［25］李秋香主编，陈志华撰文. 文教建筑. 北京：生活·读书·新知三联书店，2007.

［26］刘亚伟. 远去的历史场景：祀孔大典与孔庙. 济南：山东文艺出版社，2009.

［27］刘方炜. 孔子纪. 南宁：广西师范大学出版社，2009.

［28］王道俊，郭文安. 教育学. 北京：人民教育出版社，2009.

［29］杨刚. 儒学之旅——全国孔庙、书院、贡院、考棚完全手册. 北京：外语教学与研究出版社，2009.

［30］彭蓉. 中国孔庙建筑与环境. 郑州：中州古籍出版社，2011.

［31］曲英杰. 孔庙史话. 北京：社会科学文献出版社，2011.

［32］孔祥林编著. 世界孔子庙研究. 北京：中央编译出版社，2011.

［33］崔永泉，刘红宇. 中国文庙未来之梦. 长春：吉林文史出版社，2013.

［34］刘新. 儒家建筑：文庙. 北京：中国建筑工业出版社，2013.

［35］李文. 孔庙文化功能的当代价值——中国孔庙保护协会第十七届年会论文集. 南宁：广西人民出版社，2014.

［36］董喜宁. 孔庙祭祀研究. 北京：中国社会科学出版社，2014.

［37］付远. 儒家思想与建筑文化100讲. 北京：中国建筑工业出版社，2015.

［38］沈旸. 东方儒光——中国古代城市孔庙研究. 南京：东南大学出版社，2015.

［39］朱鸿林. 孔庙从祀与乡约. 北京：生活·读书·新知三联书店，2015.

［40］刘高杰. 国学经典集锦. 北京：光明日报出版社，2015.

［41］刘续兵，房伟. 文庙释奠礼仪研究. 北京：中华书局，2017.

［42］何钦法. 至圣先师　孔子. 贵阳：贵州教育出版社，2010.

（四）论文

［1］何忠礼. 北宋礼部贡院场所考略. 河南大学学报：社会科学版，1993（4）.

［2］干树德. 古代各地孔庙发展概要. 四川文物，1990（5）.

［3］孔祥峰，张龙. 孔庙建筑与儒家思想. 百年建筑，2003（3）.

［4］赵克生. 明代地方庙学中的乡贤祠与名宦祠. 中国社会科学院研究生院学报，
　　　2005（1）.

［5］华辰. 北洋政府农商总长谷钟秀就职演说辞. 民国档案，2005（2）.

［6］肖永明，唐亚阳. 书院祭祀的教育及社会教化功能. 湖南大学学报：社会科学版，
　　　2005（3）.

［7］徐梓. 书院祭祀的意义. 寻根，2006（2）.

［8］孔祥林. 中国和海外近邻文庙制度之比较. 孔子研究，2006（3）.

［9］李鸿渊. 孔庙泮池之文化寓意探析. 学术探索，2010（2）.

［10］霍红伟. 清代地方官学的建筑与结构——以清代地方志记载为中心的考查. 河北师范大
　　　学学报：教育科学版，2010（5）.

［11］段志强. 孔庙与宪政：政治视野中的顾炎武、黄宗羲、王夫之从祀孔庙事件. 近代史研
　　　究，2011（4）.

［12］赵永翔. 尊经以明伦：明代儒学尊经阁的隐喻. 孔子研究，2015（3）.

［13］周洪宇，赵国权. 文庙学：一门值得深入探究的新兴"学问". 江汉论坛，2016（5）.

（五）报纸与其他资料资源

［1］新华社. 认真贯彻党的十八届三中全会精神，汇聚起全面深化改革的强大正能量. 人民日
　　　报，2013.11.29.

［2］习近平. 青年要自觉践行社会主义核心价值观. 人民日报，2014.5.5.

［3］中共中央办公厅、国务院办公厅. 关于实施中华优秀传统文化传承发展工程的意见. 人民
　　　日报，2017.1.26.

［4］周洪宇. 实施儒家文化遗产保护利用工程　推动优秀传统文化传承发展. 人民政协报，
　　　2017.6.28.

后记

　　定州文庙作为河北省始建时间较早、现存规模最大、保存最为完好的文庙古建筑群，在河北省文庙中占有举足轻重的地位。现今的定州文庙形成了东、中、西三个毗邻院落，遗存有大成殿、明伦堂、棂星门、戟门、魁星楼等主要建筑，给研究文庙遗留了宝贵资料。在当今倡导坚持"四个自信"、大力弘扬优秀传统文化的新时代，开展文庙研究具有重要理论意义与现实意义。

　　文庙研究，既是传统文化研究，又是教育历史研究，因而，挖掘史料成为首要任务。我们深知，史料是否翔实是检验文庙研究成果质量的重要标志，为此，近年来在正常工作之余，我们积极搜寻第一手史料，在节假日几乎做到了早出晚归、披星戴月，充分利用假日的大块时间来四处搜集资料。先后到北京、石家庄、保定、定州的图书馆、档案馆搜集相关史料，同时多次实地考察定州文庙，边考察边记录，边访谈边拍照，为完成并丰富本书内容提供了大量的文字与图片资料，正是这些资料成为构筑本书的基本材料。接下来，便是构思大纲、起草初稿、修改打磨等写作环节，为了完成书稿往往是深夜独处一隅、孤灯为伴。尽管过程有点艰辛，但成书之时喜悦之情却溢于言表。

在此特别感谢华中师范大学教育学院周洪宇教授，将定州文庙纳入其主编的丛书之中；感谢河南大学教育科学学院赵国权教授，为我们及时提供资料、发布信息；感谢定州文庙管理处莫丹女士，在我们实地考察定州文庙时耐心讲解、慷慨相助；感谢河北省定州开元寺塔贾敏峰女士、定州省定州博物馆杜会平女士，为我们提供了大量资料；感谢山东教育出版社的蒋伟、周红心、苏文静、舒心四位老师，积极策划、精心组织！我们深知，编写过程仓促，书中瑕疵在所难免，望各方专家不吝赐教。

中国昌 王 坦

2020年12月

图书在版编目（CIP）数据

定州文庙研究 / 申国昌，王坦著 . — 济南：山东教育出版社，2021.10
（中国文庙研究丛书 / 周洪宇总主编）
ISBN 978-7-5701-1642-3

I. ①定… Ⅱ. ①申… ②王… Ⅲ. ①孔庙—研究—定州 Ⅳ. ① K928.75

中国版本图书馆 CIP 数据核字 (2021) 第 056516 号

SERIES OF STUDIES
ON
CHINESE
CONFUCIUS
TEMPLES

A
STUDY
ON
DINGZHOU
CONFUCIUS
TEMPLE

定州文庙研究

申国昌　王　坦　著

选题策划：蒋　伟　苏文静
责任编辑：舒　心
责任校对：赵一玮
装帧设计：姜海涛

主管单位：山东出版传媒股份有限公司
出 版 人：刘东杰
出版发行：山东教育出版社

地　　址：济南市市中区二环南路 2066 号 4 区 1 号
邮　　编：250003
电　　话：(0531) 82092660
网　　址：www.sjs.com.cn

印　　刷：山东临沂新华印刷物流集团有限责任公司
开　　本：720 毫米 ×1020 毫米　1/16
印　　张：18.75
字　　数：242 千
版　　次：2021 年 10 月第 1 版
印　　次：2021 年 10 月第 1 次印刷
印　　数：1—2000
定　　价：82.00 元

如印装质量有问题，请与印刷厂联系调换，电话：0539—2925659